3,000人以上を指導してきた
中学受験のプロだからわかった!

中学受験 親がやるべきサポート大全

中学受験専門塾「伸学会」代表
菊池洋匡

JN191511

SB Creative

はじめに

中学受験は、子どもにとって人生の一大イベントであると同時に、親にとってもとても大きな挑戦です。親がどのように関わるかによって、子どもの経験や成長の仕方が大きく変わることは、多くの方が実感していることでしょう。本書では、中学受験を単なる試験突破の手段として捉えるのではなく、親子で共に成長し、豊かな人生を築くためのプロセスと考える視点を提供します。

中学受験には、大きく分けて二つの道があります。ひとつは、親子が互いに支え合いながら成長を実感できるwell-being中学受験。もうひとつは、プレッシャーや不安に押しつぶされるhell-being中学受験です。本書では、読者の皆さんが前者を選び取るお手伝いをしたいと考えています。

hell-being中学受験では、親が不安に駆られ、過剰な期待を子どもに押し付けることで、親子関係がぎくしゃくし、子どもは学ぶ楽しさを見失ってしまうことがあります。過剰なストレスから体調を崩す子どももいれば、自己肯定感を失い、次第に意欲が低下してしまうケースも少なくありません。そして、たとえ目標校に合格したとしても、結果的に子どもの心に深い傷が残る場合もあるのです。

さらに、受験業界そのものが持つ「引力」にも注意が必要です。過剰に競争をあおる広告、過剰な情報提供、そしてSNS上の他者との比較――これらは親の不安をあおり、「これをしなければ成功しない」という思い込みを生み出します。その結果、多くの家庭が知らず知らずのうちに、hell-being中学受験の道を歩んでしまうことがあります。本書では、この「引力」から自分たちを守るための視点や方法もお伝えします。

一方で、well-being中学受験を選ぶと、親子が協力しながら目標に向かう過程が大切な思い出となります。子どもは勉強を通じて主体性や達成感を得るだけでなく、親からの適切なサポートによって自信を深めることができます。たとえ結果が思い通りにならなかったとしても、親子で取り組んだプロセスが確かな成長と絆をもたらし、次の挑戦への活力となるのです。

本書は、読者の皆さんがwell-being中学受験を実現するための具体的な道筋を提示します。以下の各章では、それぞれのステップにおいて重要なポイントを解説しています。

第1章では、中学受験をめぐるさまざまな「ウワサ」や誤解に切り込みます。「中学受験は親次第」「成功するにはこれが必須」といった情報が氾濫する中で、それらを深く信じてしまうほどhell-being中学受験に近づいてしまう危険性があります。また、受験業界がつくり出すプレッシャーの仕組みについても分析し、その影響から距離を取るための方法を提案します。

第2章では、「中学受験を通じてどのような子どもに育ってほしいのか」というテーマを掘り下げます。ここで重要なのは、「なんのための受験か？」という軸を明確にし、それをブレさせないことです。この軸が曖昧になると、目先の偏差値や合格実績に振り回され、知らぬ間にhell-being中学受験へと引きずり込まれる危険性があります。一方で、この軸が明確であれば、長期的な視点で子どもの未来を考える大切さを見失うことなく、受験をポジティブな経験にできます。本章では、その具体例や考え方を解説します。

第3章は、学校選びの視点やタイミングに焦点を当てています。附属校や進学校の違いなど、押さえておきたい基本的な情報や注意点をくわしく説明し、家庭ごとの最適な選択をサポートします。本章で特に重要なのは、偏差値の適切な使い方です。偏差値はあくまでひとつの指標であり、それを絶対視するとhell-being中学受験につながるリスクがあります。本章では、偏差値を過度に重視することなく、子どもに合った学校を選ぶための具体的な活用方法をお伝えします。

第4章では、受験を快適に乗り切るための塾との付き合い方を解説します。塾は中学受験において重要な役割を果たしますが、必要以上に依存するとhell-being中学受験に陥るリスクがあります。本章では、塾をあくまで補助的なパートナーと位置づけ、家庭での主体的な学びをどう支えるかに焦点を当てます。well-being中学受験を実現するために、塾を活用しつつも、家族の価値観や子どものペースを尊重する方策をくわしく解説します。

第5章では、親の態度や言葉が、子どものモチベーションや自己肯定感に大きく影響を与えることを理解し、hell-being中学受験を避ける適切な対応法を提案します。本章では、プレッシャーをかけすぎない言葉の選び方や、失敗を前向きに受け入れる環境づくり、子どもの努力を正しく評価するための具体的な事例を挙げながら、親子関係を良好に保つための方法を紹介します。

第6章では、受験期間を通じた家族全体の歩み方に焦点を当てます。中学受験は子どもだけでなく、家族全員が一丸となって挑むものです。小学校3年生の2月から始まる長い道のりを健康的に乗り切るためには、時期ごとの心構えや具体的な工夫が必要です。受験のプロセス全体を見据え、スケジュール管理や日々のルーティン作り、家庭内での役割分担を意識することで、子どもが安心して勉強に集中できる環境を整えることが求められます。本章では、各学年ごとの特徴や注意点を解説しながら、家族で目標に向かうためのポイントを具体的に提案します。

中学受験は、親子にとって単なる試験準備の時間ではありません。このプロセスを通じて、お互いの理解を深め、家族としての絆を強める機会です。忙しい毎日の中で、ふと立ち止まり、子どもや家族と共に歩む道のりを見つめ直すきっかけになればと思います。

本書が、受験を通じて得られるかけがえのない経験をより豊かなものにする一助となれば幸いです。ぜひ、気軽にページをめくりながら、自分たちのペースで読み進めてください。

2024年12月　菊池洋匡

コウヘイもそろそろ3年生ね
ピカピカの1年生だったのに早いなぁ…
そういえば同じクラスのハルトくん中学受験するんだって！
コウヘイもしたほうがいいのかなぁ…
でも、中学受験はお金もかかるし
本人が受験したいのかも向いているのかもわからないし…
とりあえず近所にある大手塾の入塾テストを受けてみたら？
でも、いろいろな塾があってどこがいいのかわからないわ…
どれどれ おっ
この塾、超有名だよ御三家合格者がたくさん…！
ここでいいんじゃない!?

おっと！
周りが中学受験しているから、ウチの子もっていうのは危ないですよ！
ガラッ
塾も安易に選ぶとコウヘイくんとの相性が悪いかもしれません！
ど、どちら様ですか？
どーもー菊池です！
コウヘイくんが中学受験をするのかしないのか
よく考えないで周りに流されると後悔しますよ！
でもわからないことばかりだから
なるべく早めに動いたほうがいいかなと思って…
たくさんのウワサを聞くと、焦りますし不安になりますよね
でもこの本を読めば大丈夫！
最後まで読んでいただければ中学受験の心配事は全部なくなります！
なんか怪しい大丈夫かな～

中学受験 親がやるべきサポート大全

目次

第2章 中学受験を通じて「どうなりたい」ですか？ 77

第3章 学校選びの視点・方針と時期 169

第6章 無理なく無駄なく進む 合格までのスケジュールの立て方

第1章

中学受験の「ウワサ」を斬る！

SNSを見ていると中学受験のウワサがいろいろあるわ
ウワサ
中受太郎パピー
共働きの親は不利！
ウワサ
おむすびン助@中学受験
受かるかどうかは親がどれだけ課金できたか！
勉強の面倒を見るために働くのやめた方がいいの…？
どうしよう〜
でも、どれだけ課金できたかって話ならお金も必要だし…
こっちには塾はできるだけ低学年から通って学習を先取りして逃げ切れ！だって
確かに、何だって早く始めたほうが有利そう…
うちの子、天才って感じでもないし
先にコツコツやって逃げ切るつもりでいたほうがいいんじゃ…

さっそくSNSのウワサに振り回されていますね
何でもかんでもうのみにすると危ないですよ方針がぶれてしまいます
先取り学習や早期教育は勉強嫌いになる大きな原因にも
むやみやたらに塾に課金してもいい結果が出るとは限らないんです
そうなんですね
でも昔、御三家（開成、麻布、武蔵／桜蔭、女子学院、雙葉）で出ていた問題が
今では偏差値50〜55くらいの中学校でも出題されるって…！
確かに難しくなっていますでも、難しい問題への対策は塾にまかせれば大丈夫！
焦らず、家でしかできないことに集中しましょう
親御さんにしかできなくてしかも中学受験に役立つことがたくさんあるんですよ！
知りたいです！

1-1 中学受験は親の頑張り次第で結果が決まる？

×

親の頑張り次第で入試結果が決まるのだから、ファイル整理も予定管理も、勉強を教えるのも全部、とにかく親がやらなくちゃ！

BAD

「私がこんなに頑張っているのに、どうして頑張ってくれないの!?」という憤りが、極端な場合は教育虐待につながることも。

○

中学受験は「親次第」というより、「親が冷静に一歩引いて見られるか次第」と考える。親を追い立て、駆り立てるような情報に踊らされないことが大事。「目標を見るか、わが子を見るか」と問い直し、そこでわが子を選ぶ意識を持つ。

GOOD

こんなに頑張っているのってすごいことだよね、という穏やかな目で子どもを見守れると、子どもが勉強を「自分ごと」と捉えられる。

「中学受験は親次第」「中学受験は親の受験」などという言葉を聞いたことはありませんか？　このような言葉に対して、どのようなイメージを持っていますか？

・中学受験は、親の頑張り次第で結果が決まる
・課題プリント、ファイルの整理は親の仕事
・部屋を整え、勉強の環境を用意するのは親の仕事
・子どもの予定管理、宿題をいつやるのか決めるのは親の仕事
・家で課題を印刷できるよう、大きいサイズのプリンターを買っておく
・宿題がわからない、となったら教えるのは親の仕事
・ノートに問題番号や問題文を写して、解きやすくする
・親の経済力――どこまで塾や家庭教師に課金できるかで結果が決まる
・最善の情報を求めて、SNSで情報収集するのは親の仕事
・実際に入学した家庭が満足しているか、SNSで口コミを確認
・今年の志望者動向を知るため、SNSで他の保護者の志望校を確認
・合格した家庭がどういう生活スケジュールだったか調べてわが子の生活に反映

・合格した家庭がどの塾でどのテキストを使っていたか調べて同じ道を歩めるようにする

そして、なかなか学習机に向かってくれない子を、どうにか勉強に向かわせるのも、親の仕事……。

「私がこんなに頑張っているのに、なぜ頑張ってくれないの!?」
「私がこんなに頑張っているのに、なぜ偏差値が上がらないの!?」

でも、本当にこれでいいのでしょうか？　「親が頑張る受験」に待っている最悪のシナリオとは何でしょうか？

勉強が楽しくない子どもと、そんな子どもを叱って怒鳴って勉強へ追い立てる親。親が予定を管理し、子どもは言われるがまま勉強するため、自分で学習を進める力が育つわけでもなく、ただやらされている感を味わうだけ。

うまくいかないことがあるたびに、親の焦りはエスカレート。ネットで調べれば、目に映る成功例と今のわが子を比べて、恐怖を感じる日々……。

「なんでこんな問題もできないの？」
「何でこれくらいのこともやろうと思えないの！」
「○○さんはこんなの4年生のときでもできたっていうのに！」

不安の先で、つい手が出てしまうことも……。本人も親もつらい思いをして、どうにか受験を乗り越えたとしても、中学では本人が独力で勉強を進められるわけでもなく、伸び悩む……。さらに、不本意な受験結果であれば、さらに敗北感までプラスされ、何事にも無気力になってしまうことも……。

たしかに、中学受験は「親が伴走する受験」といわれることがありますが、こうなってはもはや伴走とはいえません。親が頑張れば、頑張るほど広がっていく子どもとの意欲の差、必死さの差。マラソンを親だけが全力疾走しながら「叱責」というロープ1本でわが子を引きずっていくかのようです。

☑大事なのは「子どもを主役にすること」

さて、最悪のシナリオを避けるためにも、今一度冷静に考えましょう。確かに、中学受験には、「親に求められる役割」や「親にしかできないこと」があります。ただ、**最初に挙げたような努力のすべてが必要なわけではありません**。このような努力を始める前に、意識すべき重要なことがあります。

「子どもを主役にすること」です。「中学受験は親次第」とは「親の頑張り次第」ではなく、**「親が冷静に一歩引いて見られるか次第」**です。

親がいかに脇役に徹することができるか。受験を終えて、本人が「自分が頑張ったから受かったんだ！」と言えるように、脇役になれるか。さらには背景になれるか。

中学受験という物語で、最も意欲に燃えるべき人は誰か？　それは本人です。本人と親と塾講師で燃えるべき順序をつけるなら、**「本人＞講師＞親」**です。これが逆になると親が講師と本人を追い立て、親に追い立てられた講師も本人を追い立てる、という不幸な構図になります。

講師と親もこの順序（講師＞親）です。成績を上げることを目指して、ときに叱咤しながら生徒を指導するのが塾講師の仕事ですが、ときおり、塾講師を飛び越えて「**塾講師より怖い親**」が出現することがあります。

そうなると「家で親が『勉強しろ！』と怒鳴ってきて怖い……」と子どもが塾講師に泣きつくという、**本来あり得ない逆転現象が起きてしまう**のです。

家庭は、子どもにとって一番の安全地帯、心のよりどころであり続けてください。このことは子どもの成績や頑張りに応じて変えていいことではありません。

まずは本人が頑張り、それを周囲の大人は応援する。親は、子どもの生活面を見ているからこそ、一歩引いた立場から、無理が生じていないか見守ることができます。

とはいっても、常にわが子の受験勉強を見ていられる親はいません。最後まで平気な顔をして、何ひとつ心配なく中学受験を通り過ぎる方は、まずいないのではないでしょうか。中学受験が親にとっての試練であるのは確かです。

中学受験に向かない子どもはいないのですが、中学受験に向かない親はいます。それは、子どもより先に余裕がなくなって、わが子を追い立ててしまう親や、勉強は苦しいものであると思い込み、勉強に苦しんでいる姿を見ていないと「やっている感」を得られず、安心できない親です。中学受験では、そういう親が「ふるい」にかけられていきます。**親の度量を試されている**という意味で「中学受験は親の受験」なのです。

「目標との差を見る」か「以前との差を見る」か

ここで、「目標との差を見る」ことと「以前との差を見る」ことの意味と違いを覚えておいてください。

●目標との差を見る

「わが子は目標に向けてどれだけ距離があるか」「どれだけ遠いか」を見るということです。「このままでは目標に届かないから、もっと頑張らないといけない」といったことは、親よりも本人がよく考えるべきことです。また、塾の講師たちは、過去の経験から生徒の目標と現状の差をよく知っています。本人との相談の中で、講師から伝えられることでしょう。

●以前との差を見る

これは、わが子だけを見て、「以前と比べて、今はどれくらい成長したか」を見るということです。よその子の話も、ＳＮＳを飛び交う武勇伝も、関係ありません。目標は遠くても、ペースは遅々としていても、受験生たちはみんな頑張っています。小学校の勉強に加えて、塾の勉強をしています。前には解けなかった問題を解けるようになっています。**他者と比較すれば小さな成長かもしれませんが、本人にとっては大きい前進を見つけて、認めてあげることこそが大切**です。

「頑張るなんて当たり前だよ、目標を考えたら全然足りないじゃん」と言いたくなるかもしれません。でも、そんなことを言う必要はありません。ほとんどの場合、言われなくても本人は薄々わかっています。本人がわかっていることを重ねて言えば、嫌な気持ちにさせて、勉強への意欲を奪うことになります。

「前より字がきれいになっているんだね」などと、ささやかな前進を見つけるのは難しいことです。ですが、この「以前との差を見る」ことこそが中学受験を、ひいては子育て全体を成功裏に終えるために必要なことなのです。

1-2 中学受験はどれだけ「課金」できるかが勝負？

×

中学受験はとにかくたくさん課金して、いろいろなオプションをつけた人が勝つ。高いお金を払って優秀な先生をつければ成績は上がる。

BAD

大量の不必要なオプションや、高額な家庭教師への課金で家計が崩壊。逆に課金が追いつかないからと受験を諦めるケースも。

○

たくさん課金するのではなく、上手に課金する人が勝つ。まずは目指すべきゴールと、わが家、わが子の課題を明確化する。

GOOD

サービスをコスパ良く活用して、親子ともにストレスを軽減し、楽しい受験生活を送るのがベスト。

「中学受験は課金ゲームである」という言葉も耳にしますね。中学受験では、確かに非常に多くの授業や教材が商品となっています。塾、追加授業、追加教材、家庭教師、個別指導……。どれも「取れば成績が上がります」という顔をして売られていますし、実際、売っている側としては、「これを取って成績を上げてほしい」という思いがあることに間違いはありません。

このようないろいろな追加オプションを耳にすると、「取れば取るほど成績が上がるなら、無限に取れる人が成績を上げるのでは？」というふうにも思えてきます。「課金ゲーム」という言葉はこういう状況から出てきたといえるでしょう。

しかし、実際は「取れば取るほど成績が上がる」わけではありません。3つの注意点があるので確認しておきましょう。

注意点❶ミスマッチ
注意点❷オーバースペック
注意点❸オーバーワーク

注意点❶　塾との「ミスマッチ」が生む重課金

多くの親御さんが悩むのは「どの塾が、わが子に合っているか」という問題です。学力レベルや学習ペースがその子に合わない塾に通わせると、塾での授業だけでは追いつかず、結局、家庭教師や個別指導といった追加のサポートが必要になることがあります。

最初は「わが子に合う塾はどこか？」と考えていたはずが、いつの間にか「わが家の目標に合う塾はどこか？」に考えがすり替わってしまうご家庭があります。「わが子はどんな子か」という意識が抜け落ちてしまうのです。そして、子どもの能力にミスマッチな、ハイペースで進む塾に入れてしまうのです。

もちろん「ハイペースで進む塾に頑張ってついていかせれば子どもの成績が上がるから、そのほうが良い。そのためなら重課金でもする」と考えるご家庭もあります。確かに、頑張ればついていけるのであれば、それも良いでしょう。しかし現実には、「重課金しても、どうやってもついていけない」子も多いのです。「課金すれば何とかなるはず……」と期待するのは、重課金による不幸な未来につながるので気をつけたいものです。このようなミスマッチによる追加投資は、最初からお子さんに合った塾を選んでいれば避けられます。

家庭教師や個別指導の活用でどうにかなる家庭の多くは、**家庭のサポート力に課題があった場合**です。例えば、フォローが少ないＳＡＰＩＸなどの塾に通い、ご両親は共働きでわが子をフォローできず、本人も自己管理が苦手、という場合は、子どもの地頭が良くても学力が停滞しがちです。

このような場合であれば、家庭教師や個別指導などを活用し、スケジュール管理を手伝ったり、授業で理解できなかったところを必要に応じて教えてあげたりすることで成績が向上し、塾のカリキュラムについていけるようになることはあります。

☑基礎学力が不足している子に難しい授業は無意味

一方、計算力や読解力、仮説思考力、語彙力といった基礎学力が不足している場合は、いくら課金しても期待する成果が得られないことが多いです。なぜならその子は、そもそも塾の授業内容を十分に理解できていないため、その時間の中で得られる成長がほとんどないからです。

この場合、**家庭教師が教えてくれる身の丈に合った内容だけが実際の成長部分**となり、**塾に払っている授業料はほぼ無駄**になってしまうリスクがあります。

それであれば、最初から家庭教師のみを利用するか、子どもが理解して吸収できるレベルの授業をしてくれる塾に通わせたほうが、授業料に対して得られる価値が大きくなります。**基礎学力が不足している状態で難しい授業を受けさせることは、お金を払ったにもかかわらず、授業料に対して十分な成果が得られない**危険性を高めます。

このような状況が続くと親御さんの期待が外れ、結果的に**焦り**を感じることが多くなります。その焦りが、最終的には**子どもに対する苛立ちや怒り**となり、家族関係の悪化や子どものモチベーションの低下につながることが少なくありません。また、焦りや苛立ちから、さらに追加のサポートやオプション講座に課金してしまい、課金がエスカレートしてしまうケースもあり、これは負のスパイラルを生むリスクがあります。

お子さんの基礎学力がしっかりしていない段階で、ハイレベルな塾や難易度の高い授業に課金しすぎるのは効果的ではありません。今のお子さんのレベルに合った指導を提供する塾や家庭教師を選ぶことで、授業料に対する効果を最大化することができます。無駄な課金を避け、ストレスのない受験勉強を親子で進めるためにも、**基礎学力の確認とマッチ**

ングが重要です。

注意点❷　オーバースペックなオプションが生む無駄な時間と費用

塾では、通常の授業に加えて、さまざまなオプション講座が用意されています。しかし、これらのオプション講座も、子どもの学力やニーズに合わないものを受講したら成果が出ず、無駄な出費になりがちです。

例えば、基礎学力がまだ定着していない子どもに難問対策講座を取らせる、といったオーバースペックな選択は、時間とお金の両方を浪費する結果となります。オプション講座は、必要に応じて賢く利用することが大切です。まずはお子さんの現状を把握し、今、必要なサポートが何かを見極めましょう。

家庭教師や個別指導を利用する場合でも、重要なのはどの先生を選ぶかです。高額なプロ講師を雇うことが必ずしも最善ではありません。わが子の課題がどこにあるのかを理解せず、あらゆる面で「万能」な先生を選ぶと、結果的にオーバースペックとなり、無駄な費用がかさむことになります。

例えば、4科目すべてで御三家レベルの対策ができ、いざとなれば大学受験や大学の学問的バックグラウンドまで語れ、モチベーションの管理も超一流、という講師に依頼できたとして、実際に何を指導してもらうのでしょうか？　その指導にいくら払うのでしょうか？　これほどのスキルを持った人が家庭教師で生計を立てるためには、相当な指導料を取る必要があります。

もちろん、ミスマッチが起こった場合は、なおさら無駄な費用となります。「あの先生の指導、レベルが高すぎてよくわからなかった……」となれば大損です。

高い学力があってもすべての子どもには対応できない

やる気の面で課題を抱えている子には、プロ講師よりも**年齢の近い大学生講師のほうが効果的**な場合があります。子どもの志望校のOBやOGである大学生講師だと親しみやすく、憧れの存在にもなり、勉強へのモチベーションが高まる場合が多いです。

勉強に苦手意識があるためにやる気が低い子であれば、自分も勉強が苦手だった先生や、生徒より少し上の学力の大学生講師が良い場合もあります。こうした講師が親身になって指導すると、子どもが自信を取り戻し、学習が効果的に進むことがあります。

勉強が苦手な子に、有名難関大学の学生講師をあてしまうと、できない子の気持ちがわからなかったり、生徒がなぜわからないのかを先生が理解できなかったりして、指導がうまくいかない場合があります。

「有名難関大学の先生だから」という理由で高い授業料を払っても、そうしたミスマッチで成果が出なければもったいないだけです。

一方、難関校を目指す子であれば、**高学歴、高学力の大学生講師が一緒に問題を解き、競争相手になってあげるようなかかわり方**も効果的です。

プロの社会人講師の中には、経験豊富で、いろいろなタイプの生徒に対応できるスキルを持っている方もいます(逆にスキル不足な方も多いので要注意！)。しかし、そうした「万能」な先生を雇うと、指導料が非常に高くなります。「焼く、蒸す、揚げる」といったさまざまな機能を持ち、豊富なオートメニューまであるスチームオーブンレンジがお高いのと同じです。使いこなせるならいいのですが「よく使うのは、結局、温め機能だけ」であれば、単機能の電子レンジを買うのが正解です。

講師を選ぶときは「**わが子に本当に必要な指導は何なのか？**」を考えましょう。そうすれば、使いもしないオーバースペックな要素への課金を避けられます。まずは、わが子の性格や学力を把握することから始めましょう。

注意点❸　オーバーワークが生む消化不良と体調不良

指導時間を追加して勉強時間が増えれば、成績は基本的には上がります。しかし、授業を取りすぎた結果、時間に余裕がなくなってしまえば本末転倒です。塾の宿題……、家庭教師の宿題……などと常に課題に追われている状態になると、学習効率が落ちます。「間に合わないかも」と日々、切迫感を受け続けると、問題をしっかり考える余裕もなくなってしまいます。「わかった！　そういうことか！」という納得を得るために粘るより、間に合わせることを優先して手を抜いた学習になってしまうこともあります。

また、毎日たくさんの課題をこなして頑張っているのに伸び悩む子どもは**課題が多すぎてバランスを崩している**こともあります。課題を間に合わせるために睡眠不足が常態化して、健康を損なうこともあります。子どもが「考えてもわからない」と言ったとき、思考力不足かと思ったら実は睡眠不足だったということもあるのです。

親御さんは、❶ミスマッチ、❷オーバースペック、❸オーバーワークを避け、無駄のない受験サポートをしましょう。中学受験のサポートには、どうしてもお金がかかる部分がありますが、無駄な課金を避けるためにはミスマッチを避けることが鍵です。塾、オプション講座、家庭教師を選ぶときは、子どもの学力や性格に合わせて選択し、オーバースペックなものへの課金は避けましょう。授業は多ければ良いわけではありません。塾としっかりコミュニケーションをとり、適切な分量を考えてオーバーワークを避けながら学習を進めましょう。親御さんは、無駄を省いた適切な課金で、子どもが安心して受験に臨める環境を整えてあげてください。

1-3 中学受験の準備は早ければ早いほどいい？

×

とにかく早くスタートして中学受験を逃げ切ろう！　うちの子は要領がいいようにも思えないから、この戦略しかない！

BAD

高学年になるほど伸び悩んできて、失速。そして墜落……。

○

長期的な視野に立ち、試行錯誤を重視して学習を進める。

GOOD

考えて解く問題に対して粘り強くなり、自分で予定を立てて勉強することにも慣れ、自らの意思で学習を進めていけるようになる。

「うちの子は地頭が良いタイプには思えない。だからこそ早めからコツコツやって逃げ切らねば……！」

親御さんのこういった考えから、中学受験の勉強をスタートする時期が低学年化、早期化し、早くから準備を整えるご家庭が多く見られるようになっています。これには「大手塾の入塾テストに合格するためには事前の積み重ねをしておかねば」という事情も働いています。たしかに、低学年のうちから学習習慣を積み重ね、学習のペースを身につけておければ、その後も優位に立てそうです。

しかし、この「早期に逃げ切ろうとする戦略」には落とし穴があるので避けなければなりません。

落とし穴❶　論理的思考力の発達を追い越して先取りすると理解がともなわない

子どもの学年や発達段階を飛び越え、上の学年の内容を学習させることを**先取り学習**といいます。公文式などで、どんどん先に進んでいく子っていますよね。先取り学習は悪いことではありませんが、**「先に進むこと」自体が目的化してしまうと問題が発生**します。

理解がともなわないまま、表面的な解法だけを丸暗記してしまう子が多いからです。5～6年生の子が習うような特殊算の解法を、3～4年生の子に暗記させることはできます。暗記したことによって、5～6年生の子が取り組むような問題を解けるようになります。

しかし、**そうしたやり方が通用するのは簡単な問題だけ**です。入試で求められる思考力は「なぜその解法が成り立つのか」「どのように応用できるのか」を理解しなければ育ちません。この思考力が育たなければ、より難しい問題に直面したとき、知識を応用することが難しくなります。

こうした丸暗記をしてしまうのには、子どもの発達段階にも原因があります。**年齢1桁までの子どもは脳の働きがまだ暗記型で、論理的に思考する力の成長はゆっくり**です。

ですから、5～6年生の子が習うような公式や解法を、本当の意味で理解するための脳のスペックが備わっていないのが普通です（もちろん発達が早く、苦もなく理解する子もいないことはありませんが希少です）。

だから、難しすぎる内容をやらせると、理解がともなわない暗記をしてしまうのです。これは無理のないことなのです。

しかし、低学年の段階でこうした暗記の習慣を身に付けてしまうと、問題の背景や本質を理解しないで機械的に問題を解こうとする学習スタイルが定着してしまいます。後々「このやり方ではダメだ」と気がついてもスタイルの変更は困難で、その結果、成績が頭打ちになることが多いのです。

そして、「頑張っても理解できない……」「問題が解けない……」となっていき、そんな子は勉強に対して挫折感を抱き、自信を失い、学習そのものへの興味や意欲が失われる可能性が高くなります。**先取り学習は、短期的には成果が出ますが、過度な先取りは長期的には問題が生じやすくなる**ので気をつけましょう。

☑試行錯誤の経験を積みつつ、長期的な視野で成長を見守ること

後々まで学力を伸ばすには、思考力を育てることが欠かせません。**思考力を育てるには無理な先取り学習をせず、発達段階に合わせた学習を通じて、子ども自身に考えさせるプロセスが重要**です。

例えば、子どもが手を動かして、試行錯誤しながら問題を解くようにしましょう。わかることを式にまとめてみたり、図を描いてみたり、手を動かしながら考えを整理したりすることが、思考力を育てます。

また、子どもに「なぜこの答えになったの？」「他に解く方法はないかな？」といった質問を投げかけ、言葉で整理するように促すことで、自ら考える力を養えます。**親が答えを教えるのではなく、子ども自身が考える時間を与えることが思考力の向上につながる**のです。

なお、目先のテストの点数に一喜一憂せず、**長期的な視点**を持つようにしましょう。目先のテストの点数が良いに越したことはありませんが、目先のテストで良い点数を取る手段が、長期的に見て学力の頭打ちにつながるのであれば本末転倒です。**長期的に見て「子どもが自分で考え、答えを導き出す力」を育てるほうが得策**です。

思考力を重視した教育は一見、進度が遅く見えるかもしれませんが、実際には子ども自身の理解力や問題解決力を高め、結果的に将来の学習や入試での成功を導きます。焦らず、着実に子どもの成長を見守りながら、適切な学習環境を整えていきましょう。

☑落とし穴❷ 低学年時の成功パターンは受験直前の高学年で通用しなくなることも

お母さんの言うことをよく聞くような、聞き分けのいい女子にありがちなパターンです。

中学受験の勉強の場合、大人の指示と管理に従って従順に取り組めば、成績は一定程度、上がるものです。しかし、4年生、5年生、6年生と学年が上がるにつれ、立ちはだかる2つのハードルが出現します。

Ⓐ　思考力を求められる学習内容

Ⓑ　反抗期の到来

「大人が学習をコントロールし、子ども本人の意思は曖昧」という状況でも、反復を通じてものを覚える学習は、比較的順調に進みます。極端な話、強制的に答えを丸写しさせても、暗記分野なら一定の伸びはあります。

しかし、子どもが頭を使って考える分野、つまり「考えて理解する」分野ではそうはいきません。考える分野の問題の割合が増えてくると、親は「どうしてわからないのだろう？」「どうしてできないのだろう？」と感じるようになります。

そしてそんな中、子ども本人に自我が芽生えると、親の管理が一気に難しくなります。

反抗期の到来です。親としては、「管理していたときはうまくいっていて、成績も良かったのにどうして?」という気持ちになるのですが、子どもからすればこの管理が嫌になってしまうのです。

とはいえ、子どもが自分自身で計画を立て、自分だけの力で学ぼうとしても、その実力はありません。となると、**取り組みの質と量が落ちて成績が急落**します。親はかつての成功パターンを取り戻そうと再び管理しようとしますが、子どもはさらにそれを嫌がる——という悪循環に陥っていきます。

☑学習の「主役」を子ども自身にする

「予定を立てて学習をする」という点でも、子ども自身に考えさせるプロセスが重要です。予定を立てて、うまくいったり、うまくいかなかったりする試行錯誤を経験させましょう。

最初は、親が「勉強は、食事の前と後、どっちにする?」とか、「漢字と計算どっちにする?」といった選択肢を提示するところから始め、徐々に自分で時間や内容を決められるようにしていく、という段階を踏んでいきます。

子どもが立てた計画は、うまくいかないことも多々あります。というより、うまくいかないことのほうが多いです。しかし、それも経験として、そこから修正していく学びにも価値があります。

「学習の計画を自分では立てられないが、親に決められるのはムカつく」という事態になる前に、ある程度の実行力を育てておいてあげたいですね。

1-4

子どもがつまずいたら親が教えたほうがいい？

×

ペースに追いつかねばとばかりに、その子の理解を無視してペースアップしようとする。学習内容が難しくなっていることを知らず「親が教えればなんとかなるだろう」と思って教え始め、苦労する。

BAD

ペースアップしようとするあまり、学習に無理が生じる「たくさんやってつらい思いをしたのに、全然わかっていなかった」という状況に陥る。

○

過当競争には必ずしもついていかなくてよい。その子のペースを大事にする。焦らせるようなアオりに注意する。

GOOD

子どもの実力に合わせてていねいに学習し、成績を地道に上げていく。

中学入試の難易度は上がり続けています。さっそくですが、次の2つの問題を見てください。

問題❶　左の図のようなマスに、0から整数を小さい順に0、1、2、……、26、27、……と時計の針の進む方向に渦《うず》を巻くように書き込《こ》んでいきます。上下左右に斜《なな》めを加えた8つの方向を考えます。たとえば、0から上の方向に3マス進んだところに27があり、17から左上の方向に2マス進んだところに7がある、というように考えます。

（1）0から下に8マス進み、さらに右に8マス進んだところにある数は何ですか。

（2）0から上に8マス進み、さらに左に8マス進んだところにある数は何ですか。

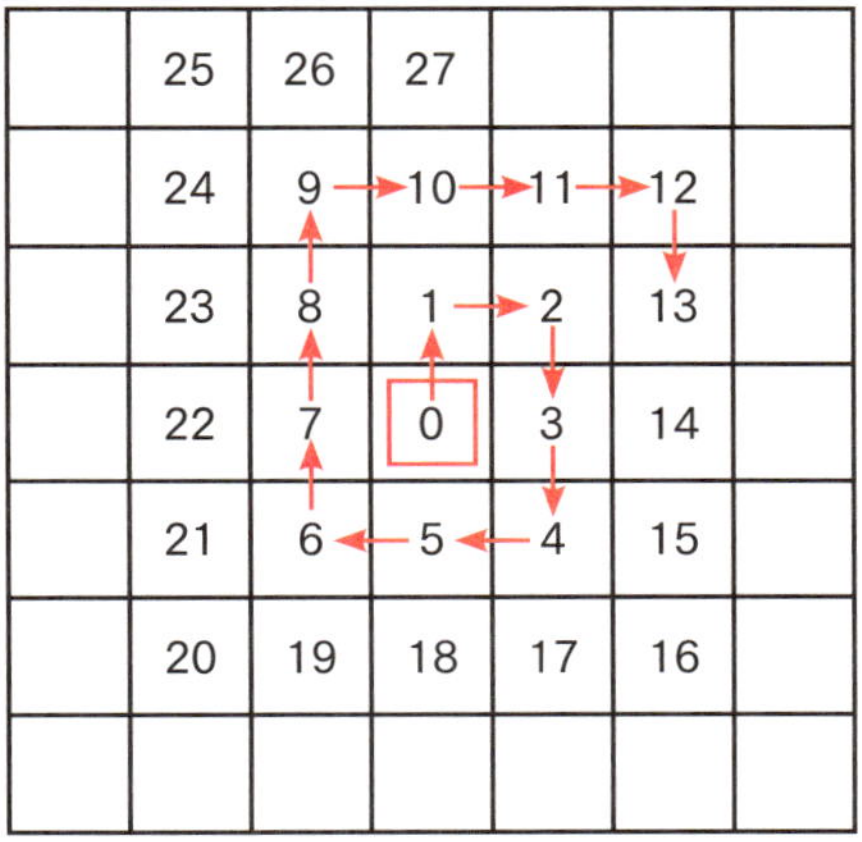

（3）555から1マス進んだところにある数を上下左右4つの方向すべてかきなさい。

問題❷ 左の図のように、整数1、2、3、…をマスの中に入れていきます。次の各問いに答えなさい。

（1）1から上に7マス、右に7マス進んだところに入る数はいくつですか。

（2）400は1から「上」「下」に何マス、「左」「右」に何マス進んだところに入る数ですか。文字は適当な方を○で囲みなさい。

（3）1123は1から「上」「下」に何マス、「左」「右」に何マス進んだところに入る数ですか。文字は適当な方を○で囲みなさい。

	43	44	…	…	…			
	42	21	22	23	24	25	26	
	41	20	7	8	9	10	27	
	40	19	6	1	2	11	28	
	39	18	5	4	3	12	29	
	38	17	16	15	14	13	30	
	37	36	35	34	33	32	31	

問題❶は、最難関校のひとつとして知られる開成中学の過去問（四谷大塚合不合での偏差

値：71）です。問題❷は高輪中学（四谷大塚合不合での偏差値：53）の過去問です。難易度としては、ほぼ変わりませんね。違いはひとつ、出題年です。開成中学では2007年に出題され、高輪中学では2020年に出題されています。干支が一周するころには、御三家で出題されていたような問題が、中堅校でも出題されるようになるということです。

この事実をどう思いますか？

まずは、新たな問題が発明されて、それに合わせて指導法や教材も進化し、世の中学受験生たちはどんどん賢くなっているといえそうです。算数の実力は、小学生のときの私より、今の小学生のほうが高いといえるかもしれません。

自信満々に算数を教えるつもりの親御さんがおられたとして、わが子とご自身は干支で何周離れているでしょうか？　ご自身に中学受験の経験があったとしても、干支が一周すれば、御三家の問題が一般的な問題になっていることを理解しておいたほうがよいでしょう。

自分が小学生のときには見たことがなかったような問題に直面することになるかもしれません。「わが子に説明する」どころか、自分が解くことで精いっぱいになったり、もしかしたら自分では解けなかったりする可能性だってあるのです。

☑過当競争から距離を取る

一方、こちらのほうが重要なのですが、そもそもこれは過当競争だとは思いませんか？　この過当競争を全員しなくてはならないものなのでしょうか？

開成の数学の先生に、「開成で過去に出た問題が、今では割とよく見る典型問題になることがある」という話をしたら、開成の先生も驚いていました。「入試もテキストも難しくなっていくとなると、みんなで不幸せになりますよね……」とのことです。

年を追うごとに難しくなる算数の入試問題。

改訂を重ねるごとに難しくなっていく算数のテキスト。

こう聞くと危機感を覚えますが、一方、この条件はすべての子に平等でもあります。入試問題は、全問正解しないと合格できないわけではありません。先ほどの高輪中学も、合格者の平均点は70点です。30点分取れなくても合格します。

中学入試の問題は、多くの学校の大部分の問題が、テキストの基本問題、典型的な問題をひとつひとつていねいに理解していれば、勝負できるようにできています。実際のところ、どこでどんな奇問や難問が出たとしても、自分の入試の結果には直結しないのです。

だから、テキストに載っている問題は、必ずしも全部やらなくてもよいのです。すべての中学受験生が、テキストを基本問題から応用問題まですべて解いているわけでもありません。焦らず、自分の実力のちょっと上の課題を意識して、着実に進めるほうが実力アップにつながります。

「目標を見るか、わが子を見るか」で、わが子を見ることが大事です。危機感をアオる内容の記事を見ても、焦らず、受け流しましょう。

☑難関校の理科・社会の問題はおもしろい

算数だけではなく、理科・社会の問題も見てみましょう。電車の車内広告や雑誌、ネットの記事で難関校の入試問題が取り上げられているのを見たことがある方も多いでしょう。大抵は「こんなに難しい問題が出るのか！」か「こんなにおもしろくて予想外の問題が出るなんて！」という、どちらかの切り口で紹介されています。

例を挙げてみましょう。**問題❸**は麻布中学の社会の問題です。麻布中学では、袋入りのカット野菜と不揃いな加工用ニンジンの写真を使って、大型スーパーやコンビニのプライ

ベートブランドで袋入りの便利なカット野菜が増えてきた理由を、「消費者の視点」から
と「契約農家の視点」から聞いています。

問題❸

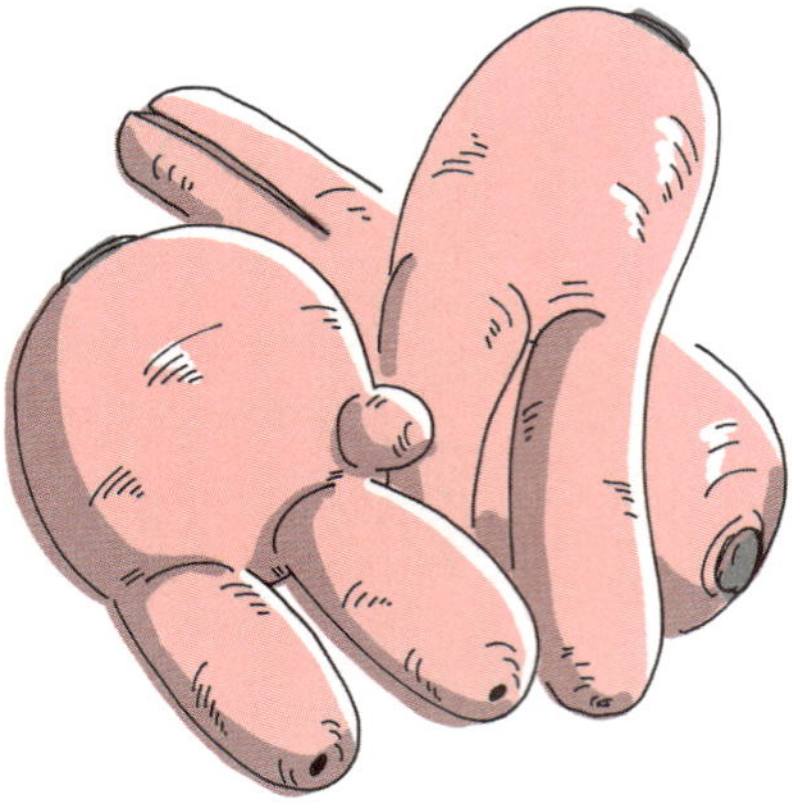

※実際の試験では写真が使われています。

問題❹は開成中学の社会の問題です。駅名表示の隣にある「JY22」の意味を聞いています。

どう感じましたか？

おもしろいですよね。私もこういう切り口の問題は大好きです。

一方で、「こんなところまで出題されるのか……」「どこまで覚えなくちゃいけないの……？」と思いましたか？

☑「学習内容が増えていく！」という「錯覚」に付き合う必要はない

ここでやってはいけない反応は、「覚えなくてはならないものが増えた！」と思って、必死に覚えようとする（やることを増やす）ことです。「あれも、これも、覚えねば！」と、中学受験の難関校で出るおもしろい入試問題が載っている本を買ってきて、子どもと一緒に解いて、全部覚えようとしても、あまり意味はありません。

問題❹

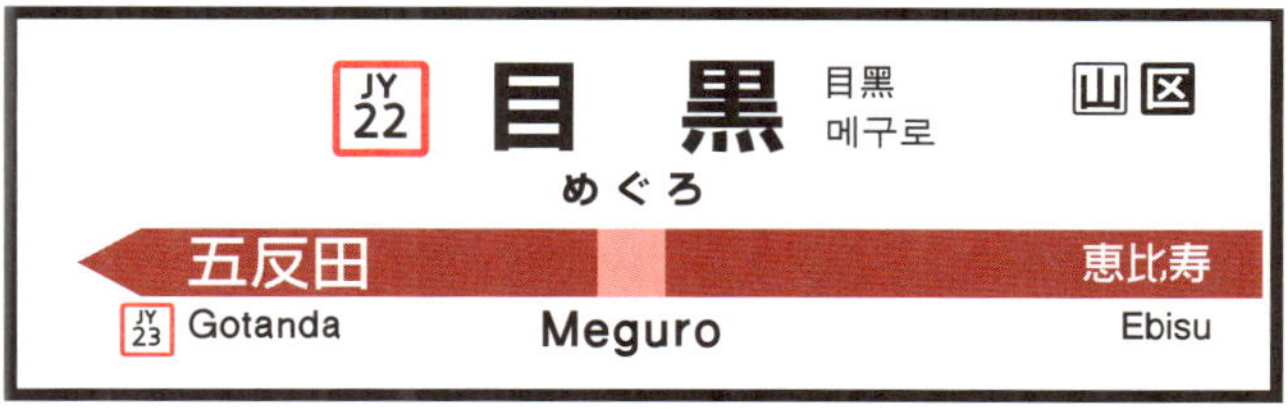

そもそも、これらの問題が、他の学校でも出る可能性は低そうです。「覚えておけば自分のときの入試問題で出るかも！」というような問題ではありません。そして、これらの答えを「覚えよう」とすると途端におもしろくなくなりますね……。毎度、「軽いクイズ」としてやるからおもしろいのです。

この類いの「おもしろい問題」が出る学校は、まだそう多くはありませんし、出たとしても合否を分けることは、そうありません。そのほかの大抵の問題は、基礎知識をていねいに覚え、理解していれば解けるからです。このような「おもしろい問題」は、「いろいろなことに興味を持ってほしい」「周囲を見る余裕を持ってほしい」という難関校からのメッセージなのです。

ですから、このメッセージを素直に受け取りましょう。つまり、身の周りのことに興味を持って楽しむことが大事なのです。「やらなくちゃ……」といった、悲愴感や義務感を持たず、おもしろがればいいのです。おもしろがり方の工夫や実例は、次の項目で紹介していきます！

1-5 出題頻度が低い問題は捨てる？

×

「重箱のスミ」をつつくような問題は、予測が立てにくいので勉強の効率が悪いから捨てる。

BAD

このビハインドを挽回するのは結構たいへん。出題頻度が高い単元を、人一倍多く頑張るしかなくなる。

○

台所で子どもと一緒に料理をしたり、実際の食材に触れたりしながら、日々いろいろなものを子どもが自分の目で観察できるようにする。

GOOD

特別勉強しなくても、体験することで自然と算数、理科、社会の知識が身に付き、テストでも点が取れるようになる。

「親が、あれもこれも教えなくては！」という思いから、一旦距離を置きましょう。その上で、親が集中すべきことがあります。「親にしか教えられないこと」「親にしか与えられないこと」です。

子どもたちは、多くの知識を塾の教室で習ってきます。しかし、実物を見て、体験して具体的なイメージをつかむ機会は、教室の外のほうが多いものです。そして、具体的なイメージを持っている子どものほうが、教室で多くの知識を吸収していけるのです。

家の中を見渡してみましょう。「台所」ひとつ取ってみても、受験に出てくるさまざまな知識を、実際に体験できます。

例えば、中学受験の問題では、多くの魚が出てきます。社会の入試では、イワシ、サバ、カツオ、サンマ、サケ、イカなどの漁獲量の多い港や漁法が出てきます。社会の入試問題だけでなく、理科の入試問題でも魚の知識が問われます。「サケの切り身」の図が描かれていて、その図に「背骨」や「脂肪の多い部分」を書き込む、という問題が聖光学院中学校で出題されました。

この問題は、授業での知識だけでなく、実際に魚を観察したり、自分で魚の切断面を考えたりすることが必要な問題ですよね。

また、慶應義塾普通部では、以下のように「カレー」をテーマにした入試問題が出題されたことがあります。

問題　左の材料を使って、カレーライスを作りました。

材料
(1)タマネギ
(2)ニンジン
(3)ジャガイモ
(4)ナス
(5)豚肉
(6)バター
(7)市販のカレールー

1．次の(ア)～(エ)を調理する順番に並べなさい。

(ア)水を入れて煮る
(イ)カレールーを入れて煮こむ
(ウ)野菜と肉を食べやすい大きさに切る
(エ)バターでいためる
(オ)ご飯の上に盛りつける

2. 1の(イ)に適した火を、次の(カ)〜(ケ)から1つ選び、記号で答えなさい。
(カ)種火
(キ)弱火
(ク)中火
(ケ)強火

3. 野菜を切った包丁をそれぞれそのままにしておきました。白いものが一番多く出てくるのは、どの野菜を切った包丁ですか。材料の(1)〜(4)から1つ選び、番号で答えなさい。

4. タマネギを縦と横に切りました。切り口の様子を図1に描きなさい。

5. 調理に使わなかった（1）～（3）の野菜をしばらく置くと、芽が出てきました。それぞれの野菜（図2）で芽の出るところにX印をつけなさい。

6. 調理に使わなかったニンジンを冷蔵庫に入れたままにしておくと、芽が出てきました。光の当たる場所に置いたものから出た芽と比べて、芽の色と形はどのようにちがいますか（10字以内で答えなさい）。

7. 材料の（1）～（4）の中で、花の形が似ている野菜はどれとどれですか。番号で答えなさい。

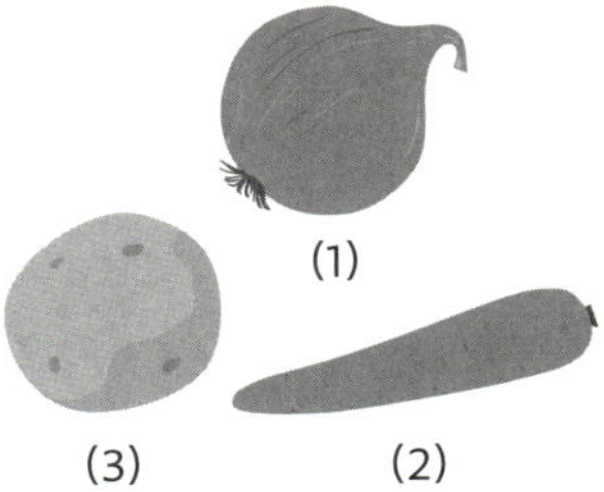

図2

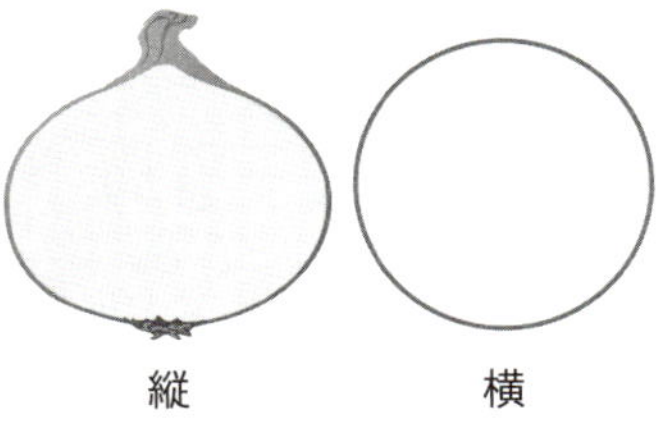

図1

あなたのお子さんは、こうした「野菜の断面」や「芽が出る場所」、「どの野菜と、どの野菜が同じ仲間か」といったことを答えられるでしょうか？　実際のところ、このような問題の受験での出題頻度は、それほど高くありません。だから、塾は授業時間をここに多くは割きません。第一、教室で説明すること自体が難しいです。また、子どももここに多くの学習時間を割きません。これら「重箱のスミ」を覚えようとするのは、かかる時間に対して見込める得点の上昇が少ないからです。要するにコスパがよくないのです。

そのため、「知っている子は自然に点が取れるけど、知らない子はその単元をあきらめるしかない。このビハインドを挽回するために、出題頻度が高い単元を、人一倍多く頑張るしかない」という戦略になってきます。でも、**その5点、10点のビハインドを挽回するって、とても大変**ですよね。

運動会の徒競走で、スタート位置が子どもごとにバラバラな状態を想像してみてください。もしあなたのお子さんが、他の子よりも2m後ろからスタートさせられたらどう思いますか？　他の子も頑張って走っている中で、ビハインドを挽回して追いつき、追い越していくのは、とても大変なことがわかるのではないでしょうか？

そこでお勧めしたいのが、**日々の生活の中での地頭づくり**です。毎日の生活の中で、知識の「種まき」をしたり、算数の土台となる割合の感覚を教えてあげたりすれば、自然と点数が取れるようになります。

食事に出す魚で、肉で、野菜で、関連した知識を子どもに教えておけば、先ほど例に出したような理科や社会の問題を解くうえで、他の子よりも優位に立てます。例えば、さまざまな食材の産地について頻繁に話題に出して、子どもが自然と覚えてしまっているような状態になっていると良いですね。

先日、わが家では、サツマイモとニンジンを暖かいところに置いておいたところ、芽が出てしまっていました。芽が出てしまうと味と栄養が落ちてしまうので食材としての価値は落ちますが、もしわが家に子どもがいたら、絶好の教材になったことでしょう。子どもの教材にできたら良かった（涙）。

理科や社会だけじゃない！　算数の知識も台所で身につける！

食材についての知識だけでなく、**数量感覚**や**単位換算**の実力も、家庭で身につけられます。お茶や牛乳を飲むとき、さりげなく単位換算について話題にすれば、多くの子が苦手

にするリットル、デシリットル、ミリリットルの単位換算も、楽々クリアできるようになります。

こんなメモリ付きのカップを使って、

親「今日は何ミリリットル飲む？」
子「300ミリリットル」
親「それってデシリットルでいうと3デシリットルだよ」

といった会話をしましょう。慣れてきたら「それってデシリットルに直したら何デシリットル？」とクイズにしても良いですね。毎日やっていれば自然と身につきます。

塾の講師は、同じような説明を教室でできますが、日々家庭で話題になり、カップに触れることで培った単位換算のイメージのほうがしっかり子どもの頭に定着します。見て、触れて「これくらいの量だよね」という実際の感覚を持っている子どもは、授業で習ったときの理解も早いです。また、ごはんのおかずやおやつのとりわけは、**割合を学ぶ絶好の機会**です。例えば、

「家族4人で餃子《ぎょうざ》を同じ数だけ分けると、1人何個になるかな？」

「あなたはプチトマトがあまり好きじゃないから、みんなより2つ少なくしようか。あなたの分は何個かな？」

「あなたたちは、からあげが大好きだよね。だから、お父さんとお母さんの2倍食べていいよ。そうするとあなたの分は何個かな？」

「このチョコレートの大きな袋には、小さくくるまれたチョコレートが20個入っているね。1日に4個ずつ食べたら、何日でなくなるかな？」


こんなふうに子どもに考えさせると、**算数の超重要単元である割合を徐々にイメージできる**ようになっていきます。

また、料理のお手伝いができる年齢になったのであれば、ぜひお手伝いもさせてあげて

ください。レシピを見ながら調味料の分量を調整するのは、割合や比の感覚を身に付ける上で、とても良い勉強になります。レシピは、2人前の量で書かれていることが多いので、「4人前なら2倍の量」「3人前なら1・5倍の量」と子どもに考えさせると、とても良い経験になります。

☑料理で「分数のかけ算と割り算」を理解！

あなたは、分数の割り算を「なぜひっくり返してかけるのか」説明できますか？　仮に説明したとして子どもは感覚的に納得できそうでしょうか？　先日、ある保護者の方から、料理が分数のかけ算と割り算の理解に役立った話を教えていただきました。

息子さんのケース

❶背景

息子は「分数で割る」というイメージがわかず、最初の計算問題でつまずく。「1/6で割るってどういうこと!?」。息子の性格上、「ヒックリカエシテカケール」の呪文は効きそうにない。

②実施した施策

キッチンから大さじ、小さじ、小さじ$\frac{1}{2}$を持ってくる。

「大さじ1＝小さじ3」は料理のお手伝いで理解していたので、

親「小さじ1は大さじの$\frac{1}{3}$です。大さじ1のスプーンに、小さじは何杯入るかな？」

息子「3」

親「では、大さじ1のスプーンには小さじ$\frac{1}{2}$が何杯入るかな？」

息子「6。あ、そうか（笑）」

と「$\frac{1}{6}$で割る」のイメージができたようで、その後もこの単元の学習はスムーズに進んだ。

娘さんのケース

①背景

分数のかけ算のイメージができない。理解できていなくても、やり方を覚えてなんとかしようとするタイプなので、息子より危険度が高い。

❷実施した施策

同じくキッチンから大さじ、小さじを持ってくる。

親「2人前のレシピにしょう油大さじ2/3とありますが、4人前作りたい。しょう油はどれだけ入れる?」

娘「大さじ1と小さじ1」

私「うんうん。じゃあ、1人前を作るときは半分だから1/2かけるよね。しょう油は大さじでどれだけ入れる?」

娘「1/3。あー、そうか!」

その親御さんは、料理は子どもの成長に良いと聞いてはいたけれど、分数で一役買ってくれるとは思ってもみなかったそうです。子どもとの料理は、地頭づくりに極めて効果があります。ぜひ小さいうちからやっていきましょう。**こうしたことを長期的に取り組んでいけば、それが算国理社の土台になる**のです。

しかも、この実例を見てもらえばわかるように、ちょっと楽しそうじゃないですか? テキストを子どもと親でにらみながら頑張るより「親子でやって楽しいこと」をしている感じがしますよね！

こうやって楽しんでいるうちに「受験勉強」をしないでも自然と入試本番の点数が1点2点と積み重なり、大きなアドバンテージをつくれるようになります。授業でも「あー、これね！　家で見た！」「それならわかる！」となる場面が増えます。

多くの親御さんが誤解していますが、本当の意味で何もしていないのに頭が良い子などいません。本当に何もしていないのに、ゴリゴリのマッチョな人などがいないのと同じです。仕事で身体を動かす人は、プライベートでわざわざ運動しなくても引き締まった体をしていたりもしますが、それは何もしていないわけではないですよね。

勉強も同じです。**日ごろから自然と頭を使い、知識に触れている子は、気がついたら地頭の良い子**に育っています。あなたのご家庭でも、地頭が良い子に育つ環境をつくってあげてください。

1-6 入試に頻出する本はあらかじめ読んでおくべき？

×

入試に出そうな本をたくさん読んで、本番で出た文章を的中させるぞ！

BAD

「やった！　当たった！　読んだことがあるから楽勝だ……あれ？　でも、問題が結構難しくて思ったほど解けないな？」

○

「当てよう」と思って読むのではなく、受験勉強で出合ったおもしろい話やおもしろい本を読む。これにより読書のきっかけが増え、好きになる。

GOOD

読書が好きになると、どんどん賢く育っていく。

「入試によく出る本を読むと有利になるのか」――結論からいうと、**そこまで効果があるかどうかは、正直、怪しい**ところです。もちろん、読んだことがある本から国語の問題が出れば、文章の内容を知っている状態から解き始められます。ですから、読むのにかかる時間は短いかもしれません。

一方、「読んだことがある！」という慢心が、解答を誤らせることもあります。「知ってる！　知ってる！」とばかりに読み飛ばしてしまう、記憶違いから誤答するかもしれません。

国語の入試問題を解くということは、あくまで聞かれたことを、与えられた文の中から持ってくる「競技」です。題材となる文章を見たことがあったとしても、問いとは必ず「初対面」のはずです。

問いに対しててていねいに答えるために文章を正確に読んで、理解するのが重要なわけですから、そこでの早とちりは、ときとして致命的です。結局のところ、問題に出る本を的中させることにメリットはないか、あっても少ないのです。ここで必死になってもあまり意味がありません。

では、読書をすること、特に中学受験で頻出する作家たちの本を読むことに意味はないのでしょうか？　そんなことはありません。意味は確かにあります。

第一に、中学受験の問題に出てくる文章は、おもしろいものが多いです。問題集や過去問で問題の文章を読んで、「おもしろかったから、この文章が載っている本を読みたい！」と思った人も多いのではないでしょうか？　子どもがこのようなことを言ったら、ぜひ買ってあげましょう！　私もよく買います。おもしろい文章題から、自分の好きな本に出合えるのは、それだけで豊かな体験です。読書は、純粋に本を楽しむことを目標にしましょう。

☑ 読書でどんな力が得られるのか？

読書は、それ自体にも意味があります。受験勉強をする上で、**子ども本人の地頭の良さ**というものは、どうしても成績に影響を与えます。

親御さんであるあなたもきっと、「どうせだったら、勉強が得意になって、成績優秀になったらいいなぁ」と期待していますよね？

子どもの地頭を小さいうちから鍛えるのに最も効果的な方法のひとつは、子どもを本に親しませることです。「読書好き」になった子どもは知能が高まり、結果として成績も上がります。

このことは、仙台市教育委員会と東北大学の研究チームが共同で行った調査研究でも、

図１ 読書時間と成績の関係

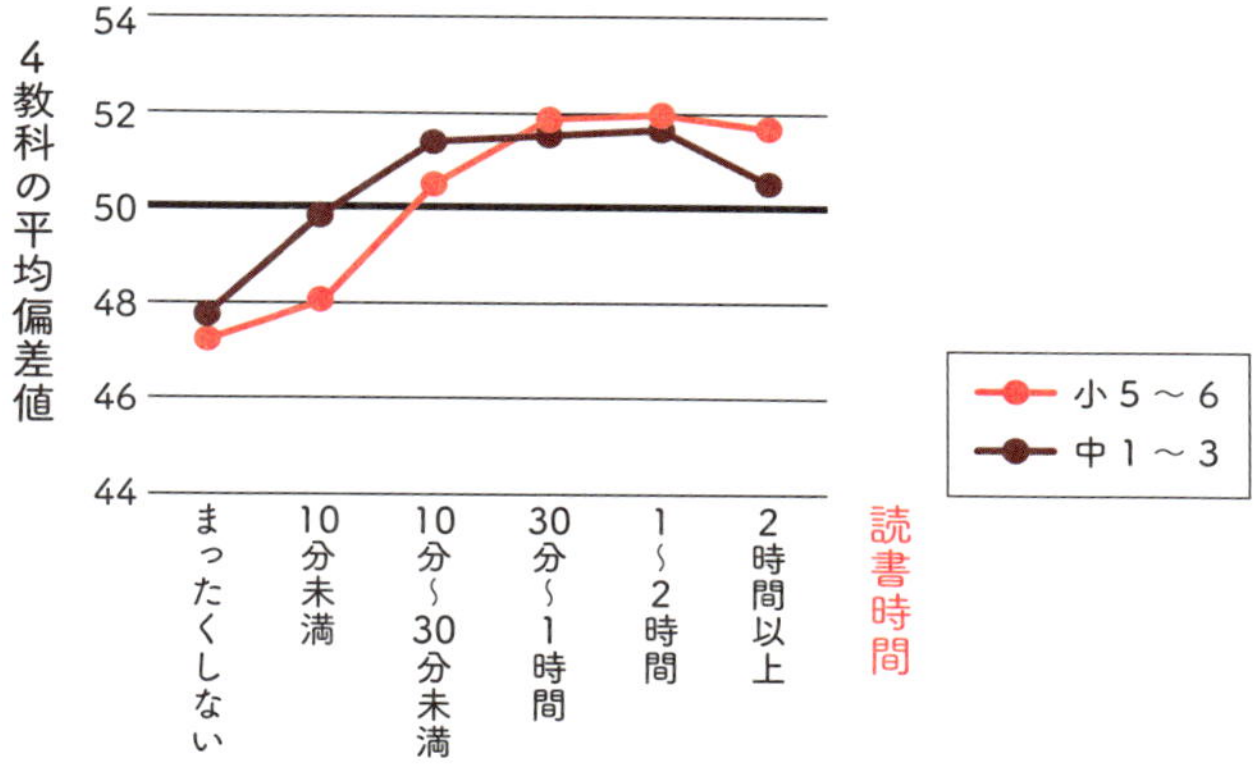

対象：平成29年度小5～中3（41,081名）

はっきりデータで示されています。読書をまったくしない子と、読書を１日１～２時間する子では、偏差値でだいたい５くらいの差があることがわかりました（図１）。

また、勉強時間ごとに子どもたちを分類して細かく分析したところ、読書をまったくしない子は、１日２時間以上勉強していても偏差値が50くらいしか取れていません。これに対して、読書を１日１～２時間する子は、１日30分未満の勉強時間でも偏差値が50を超えています（図２）から、読書にはとても良い効果があるといえます。

ただし、読書時間が長くても睡眠時間が短い子は成績が下がる傾向があるので、睡眠を削って（夜更かしして）まで読書する

図2 勉強時間ごとの読書時間と成績の関係

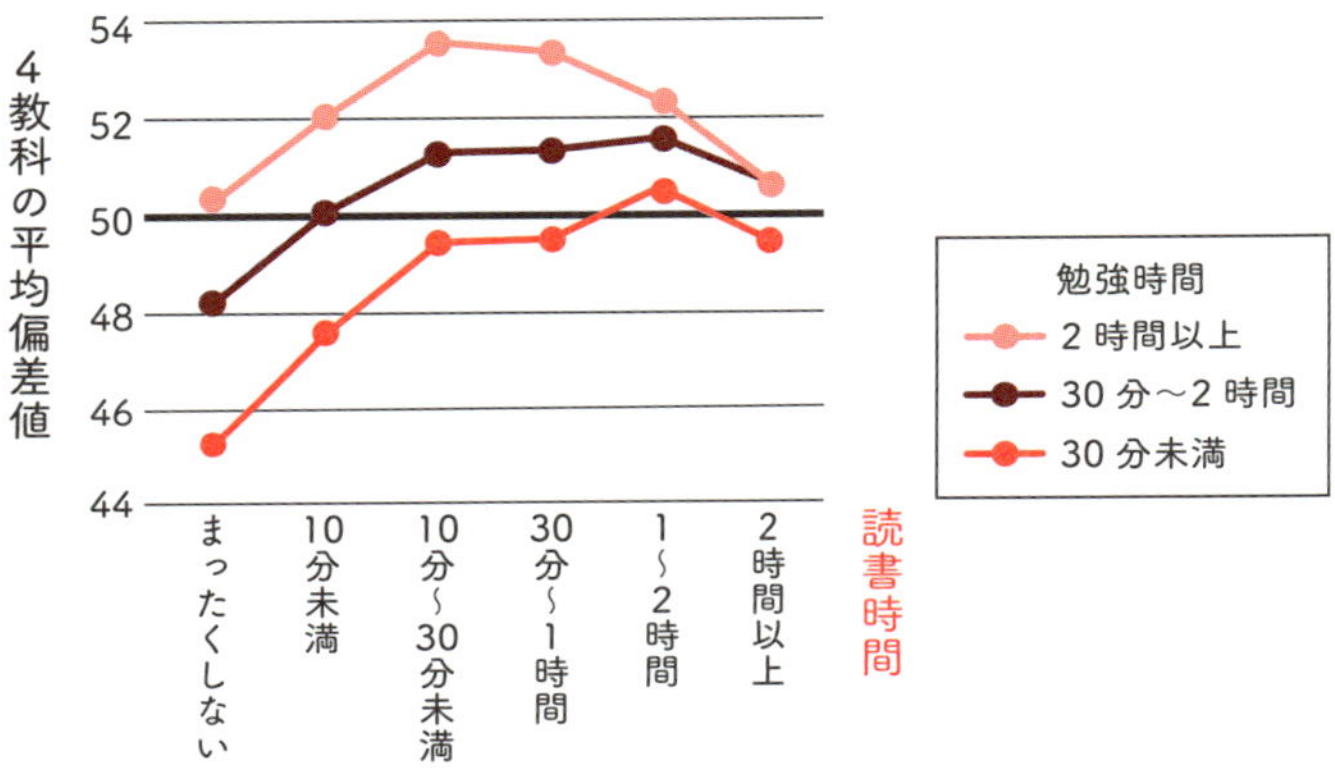

対象：平成29年度中1～中3（24,463名）

図3 睡眠時間ごとの読書時間と成績の関係

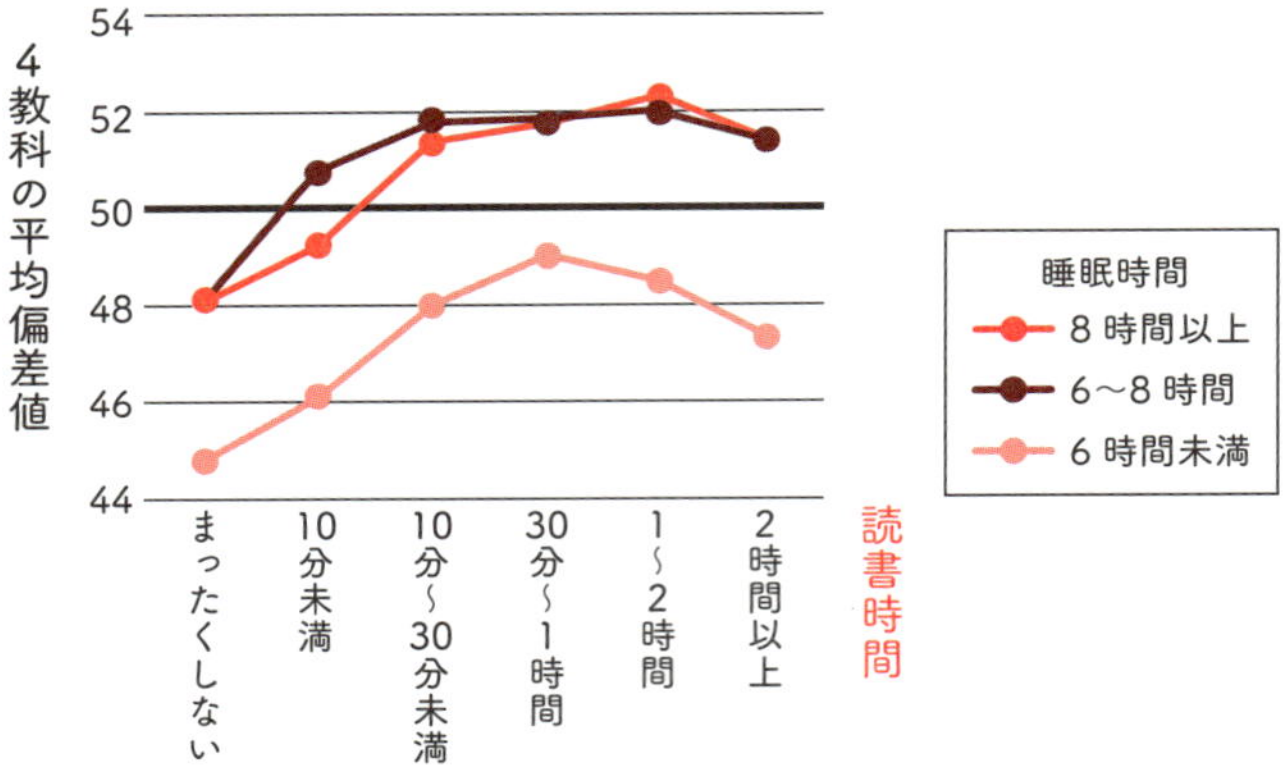

対象：平成29年度中1～中3（24,463名）

ことはやめましょう（図3）。

よく読書をする子どもたちは学力が高い

こうしたデータを紹介すると「本を読むから頭が良くなるのではなく、頭が良い子が本を読んでいるだけではないか？」という疑問を持ったりするかもしれません。しかし、読書と知力および学力の関係性については、追跡調査の結果、**双方向の影響がある**ということがわかっています。ライデン大学（オランダ）児童教育学部が行った２０１１年のメタ分析（とても信頼性が高い研究手法）による（※１）と、

- 理解力、専門的な読解力、スペリングスキルに習熟した子は、より多くの本を読むようになる。
- 本を読む機会が増えたことで、教育が進むごとに理解力、専門的な読解力、スペリングスキルがさらに向上する。

ということが確認されました。

※１：To read or not to read: A meta-analysis of print exposure from infancy to early adulthood.
https://psycnet.apa.org/doiLanding?doi=10.1037%2Fa0021890

簡単に言うと「本をしっかり読めるようになる（賢くなる）と本を好きになって、より多くの本を読むようになり、多くの本を読むようになると、ますます賢くなるという関係性がはっきり見られた」ということです。

読書の経験は大人になってからの収入にも大きな影響を与えることがわかっています。パドヴァ大学（イタリア）の研究者が行った研究（※２）だと、10歳の時点で学校以外の場所で本を10冊以上読んでいた子どもは、まったく本を読まなかった子どもに比べて、大人になってからの収入が約20％高かったそうです。「たった10冊」で、かなり大きな違いが出ていますね。

なお「10冊を超える本が家にあったかどうか（その家に本がたくさんあったかどうか）」では、あまり差はなかったとか。よく「うちの子は同じ本ばかり何度も読むんですが……」という相談を受けますが、その子どものように**何度も読んで掘り下げる読書もアリ！**ということがうかがえますね。

※2：Books are Forever: Early Life Conditions, Education and Lifetime Earnings in Europe

https://onlinelibrary.wiley.com/doi/full/10.1111/ecoj.12307

他にも、読書のすばらしい効能として、

・子どもが本を読むほど、問題行動が減る
・子どもが本を読むほど、対人コミュニケーション能力が上がる
・子どもが本を読むほど、問題解決能力が高まる
・子どもが本を読むほど、人生の満足度や幸福感が上がる

といったことが判明（※3）しています。

※3：Psychosocial Effects of Parent-Child Book Reading Interventions: A Meta-analysis https://publications.aap.org/pediatrics/article-abstract/141/4/e20172675/37773/Psychosocial-Effects-of-Parent-Child-Book-Reading?redirectedFrom=fulltext

どうすれば「読書好きな子ども」になるの？

ここまで「良いこと尽くし」となれば、子どもには読書をさせるしかないですね！　しかし、親が本を読ませようと思っても、子どもが本を好きになってくれないということも残念ながら多いです。

「子どもが本を読まない……」という悩みもまた、多くの親御さんからいただく相談です。果たして、どうすれば子どもは読書を好きになってくれるのでしょうか？　その方法として効果的なのが、まずは**読み聞かせ**や**交互読書**です。

親御さんが子どもに本を読んで聞かせてあげること（読み聞かせ）から始めて、徐々に、交互に読んだり（交互読書）、子どもが読むのを親が聞いてあげたりすることにステップアップしていきます。

さらには、読んだ本の感想をお互いに言い合うなどするようにしていくと、子どもは読書好きになっていきます。かく言う私も、幼少期からずっと、母に読み聞かせをしてもらって育ちました。下に弟と妹がいたこともあり、小学校の高学年まで、きょうだいと一緒に読み聞かせをしてもらい、ときには私が弟や妹に読んであげることもありました。その結果、しっかり読書好きになりました。

さらに、こうした本を通じた子どもとのかかわりは、子どもだけでなく親御さんにとってもメリットが大きいことがわかっています。上記の研究によれば、お子さんに本の読み聞かせをした親御さんは、

・自尊心が芽生えた
・子どもとの関係が良くなり、人生の満足度や幸福感が上がった
・毎日のストレスが減った

という効果が確認されたそうです。子どもが小さいうちから、読み聞かせをたくさんしてあげましょう。「本は楽しい」「本が好き」という気持ちを育ててあげてくださいね。

第2章

中学受験を通じて「どうなりたい」ですか？

コウヘイ中学受験することになりました
中受
これから大変だと思うのですが頑張ります
ガンバッテ下さい
ところで中学受験での『最悪の失敗』ってなんだと思います…？
ドキッ
考えたことなかった…
『全部落ちる』ですかね？
あれよ
ニュースで見た教育虐待が事件になっちゃったやつ！
ひぃいいぃぃ〜
ガクガク
それは最悪かもだけれどさすがにそれは大げさじゃないか？
確かに、そこまで悲惨な事態になることは珍しいかもしれません
でも
親子関係が悪化したり
勉強嫌いになり進学してから燃え尽きてしまう
なんて話はよくありますそれは嫌じゃないですか？

嫌ぁぁぁぁ
なんでぇ〜〜？？
受験生活が進む中で
周りの子の話や
志望校
本人の目標
偏差値を
見ているうちに
焦ったり
○○時間
勉強してる
友
大丈夫かな〜
へんさち
目標
合格
不安が
エスカレートして
知らず知らずの
うちに
教育虐待に足を
踏み入れて
しまうからなんです
そういう
悲しい結末を
避けるためにも
まずは
中学受験の目的を
再確認しましょう
わかりました!!

2-1 中学受験を通じて、お子さんにどうなってもらいたいですか？

×

模試でいい成績を取って、偏差値の高い学校へ合格すること。それ以外は価値なし！

BAD

理想ルートから外れる失敗(に見えるもの)をひとつでも経験すると、そのたびに悲愴感が高まる。将来のために今を犠牲にし続け、辛さから逃げられない生活で勉強が嫌いになる。

○

中学受験を通して、わが子が何を学び、どんな能力を身に付けてほしいかを考える。

GOOD

わが子が、失敗から学ぶことや主体性、多様な価値観の存在を学び、その後の人生が豊かになる。

子どもの自己肯定感の低下、自信喪失、そしてそれによる勉強嫌い。さらには親子関係の悪化、夫婦関係の悪化、教育虐待……こうした中学受験の「ダークサイド」に落ちず、ハッピーエンドで中学受験を終えるにはどうしたらよいのでしょうか？

私は保護者の皆さんに、大切なのは**「中学受験を始める前、進級、新学期などの節目のタイミングで『わが子の幸せとは何か？』をしっかり考え、『ゴール』を確認しておくこと」**であるとお伝えしています。

ここで少し考えてみてください。あなたのお子さんが大人になったとき、どういう状態になっていれば幸せを感じながら生きることができるでしょうか？　ぜひ、この機会に一緒に考えてみましょう。

大前提として「身体が健康であること」は、あなたもきっと同意してくれるでしょう。では、それに続くものはなんでしょうか？　学歴？　収入？　私はよく保護者の方々に「お子さんには将来、どうなってほしいですか？」と問いかけますが、「高学歴になってほしい」「高収入になってほしい」と答える方はほとんどおられません。もちろん、正直にそう答えるのが、はばかられるだけで、本音ではそう思っている方も中にはおられるでしょう。

しかし、多くの親御さんは「やりたいことをやれるようになってほしい」「社会に貢献する人になってほしい」といったことをおっしゃいます。これらは決して偽りではないでしょう。そして、この考え方は正鵠を射ています。**「やりたいことをやれること」「社会に貢献すること」は人間の根源的な幸せと深くつながっている**からです。

幸福感と直結する「心の三大欲求」

ロチェスター大学（米国）の心理学教授であるエドワード・L・デシらの「自己決定理論」によると、**心の三大欲求**が、私たちの内発的動機づけと幸福感を支えているとされています。心の三大欲求とは、**自律性**（自分の行動を自分で決めている感覚）、**有能感**（自分の能力に対しての肯定的な感情）、**関係性**（他者とのつながり）です。「やりたいことがやれる」は、まさに自律性を満たすことですし、「社会への貢献」はそれを通じて有能感と関係性を得ることにつながりますよね。

この「自己決定理論」は、社会的・文化的背景が異なる日本においても当てはまります。京都大学名誉教授の西村和雄先生は、2万人の日本人を対象に、何が幸福感を強く規定しているのか調査するため、「所得」「教育」「健康」「人間関係」「自己決定」を説明変数として回答者のデータを分析しました。その結果、「健康」「人間関係」に続いて、「自己決定」

が「所得」や「教育」よりも幸福感を強く規定していることがわかりました。この研究では、「有能感」が調査対象となっていませんでしたが、**少なくとも「自律性」（自己決定）と、「関係性」（人間関係）は、所得や学歴よりも人生の幸福度への影響が大きい**要因であることがうかがえます。

だとすれば、子どもを高学歴に、高所得に育てようとして子育てに過干渉し、子どもの自律性を奪い、親子関係が悪化するようなことは、本末転倒です。テストの結果が悪いことで子どもを責めたて、その結果、子どもの自信が奪われ、有能感が傷つけられているようであればなおさらです。

親は「わが子の成長」に目を向けて応援する

私は、お子さんが中学受験を終えたとき、「将来、子どもが幸せに生きるための練習をする機会になった」と親子で感じてほしいと思っています。そのために、**子どもの自己決定を尊重して、自律性の感覚を育てていきましょう。**そうすることが、親子関係を良好に保つことにもつながります。

そして、他者比較でわが子を「できる子、できない子」と評価するのではなく、**わが子**

の成長に目を向けて応援しましょう。そうすることで子どもは、自分の能力に自信を持てるようになります。

中学受験を考えるご家庭の多くは「中学受験を成功させて、子どもにより良い環境を与えたい」と考えておられるでしょう。もちろん、良い環境が子どもの成長をうながしてくれるのは間違いありません。しかし、そうした「学歴」や、その先にある「高収入」よりも、「自律性」「有能感」「関係性」のほうがもっと大切であることは、受験生活の中でも常に心のどこかに置いておいてください。

「やってはいけない」中学受験への臨み方

中学受験の目的を「何が何でも○○中学に受からないと中学受験の意味はない！」「模試では偏差値○○以上を取らないと！」という「結果」だけに焦点を当てると、ほとんどの場合、その中学受験は「バッドエンド」を迎えることになります。なぜなら、中学受験は構造的に3～5人に1人しか第一志望に合格しないようになっているからです。

多くの子どもは「実力相応」な学校だけを受けるわけではないので、高すぎるハードルを越え続けられなかった場合、1回の失敗で大きなショックを受けることになります。「いい結果を出せなかった自分」「親からの期待に応えられなかった自分」という否定的な自己認識が積み重なると、自信をなくしていく辛い生活が続くことになってしまいます。

中学受験の過程を「成長の機会」と捉えよう

親は「中学受験を通してどのような力をわが子が身に付けてほしいか」「どのようにわが子が成長してほしいのか」という視点を大切にするのが重要です。大人になったとき、やりたいことをやるには、多くの場合、なんらかの能力が要求されます。試験を受けないと取れない資格が必要になる仕事は多いですし、能力がなければ仕事を任せてもらえない、お客様に選んでもらえない、ということもあります。

「世の中がもっとこうなったら良いな」とか「自分はこういうことをしたいな」という気持ちを持ったとき、それを実現する力を身に付けるには、土台となる**学習能力**が必要です。私は自分の塾である伸学会で「自ら伸びる力を育てる」を標語にしていますが、ここでいう「伸びる力」というのが、まさに「学習能力」のことです。中学受験も、学校生活も、その他の習い事も、すべて**「自ら伸びる力」を子どもに身につけさせる機会にしていくべき**でしょう。

子どもに「自ら伸びる力」を身につけてもらうには、子どもの主体的な思考と行動が必要です。親や先生が「あれやれ、これやれ」と指示をしていたら「自ら」考えて行動することなんてできませんよね。

親が「わが子には、大人になったらやりたいことをやって生きていってほしい」と考えているのに、今、子どもにしている教育が「やりたいことを我慢して、親の言うことを聞いて、やりたくないことでも素直にやりなさい」だとしたら、そこには大きな矛盾があります。知らず知らずのうちに「やりたいことをやってほしい」が「親の私がやってほしいことを、やりたいと思ってほしい」に置き換わっていたら軌道修正しましょう。「何を目指すのか」「そのために何をするのか」「どうやってやるのか」……子どもの自己決定を尊重しながら、子どもの試行錯誤を手伝ってあげましょう。

受験勉強を続けていく中で、「なかなか成績が上がらない……」「勉強する予定を立てていたが、現実的な予定じゃなかった……」ということがきっと出てきます。そのたびに、勉強の進捗管理のやり方を改善したり、模擬試験の結果を踏まえて勉強計画を見直したり、自分で考え、行動できるようにサポートしましょう。自分で決めるからこそ、うまくいったときはうれしいし、失敗したら悔しいのです。その過程も楽しめます。そうした経験の積み重ねで、子どもは大きく成長していきます。**ここに中学受験の真の価値がある**と私は考えています。

親御さんはまず、「中学受験が終わったとき、お子さんがどのような状態であってほしいか」を考えてみてください。そして、そのために**自分はどう子どもと関わるかを意思決定**してください。

2-2 わが子が中学受験に向いているかわからない

×

不確かな情報に左右されて親も子も途方に暮れる。

\BAD/

「性格が幼いと向いていない」などという断片的な情報で不安にかられ、親はイライラが募る。子どもは「ちゃんとした子」であることを求められるが、具体性がないのでどうしてよいかわからず、親からただ不安をぶつけられて困惑したり、ストレスを感じたりして萎縮する。

○

中学受験に必要な適性を具体的に把握している。

\GOOD/

中学受験に向いている子の性格を理解している。それをふまえた上でわが子の良いところも見据え、冷静に判断し、わが子にどんな力をつければよいかを考えられる。また、その素養を身につけさせるための子育てをしていける。

中学受験専門塾を経営していると「うちの子は幼いんですけど、中学受験には向いていないのでしょうか？」とか「どうしたらいいでしょうか？」とよく聞かれます。わが子に中学受験をさせたいと思っていても、向いていないのに無理にやらせたら勉強が嫌いになってしまうんじゃないかとか、自己肯定感が下がってしまうんじゃないかとか不安になりますよね。YouTubeのコメントやメルマガ、公式LINEの感想でもよく聞かれます。

確かに**幼い子は中学受験で不利**といわれることは多く、その通りであることも多いです。その親御さんはきっと「幼い子は中学受験で不利」とどこかで聞いて、心配になってしまったのでしょう。

しかし、ここでいう**幼さとはいったい何を指しているのでしょうか？**　例えば「お母さんのことが大好きで、いつもべったり甘えてくる」といった幼さであれば、中学受験ではあまり問題になりません。むしろ、反抗期に差し掛かり、何を言っても反発されるよりは、よほど受験に向いています。幼い子にありがちな特徴・性格とおおまかにいっても、その中でプラスに働く特徴・性格とマイナスに働く特徴・性格があるのです。

そこでここでは、**中学受験に向いていない性格**と**性格を変える方法**をお伝えします。まだ低学年の子どもであれば「中学受験を始めるか、やめておくか」、すでに始めている子どもであれば「続けるか、撤退するか」の判断基準にしてみてください。

☑中学受験に向いている子の性格❶
～誠実性が高い

誠実性、いわゆる「勤勉さ」や「自制心」といったものが高い子は、中学受験に向いています。遊びたいのを我慢して、日々コツコツ勉強を継続する力がある子のほうが受験では良い成果を上げられます。「我慢できない」「遊びたい気持ちが抑えられない」といった幼さが目立つようであれば、中学受験には向いていない可能性が高いでしょう。

☑中学受験に向いている子の性格❷
～開放性が高い

開放性、いわゆる「知的好奇心」「冒険心」といったものが高い子は、中学受験に向いています。何ごとにも興味や関心を持って学べる子は、勉強を楽しめます。学んだことが記憶にも残りやすいですし、たくさんの勉強も苦になりにくいです。

ＩＱは「開放性」が高い子のほうが高くなる傾向があり、勉強が得意になりやすいです。

好奇心を持っていろいろなことを考えたり、調べたり、実践したりすることでＩＱが高まり、ＩＱが高まるとさらに好奇心が高まるという双方向の影響があるそうです。「開放性」が高い子は中学受験では有利になるでしょう。

中学受験に向いている子の性格❸
～将来の目標があり、受験の目的意識がある

中学受験で合格するには他の子に勝つ必要があります。たくさんのライバルが頑張っている中、そのライバルに勝利して合格するには、人一倍の努力が必要です。コツコツやる性格でも、知的好奇心が高くても、ときにつらいことはあるでしょう。

そんなとき、将来の目標や志望校への熱い想いなどがあると、そのつらく険しい山を乗り越えるための後押しになります。未来のことを考えて目標や目的意識を持ち、ワクワクすることが得意な子は、中学受験に向いています。

中学受験に向いている子の性格❹
～自信や精神的なタフさがある

人間がもっとも学べる瞬間は失敗したときです。成長を加速させるにはたくさん失敗して、そこから学ぶ必要があります。しかし、自分に自信がない子は失敗して傷つくことを恐れ、チャレンジできなかったり、失敗を受け入れられずに目を背けたりするので、成長が遅くなります。

ですから、自信や精神的なタフさがある子は、中学受験で他の子と競争することに向いています。

☑中学受験に向いている子の性格❺
～向上心がある

「より良い自分になりたい」という成長欲求は成長の原動力です。これが高い子は成長が早くなります。ですから向上心がある子は、中学受験で他の子と競争することに向いています。

なお、向上心と競争心は違うので注意してください。向上心はより良い自分になりたいという気持ち、競争心は相手に勝ちたいという気持ちです。そして競争心は、成績上位の子にとってプラスに働くことが多いですが、成績下位の子にとってはマイナスに働くことが多いです。

成績下位の子に競争心があり、「勝ちたい」けれど「勝てない」となると「勝てる相手と戦う」「勝てる競技で戦う」といった行動に走る場合がほとんどだからです。例えば「自分よりもできない人間を見下して安心する」「勉強では勝てないからゲームの世界に逃げる」といった行動が典型的なものです。「勝つために努力する」よりも、そのほうが楽ですからね。なので、競争心があったほうがよいかどうかはお子さんの能力次第で、ないほうがむしろ良い場合も多いです。競争心よりも向上心を持てるようにしましょう。

もしわが子が中学受験に「向いていない」と思ったら？

中学受験に向いている前述の５つの要素をすべて満たしている子はどれくらいいると思いますか？　これまで１，０００人以上の子どもを見てきましたが、「文句なし！　全部◎」という子は、片手で数えられるくらいでした。ほぼすべての子は、多かれ少なかれ、向いていないところ、足りないところがあります。もし、親が減点方式で子どもに足りない部分ばかり見ているようであれば、安心できることなどまずありません。こうして親が不安を持てば、子どもにさまざまな悪影響をもたらします。

以前、このテーマをYouTubeで扱ったとき、伸学会の生徒の親御さんから「動画を見ました！　うちの子、ひとつも当てはまっていない気がします。中学受験には向いていないんですかね……」という声をいただいたことがありました。そこで、**実際のところその子がどうなのか、ひとつひとつ確かめてみる**ことにしました。

❶「誠実性が高い」の逆
〜毎日コツコツ学習を進められない

これは「確かにそんなところあるよね……」と意見が一致しました。お母さんが気にしていたのは、宿題の取り組み量が安定しないこと、得意科目ばかり取り組んで、苦手科目に取り組む様子が見られないことでした。テレビをだらだら見てしまったり、塾にも遅刻していったり。これがとても気になり「中学受験に向いていないのでは？」と思ったお母さんの気持ちはとてもよくわかりました。

❷「開放性が高い」の逆
〜知的好奇心が低い

「当てはまる」と思った❶とは打って変わって、❷は「あまり当てはまらないのでは？」となりました。この子は、宿題こそ取り組みにムラがあるものの、授業中は常に楽しそうに参加し、「○○って、□□なんでしょ！」と話したくて仕方ない様子でした。この授業中の輝きは、確かにご家庭では見えにくいものなので、お母さんが家で心配に思うのは無理もない話です。このことを話すと、「そうなんですね！」と驚いておられました。

❸「将来の目標があり、受験の目的意識がある」の逆
～目的意識がない

「どちらともいえないよね」という話になりました。というのも、ご家族でいろいろな学校の見学に足を運んでおられ、学校をたくさん知っているので、受験についてのイメージは割とあるようでした。定期的に行われるカリキュラムテストの前になると、多少焦りながらも、取り組み量を増やす姿を見ていたので、「行動にムラがあるからやっていないときが目立つが、なんだかんだいって本人はやろうと頑張っている」ということを共有できました。

❹「自信や精神的なタフさがある」の逆
〜ミスに向き合えない

これも「あまりあてはまらない」という話になりました。「ミスに向き合えず、点数の低い答案を捨ててしまう」といった姿は見たことがありませんでした。むしろ、低い点数でも豪快に笑っている大物感がただ者ではないという印象です。間違えた問題を直すことにも特にためらいはなく、すんなり受け入れて実行してくれる様子でした。

❺「向上心がある」の逆
〜成長したいという思いがない

「前よりいい点を取りたい」という気持ちはしっかりあるようで、これも「あてはまらない」という結論になりました。

確かめてみた結果、❶が当てはまっていただけでしたね。ですが、ひとつ「これは当てはまっている！」と思うと、一気に全部当てはまっているように感じて不安になってしまうのも、よくあることです。

ここで確かめた子どもの親御さんとは、この面談で「実際のところどうなのか」を一緒に確認できました。「向いていないどころか、むしろ向いている要素のほうが多いのだから、それを認めてあげよう。その上で、いかに❶の課題を解決するか、学習量を増やしていけるかを意識して本人を応援していこう」という方針も立てられました。

さらに、毎度「この科目をやろう！」と思っては全力で突き進む学習を、各科目で交互に繰り返していく方法でも、学習が進んでいくという点では良いことです。なので、計画性の点では多少甘くても、まずは何かひとつ頑張って成功体験を得てから「バランスよく、計画的に」という課題に目を向ければよい、という優先順位の見通しも立ちました。

その結果、その後は順調に勉強の量も増え、気がつけば逃げまくっていた「社会」にたくさん取り組む姿を見る機会もあり、受験生らしい姿へと成長していく過程を見ることができたのです。

わが子の個性を受け入れる

大事なことは「中学受験に向いていない？」と思ったとしても、それをわが子の個性として受け入れてあげることです。同時に、「本当にそうなのか」を複数の目から見て確認できると、お子さんの頑張りに気づくこともできます。もし、お子さん自身が「自身の性格を変えていきたい」と思ったときには変え方を教えてあげましょう。

その方法は「習慣化の技術」です。昔から「習い性となる」という言葉があるように、習慣は、ついにはその人の生まれつきの性質のようになります。ですから「自分の性格をこういうふうに変えよう」と決めたら、その性格にふさわしい行動は何かを考え、その行動を習慣化すればよいのです。実際、イリノイ大学（米国）のネイサン・W・ハドソン博士らの研究（※1、2）でも、15~16週間の習慣化プログラムで性格に変化が確認されました。今は中学受験に向いていない性格だとしても、それであきらめる必要はありません。もし「変わりたい」と思うなら人は変われるからです。習慣から性格を変えていきましょう。本人が今の自分を受け入れたうえで、理想の自分になるために「自分を変えていこう」と決めたのであれば、この方法を教えてあげましょう。

ただし「お前の性格はダメだ」と言って変わることを親が強要すると、子どもの自己肯定感を傷つけてしまうので注意します。そうやって強要されると、ますます変われなくなります。人は「ありのままの自分を受け入れられたときに初めて、変わる準備が整う」ことがわかっています。「変わりたい」と思う気持ちは大事なのですが、今の自分を否定するような、責めるような気持ちでは変われないのです。ですから、子ども本人がありのままの自分を受け入れられるように、まずは親御さんが、ありのままの子どもを受け入れる必要があるのです。

※１：Volitional personality trait change: Can people choose to change their personality traits?
https://pubmed.ncbi.nlm.nih.gov/25822032/

※２：You have to follow through: Attaining behavioral change goals predicts volitional personality change.
https://psycnet.apa.org/record/2018-53132-001

2-3 中学受験は親の「向き／不向き」が顕著に出る

×

成績が上がらない理由を「わが子がちゃんと勉強しないから」「通っている塾が悪いから」と考える。

BAD

家庭環境の改善が進まず、子どものやる気も、成績も下がる一方……。

○

成績が上がらない理由をいろいろな角度から考える。その中で、親にコントロールできるものは何かを見つけ、対処する。

GOOD

子どもが勉強しやすい環境が整い、やる気が上がって、成績も上がる。

２－２では、中学受験に向かない子の特徴についてお話ししました。しかし、仮に中学受験に向かない子だったとしても、子どもは周囲の大人のサポートで成長し、変わっていくことができます。

この節では、**中学受験に向かない親の特徴**についてお話をします。難しいのは、**子どもよりもむしろ親のほう**です。子どもの成長のサポートをするどころか、むしろ**足を引っ張るような関わり方をしているのに気づいていないケース**がかなりあります。

私が主催する保護者セミナーに参加いただいた後、「子どもが勉強しない原因が自分にあったと気づいて愕然とした」とおっしゃった方がいました。あなたもぜひ、ご自身が**中学受験に向いていない親に当てはまらないかチェック**してみてください。

中学受験に向いていない親の特徴❶　強制的に勉強させる親

子どもが何かをしているときに、ついつい「ああしなさい」「こうしなさい」と指示を出していませんか？　例えば「早く宿題をやりなさい」「間違えたら解き直しなさい」などです。中学受験のために塾通いをさせていると、テストの前には良い点数を取らせてあげたいから、子どもの勉強に口出ししたくなってしまうことがありがちです。

子どものためを思ってしていることですから、これは愛情の表れではあるわけです。その気持ちは尊いものですが、子どもの行動へのこうした**干渉が多くなると、子どもの勉強への意欲は低下し、考える力も失われます。**

それどころか、子どもが将来、うつ病や不安症になるリスクが上がることを示す研究まであるので注意が必要です。メンタルヘルスに悪影響があれば、子どもの人生の幸福度を下げることに直結します。それは決して望ましいことではありませんよね。なぜそんなことが起こってしまうのでしょうか?

それは、親が子どものやっていることに干渉し過ぎると、子どもに「あなたのやっていることはダメだ」というメッセージとして伝わってしまうからです。その結果、子どもは完璧ではないことを恐れる「完璧主義」になり、**完璧な行動ができなかったとき自分を責める**ようになってしまいます。

しかし、人間は完璧な行動などそうそうできません。つまり、完璧でなければいけないと思っているのに完璧になれない結果、**常に自分のことを責め続けるようになってしまう**のです。これは**不適応な完璧主義**と呼ばれ、先ほどお伝えしたように不安症やうつ病の原因となり、子どもの人生の幸福度を下げる原因となるそうです。
シンガポール国立大学などの調査（※）でも、そうした過干渉な育てられ方をした子たちほど、自分を批判する傾向が強く、そして自己批判的な態度は、抑うつ症状や不安の増加と相関関係があることが確認されました。

中学受験をするのは、お子さんの将来の幸せのためですよね？　もし過干渉がやめられず、子どもの人生を不幸なものにしてしまう危険性があるのなら、中学受験はしないほうが無難かもしれません。

怒鳴ったり、叩いたりして子どもを勉強させる親御さんもときどきいます。教育虐待やその予備軍です。こうしたスパルタ指導は、効果がある場合もあります。特に、短期的に見れば、親が怖いから勉強するのですが、それなりに成果が出るわけです。しかし、長期的に見れば、いずれ失速をします。中にはメンタルに深刻な悪影響が出る場合もあります。
実際、叩いて、無理やり勉強させていた結果、大手塾で一番上のクラスの成績を取っていた子が、６年生の夏ごろから不登校・不登塾・引きこもりになってしまったケースがありました。こんな状況にお子さんを追い込んでまで、良い成績を取ることに意義があるでしょうか？　また、こうした脅しによる強制は、しつけとしても有害です。怒鳴られたり、叩かれたりして育った子は、そうした手段で人を動かしてよいと学習します。いずれ体が大きくなって、あなたより力が強くなったらどうなるかを想像してください。

※：Developmental Trajectories of Maladaptive Perfectionism in Middle Childhood
https://onlinelibrary.wiley.com/doi/abs/10.1111/jopy.12249

中学受験に向いていない親の特徴❷　子どもの勉強を放置する親

過干渉の逆ですね。「親はなくとも子は育つ」は嘘です。子どもは未熟だからサポートが必要です。計画は一緒に立ててあげる必要があるし、やったことを見てあげるのも、やる気の維持のためには必要です。そうしたサポートもなしに放置していたら成績は上がりません。子どもの教育に手間をかけてあげられているかどうかは成績に表れるのです。

実際、そのことはデータからもうかがえます。母親が非常勤や無職だと、常勤で働いている家庭に比べて子どもの成績が良くなることが国立教育政策研究所のレポートでも示されています。その影響の大きさは、世帯の可処分所得が100万円増えたときの影響の2

倍くらいありました。母親が子どもと過ごす時間が増えると、子どもの成績は良くなります。

幼少期に子どもに絵本の読み聞かせをしていた家庭も、子どもの学力が高くなることがはっきりわかっています。しかも、国語だけでなく算数の成績もよくなるのです。その効果は、可処分所得が１００万円増えたときの影響の3倍くらいあります。お金ではなく時間や手間をかけるのも、子どもの学力を上げるためには良い選択ということです。

とはいえ、仕事があって時間や手間をかけられず、子どもの勉強を見たくても、見てあげられないのは苦しい状況ですよね。どうしたらいいのでしょうか？

こうしたデータはあくまでも平均値で、個人差のほうが圧倒的に大きいのです。これまで私がかかわってきたご家庭でも、忙しい中、時間をやりくりして少しでも子どもにかかわれる時間を増やしたり、かかわりの質を高めるために勉強したり、試行錯誤したりしているご家庭は、うまくいっていました。仕事でも、忙しいほうが「張り」が出て、良い仕事ができることって多いですよね。子育ても、できることをできる範囲でやることが大切です。放置せず、能動的に関わろうとする意識があれば大丈夫です。

中学受験に向いていない親の特徴❸ 責任転嫁する親、他責思考な親

責任転嫁をする人は何事も成功しません。なぜなら、責任転嫁をしている人は行動しないからです。行動しなかったら、良い結果は手に入らないのが当然ですよね。これは中学受験に取り組む場合にも当てはまります。

子どもが勉強しなかったり、成績がなかなか上がらなかったりしたときには、その原因を考えて、見つけて、変えていく必要があります。このとき、まず先に出てくる原因が「塾のせい」「学校のせい」「夫のせい」「妻のせい」「子どものせい」、もっというと「子どもの個性のせい」「遺伝のせい」など、「自分以外のせい」だとしたら、それは他責思考であり、負けパターンです。

「私は何度も『勉強やれっ』て言っているのにやらない！」という親御さんのセリフは、まさに他責思考の典型です。この言葉の背後には「悪いのは子どもだ。私は悪くない」という考えが隠れています。何度も「勉強やれっ」と言っているのにやらないのであれば、**そのセリフには効果がない**ということです。**効果がある別の方法を模索せずに同じ失敗を繰り返しているのは、子どもではなく親自身**です。

そのことに気づき、子どもより先に自分が変わっていく必要があるのが、中学受験をサ

ポートする親です。勉強に前向きになり、成績が上がっていく子どもの親御さんは、自分の行動に注目しています。

「家の中を勉強しやすい環境にするには、どうしたらいいだろう？」
「どんな声かけをしたら、気持ちよく宿題にとりかかれるだろう？」
「テストが悪い点のとき、どうすれば『次こそ頑張ろう』と思わせられる？」

こうやって親として自分ができるサポートの改善を考えると、子どもの成長が引き出せます。何よりも子どもがそうした親御さんの姿勢を見ているので、真似して、**自分自身で自分の行動を改善する思考回路を持つ**ようになります。他責思考は手放しましょう。

中学受験に向いていない親の特徴❹　成果主義の親

私がこれまで指導してきた子どもたちの親御さんの多くは、高学歴で、社会的にも高い地位にいたり、専門的な職業に就いたりしている方でした。そのような方の中には、「成果主義での評価が公平・公正」で「どうやって成果を出すかを考えることまでが大事なこと」と考えている方がいらっしゃいます。

確かに、この考え方は間違いではありません。大人であれば、しかも上場企業や外資系企業などの優秀な人材が集まる組織であれば、ヘタに手取り足取りやり方を指導すれば、相手は「決められた通りのことしかさせてもらえない」と感じ、仕事に対してのモチベーションを下げてしまうことも考えられます。成果を出す方法まで、自分で考えさせたほうがよいでしょう。

しかし、中学受験に挑むのは10～12歳の子どもです。まだ人生経験を積んでおらず、能力的にも大人に比べてとても未熟です。自分で成果を出す方法を考えられる子は、大人に比べてグッと少なくなります。10人中、2～3人くらいといったところでしょう。ですから、**成果を出す方法を教えてあげることが必要**になります。

このことがよくわかる、ハーバード大学（米国）のローランド・フライヤー教授らが行った有名な研究があります。この研究では、２５０以上の学校において、小中学生を対象に「ご褒美」による成績アップの効果が検証されています。「ご褒美」が与えられる条件をいろいろと変えてみて、どういう条件のときに子どもの学力が伸びるかを比較検証しているのです。「ご褒美」の対象は大きく2つに分けられました。

ひとつは「学力テスト」や「通知表の成績」といった「成果」に対しての「ご褒美」です。もうひとつは「本を読む」「宿題を終える」「授業に出席する」といった「行動」に対しての「ご褒美」です。

大人の感覚だと「行動に対してご褒美を与えてもいい成果は得られないのではないか？」と感じてしまいます。「ご褒美目当てで中身がともなわない、表面的な行動になるんじゃないだろうか」と。しかし、**成績アップにつながったのは、行動にご褒美を与えた場合**でした。成果に対してご褒美を与えた場合は、成績がほとんどアップしませんでした。

なぜこのような実験結果になったのでしょうか？　確かにどちらのパターンでも、子どもたちはやる気になりました。しかし「成果」に対してご褒美が与えられた場合は、子どもたちの「勉強する」といった具体的な行動は増えませんでした。**ご褒美が欲しくても何をしたらいいかわからず、行動を起こせなかった子が多かった**からです。行動を起こさなければ、成果も得られないのは当然のことですよね。

それに対して「行動」にご褒美が与えられた場合は、やることが明確なので、行動できた子が多くなりました。**「本を読む」「授業に出席する」といった良い行動が増えたため、成績もよくなった**わけです。

これは、ご褒美目当ての場合に限った話ではありません。「成績を上げたい」「クラスアップしたい」「志望校に合格したい」など、目標が何であれ同じです。**多くの子どもは目標があっても、それを達成するために何をしたらいいかわかりません。**だから、何もできないまま時間ばかりが過ぎていくことになります。

仕事ができる親御さんは「目標を達成するために、何をすべきか考える」ということを自分が当たり前にできてしまうために、「子どももできるはずだ」と思い込んでしまうことがあります。そして、それを考えないのは「やる気がないから」「サボっているから」と判断してしまい、やる気を出すように子どもを追い込んでしまいます。これは子どもをつぶす原因となるので要注意です。

中学受験に向いていない親の特徴❺ ゴールありきな親

「偏差値○以上の学校に進学しなければ中学受験する意味がない」――そんなことを

おっしゃる親御さんは世の中にかなりいらっしゃいます。成果を求めたい気持ちはよくわかるのですが、**言い方や伝え方を間違えると子どもの心に消えない傷を残し、親子関係が決定的に悪くなる**ので注意が必要です。

あなたは「優秀な子が欲しい」のでしょうか。それとも「子どもを優秀にしたい」のでしょうか。この２つは似て非なるものです。優秀な子が欲しいというのは、言い換えれば「この子じゃなくてもいい」ということです。

例えば、会社を大きくするため「優秀な社員が欲しい」というときには、給与を成果報酬型にして、優秀ではない社員がどんどんやめていくようにすれば効率的です。全員を優秀に育てようとすると、なかなか芽が出ない社員もいますし、育成コストがかかって大変です。会社の利益を最大化するためには、できない部下をどんどん切り捨てていったほうが合理的です。

では、あなたにとって子育てはそれと同じでしょうか？　子どもも部下と同じように、他の子でもよい「代替可能」なものでしょうか？　きっとそうではありませんよね。あなたはきっと、お子さんのことが大切で、お子さんが幸せな人生を生きられるように、優秀な子に育ててあげたいと思っているはずです。

しかし、言い方に気をつけないと子どもにはそのことが伝わりません。「偏差値○以上の学校に進学しなければ中学受験をする意味がない」と言われたとき、子どもは「偏差値○以上の学校に合格できなかったら、自分には学費を出すほどの価値がない」と言われていると感じてしまう場合が多いからです。そして自己肯定感が大きく傷ついてしまいます。

あなたが伝えたいことは、そういうことではありませんよね？　もし、そう考えているとしたら、中学受験ではなく自己肯定感を高める子育ての方法をぜひ学びましょう。例えば、仮に公立中学校に進学するにしても、「偏差値の低い私立中学校に行っても意味がないから」ではなく、「公立中学校に進学するのも良い選択だから」という言い方をしたいものです。

ゴールありきな思考回路の親御さんは、ゴールから逆算してレールを敷きがちです。これは一見、理にかなっているようですが、ゴールが固定的で、そこに到達するためのレールを敷くと、多くの場合、無理を要求することになります。人間はそんなに機械的に成長できるものではありません。

例えば、あなたが「半年後にベンチプレスで１００kgを持ち上げなさい」という課題を言い渡されたらどうでしょうか？　そして「１か月後に50kg、２か月後に60kg、３か月後には70kg、４か月後には80kg、５か月後には90kgと、段階的に増やしていこう。そのためには、毎日限界までトレーニングをして体を追い込み、体重１kgに対して２gのたんぱく質を毎日摂取しよう。トレーニングの具体的な内容は……」とレールを敷かれたら。できると思いますか？　人はそうやって計算通りに成長できるものじゃないですよね？　**無理に実行すれば大ケガをする**のが目に見えています。

頭を鍛える場合も、体を鍛える場合と同じです。決して計算通りに成長できるようなものではないし、過剰な負荷をかければけがをします。勉強において負うけがは心のけがで、自信喪失、勉強嫌い、無力感、うつといった症状が現れます。決して望ましい未来ではないですよね。

思考回路がゴールありきだと、無意識に、無自覚に子どもを傷つける言い方をしがちです。偏差値という数字で評価されることが多い中学受験だからこそ、そうしたゴールありきな思考回路を手放しましょう。**目標から先に見るのか、それともわが子から先に見るのか、常に自問自答していただきたい**です。

2-4 父親が中学受験に「非協力的」で困っている……

✕

「父親なんだから育児に協力するのは当たり前」と頭ごなしに厳しい態度で接する。

BAD

父親は自信を失い「子育ては父親の仕事ではない」「子育てはつまらない」と思い込んで状況が悪化する。

○

非協力的な理由をはっきりさせる。悪意がない場合、自信喪失している場合も多いし、価値観が違う場合、コミュニケーション不足の場合もある。

GOOD

父親に自信がなければ成功体験を積ませ、価値観が違うのであれば中学受験の意義を冷静に伝え、かかわり方がずれているなら共通の育児目標を設定したり、役割分担したりしてかかわる。

子どもの成長にとって、夫婦が協力して子育てに取り組むことはとても重要です。まして、非常に過酷でストレスも多い中学受験を無事「完走」するには、夫婦が協力できるか否かがとても重要な要素です。しかし、夫婦間での意見の相違や非協力的な態度が、さらなるストレスや家庭内の摩擦の原因となることも、現実にはしばしばあります。特に、**お父さんが子育てや中学受験に非協力的だと、夫婦げんかの大きな要因のひとつ**になります。その悪影響は子どもにも及びます。

例えば、母親が「毎日1時間は必ず勉強しなさい」と厳しく管理しようとしている一方で、父親が「そんなに頑張らなくてもいいんじゃない？」と子どもにリラックスを促すケースがあります。このように両親の言っていることがバラバラだと、子どもは「どっちの言うことを聞けばいいの？」と混乱し、どちらの指導にも従わなくなってしまったり、自分にとって都合のよい楽なほうばかりを選んだりします。

このように、両親が異なる方針で子どもに接すると、子ども自身がストレスを感じたり、「親の期待に応えられない」というプレッシャーを抱えたりして、メンタルヘルスを損なうこともあります。中学受験においては、**両親の意見が一致していないと、子どもは勉強に集中できず、成績の低迷や不合格といった結果**につながっていきます。

私たち伸学会でも、両親の方針の不一致への対応については、社員ミーティングでたびたび議題になります。もちろん、育児や中学受験に非協力的なのが父親ではなく母親というケースもあります。いずれにせよ、子どもへの悪影響は免れません。

☑悪意があって非協力的なわけではない

あなたのご家庭はどうですか？　ご夫婦で協力し、方針を揃えて子育てできていますか？　この問題の難しさは、非協力的なほうの親御さんに、**必ずしも悪意があるわけではないこと**です。

例えば、自分が「子どもは勉強ばかりしていないで、のびのびと遊んで育ったほうが良い」という方針の家庭で育ち、自分もその価値観を受け継いでいる場合、「勉強ばかりしないほうがいい」という信念を持っているわけです。決して**子どもを「ダメにしよう」として遊ばせようとしているわけではない**のです。

この価値観を否定されることは、ひいては自分が育った家庭環境や自分の生い立ちを否定されることを意味します。実際に「勉強すること」も「のびのび遊ぶこと」も子どもの教育には必要なこと、良いことですが、そうした「良いか、悪いか」「どちらのほうがより良いか」という議論とは別の次元の問題もあるのです。信念同士のぶつかり合いは調整がつきません。

他にも、悪意があってのことではなく、環境的な要因などにより非協力的にならざるを得ないケースが多々あり、なかなか難しい問題なのです。

そこでここでは、**お父さんが子育てや中学受験に非協力的な場合の対処法**をお話しします。「お父さんが非協力的」というお悩み相談をいただくことが多いので、お父さんを想定して対処法をお話ししますが、内容の多くはお母さんが非協力的な場合にも応用できるでしょう。もしあなたのご家庭が夫婦の方針の不一致でお悩みでしたら、参考にしてみてください。

❶そもそもお父さんが子育てに非協力的なケース

例えば、仕事から帰ってきたお父さんが、ソファに座ってスマホをいじりながら、家事も手伝わないし、子どもの勉強も見てあげないといったケースです。あるいは、お父さんは「子どもとは週末にたまに出かけるくらいで十分」と思っていて、普段は仕事で家にいないため、子どもの日常的な勉強や生活にはまったく関与せず、すべて母親に任せっきり、という場合です。しかし、子どもは父親にも、もっと関わってほしいと感じており、「お父さんは、全然私のことを気にしてくれない……」と心の中で不満を抱えているような状況です。

こうした状況にイラッとされるお母さんは、多いのではないでしょうか？　お父さんがこうした行動を取るありがちな原因として想像しやすいのは、「子育ては母親の仕事」と思い込んでいることでしょうが、他にも**「どうやって子どもと接すればいいかわからない」**という場合もあります。

私が普段、接しているお父さんやお母さんは、そもそも子育てに対する意識が高めではありますが、令和の現代にあって、お父さんが「子育ては母親の仕事」と考えているケースはそれほど多くありません。それよりも「どうやって子どもと接すればいいかわからない」ので、お父さん自身も困っていたり、**自信喪失からやる気を失っていたりするケース**のほうが多い印象です。

☑ 子どもに母親と比べられて自信を失うお父さんは多い

例えば、多くのお父さんやお母さんは、子どもが「パパは嫌ー！　ママがいいー！」とグズって手を焼いた経験があるのではないでしょうか？　こうなってしまう理由は、そのお父さんの子どもへの関わり方が必ずしもダメだからではありません。

子どもは生存本能から「一番安全な場所」を選ぼうとするそうです。つまり、絶対評価ではなく、比較による評価・順位付けです。**お父さんがとても頑張って良い子育てをしていても、子どもは「ママのほうがいい！」となってしまうことはある**ということです。もちろん、子どもの遺伝的な性格にもよるので、必ずしもすべての子どもがそうだというわけではありませんが……。

そうした他者（子ども）の比較による評価・順位付けで、子育てを頑張ろうと思ったお父さんが子どもから「ママがいい！　パパは嫌だ！」という反応をされたら、悲しい気持ちになりますよね。自信喪失してやる気を失っても無理もないのかなとは思います。

子どもは勉強に対して自信を喪失すると、「自分はダメだ」ではなく「勉強なんかしたって意味がない」「勉強はつまらない」と思い込むことが多いです。それと同じように、お父さんが子育てに自信を失ってしまうと、「子育ては父親の仕事ではない」「子育てはつまらない」と思い込んでしまうのも仕方ありません。

子育てにおいて、「他者比較は子どもの自己肯定感を傷つけ、自信を喪失させ、やる気を失わせるから、してはいけない」とよくいわれます。しかし、お父さんは子どもから他者比較（母親との比較）をされてしまいます。しかも、それは子どもの本能的な反応で、どうにもならないことです。けっこうつらいポジションですね……。

自信を失っているお父さんには成功体験が必要

では、どうすればお父さんの自信喪失を避け、逆に自信を持たせ、子育てに前向きになってもらえるのでしょうか？

そもそも、お父さんの自信喪失を防ぐには、例えば「パパ嫌ー！　ママがいいー！」みたいな子どもの反応は、「パパがダメだから」ではなく、**一番安全な場所を求める子どもの本能なんだなと夫婦で理解しておくことが大事**かなと思います。

そうすれば、お父さんも「自分はダメなんだ」と思ったり、お母さんも「もうちょっとちゃんとしてよ」とイライラしたりせず、「うちの子はちゃんと本能が育ってきてるなー」と前向きに受け流したり、「じゃあ、他のことで協力すればいいか」と役割分担したりできます。

また、もしお父さんがすでに自信を喪失していたり、子育てへのやる気を失っていたりしたら、**小さな成功体験をつくっていくことが効果的**です。子どもの勉強と同じですね。最初は週末だけでも一緒に過ごす時間を確保し、少しずつ子どもとの距離を縮めることから始めましょう。無理に勉強のサポートを求めず、子どもの日常に興味を持ってもらうだけでもいいので。そして、ポジティブなフィードバックをしていきましょう。

例えば、お父さんが子どもと一緒に遊んだ後、「お父さんと遊べて、今日は本当に楽しそうだったよ。ありがとう」と**具体的に感謝の気持ちを伝えることで、お父さんのモチベーションも高まる**のです。「受験生なんだから勉強するのは当たり前！　なんで当たり前のことを褒めなきゃいけないの？」なんて考えていたら、子どもは勉強を好きにならないのはもうご存じですよね？　それと同じです。

「父親なんだから育児をするのは当たり前！　なんで当たり前のことを褒めなきゃいけないの？」と考えていたら、父親は育児を好きになりません。感謝の気持ちを積極的に伝えましょう。

❷子育てには協力的だが、中学受験に反対しているケース

「中学受験なんて……無理をさせるだけじゃないか？」というお父さんは意外と多いです。

実際にあるご家庭では、お母さんが子どもの将来を見据えて中学受験を勧める一方、お父

さんは「そんなに勉強ばかりさせたら、子どもの自由な時間がなくなる」と反対していました。**お父さん自身が、中学受験をしていないことも多く、勉強の大変さや必要性が実感として湧いていない**こともよくあります。

経済的な負担が頭をよぎるお父さんも多いですね。「中学受験のために塾代がかかるし、そのお金を他のことに使ったほうがいいんじゃないか？」と考え、中学受験を避けようとするケースです。

こうした状況を打開するには、**感情的にならず冷静に議論を進めましょう。**データに基づいた事実、例えば中学受験の進路に関するデータや実績を使い、「受験を経験した子どもはこういう学びを得て、その後の進路が広がる」という具体的な事例を提示することで、**受験の意義を理解してもらう**こともできます。

お父さんの意見を尊重することも大切です。中学受験に反対の理由をしっかり聞き、お父さんが「どのような子育てを理想としているのか」「何を不安に感じているのか」といったことを理解しましょう。お父さん自身の生い立ちから形成されている価値観である場合も多いので、「どちらが正しいのか」ということになると話が平行線のままです。「どちらも正しい」「どちらも良い」ということを前提に、「どちらを選ぶのか」という話の進め方をしましょう。

イメージとしては「中華料理もイタリアンもどっちもおいしいよね。今日はどっちが食べたい？」と話し合うような感じです。**どちらを選んでも正解**であることを前提に、「どちらにしたいか」を話し合いましょう。

❸子育てにも協力的で中学受験にも賛成だが、かかわり方が一致しないケース

お互いが協力的であっても、「勉強に厳しくするべきか、もっと自由にさせるべきか」で意見が分かれることはよくあります。

例えば、母親が「夜は遅くまでも勉強させるべき」と感じている一方、父親は「寝る時間はしっかり守って、無理をさせないようにするべき」と考えている場合、どう対応するか迷うものです。また、母親が「もっと子どもを追い込んで頑張らせたい」と思っている一方、父親は「プレッシャーをかけすぎると逆効果」と感じていることもあります。

こうした場合は、**共通の育児目標を設定**することから始めましょう。どちらか一方が自

分のやり方を押し付けるのではなく、まずは**「子どもにどんな成長を期待しているか」という大きな目標**を話し合いましょう。

例えば、「将来、自己管理できるようになってほしい」という共通の願いを持っているのであれば、具体的な行動についても合意しやすくなります。大きなビジョンがあれば、小さなすれ違いも乗り越えやすくなります。

あるご家庭では、母親が「毎日1時間は必ず勉強するべき」と強く主張していました。しかし、父親は「のびのびと自由な時間も大切だ」と考えており、夕食後のリラックスタイムを重視していました。結果、両親が子どもに異なる指示を出すことになり、子どもは混乱して「どちらに従えばいいの？」とストレスを感じていました。

そこで両親は、**「勉強とリラックスのバランスをどう取るか」という共通の目標を設定**しました。そして、「平日は午後8時までに必ず勉強を終え、その後は家族でリラックスタイムを過ごす。週末はしっかりと遊ぶ時間を確保する」という**具体的なルール**を作りました。両親が共通の方針を持ったことで、子どもも安心して勉強に集中できるようになりました。

お互いの育児スタイルを生かして役割分担するのも効果的です。例えば、母親が勉強の管理やルール作りを担当し、父親がその中で子どもを励ます役割を果たす、といったやり方です。これにより、厳しさとリラックスがバランスよく保たれ、子どもにとって理想的な環境をつくれます。

どのケースにも共通するのは、夫婦のコミュニケーションと柔軟性の重要性です。子育てや受験に対する方針が一致していないと、子どもは不安を感じ、家庭内でもストレスが溜まりやすくなります。しかし、冷静に話し合い、お互いの意見を尊重しつつ、共通の育児目標を持つことで、家庭全体が前向きに進みます。ぜひ、この内容を参考にして、ご家庭の方針をすり合わせ、子どものために最適な環境を整えてあげてくださいね。

2-5 中学受験の「最悪のシナリオ」は何か？

×

第一志望校に不合格になること。

BAD

何が何でも第一志望校に受かろうとするあまり、教育虐待の方向へ流れていってしまう。第一志望校になんとか受かっても、いわゆる「深海魚」となってしまい大学受験もうまくいかない。

○

親子関係が悪化したり、勉強そのものを嫌いになったりすること。

GOOD

第一志望校に合格しなくても、受かった中学校でのびのび成長できればよい。中学受験の経験を活かし、自主性を持って勉強できるようになり、その結果、大学受験で大成功する子もいる。

あなたが「中学受験で最も避けたい最悪のシナリオはなんですか?」と聞かれたら、どう答えますか? 中学受験を始めるときに、「周りの子も受験をするらしいから」といった理由で、なんとなく始めてしまうと、後悔することになる可能性が高いです。

中学受験の勉強は本当に過酷なものです。「受験戦争」と形容されることがありますが、それは決して大げさな表現ではありません。実際に、**身も心も傷ついてしまう子どもや親御さんが非常に多い**のです。

多くの親御さんは、子どもの「勉強嫌い」に悩みます。しかも、中学受験のために塾に通い始めると、低学年のころから勉強がもともと嫌いだった子だけでなく、**最初は勉強が好きだったはずの子まで勉強嫌いになってしまうことが多い**のです。

せっかく高い学費を払って塾に通わせ、さらには受験が終わった後も私立の中学校や高校に進学させたのに子どもが勉強嫌いになってしまって、まったく勉強しなくなる……。そうなったら、何のために通わせているのかわからなくなってしまいますよね。それは親御さんにとっても非常に辛い状況だと思います。

恥ずかしながら、私自身も中高6年間のほとんどを、そうした「勉強嫌い」な状態で過ごしていました。学校に行っても授業中はまったく話を聞かず、ずっと寝ているような毎日。まったく勉強せずに過ごしていました。そのころ、母親に何度も言われた言葉があります。「そんなに勉強しないんだったら、私立の学校なんて辞めて、近所の公立中学校に行ったほうがいいんじゃないか」。子どもだった私は、そんなふうに言われるたびにとても傷つきました。しかし、今になってわかるのは、あのとき、母もまた私以上に傷ついていたのではないかということです。

高い学費や生活費をやりくりしてまで私立の学校に通わせていたのに、それを自分の息子が無駄にしてしまった……。それを目の当たりにした母の辛さや失望は計り知れません。母が私にあの言葉をかけたのは、言わずにはいられないほど追い詰められた気持ちだったからなのだろうと思います。

今では「本当に申し訳ないことをしたな」と素直にそう思えるのですが、当時の私は、残念ながらそういう気持ちになれませんでした。むしろ、母の言葉にさらに傷つき、ますます自分を追い込んでしまうという悪循環に陥っていました。このような状況は、私だけではなく、**多くの「勉強嫌いになってしまった子どもたち」に共通すること**だと思います。

子どもが勉強嫌いになる二つの原因

では、子どもが勉強嫌いになってしまう原因としては一体どのようなものがあるのでしょうか?

まず、非常にありがちな原因として挙げられるのが、**親や先生から無理やり勉強させられる**ことです。人間は、大人でも子どもでも、誰かから何かを強制されることに対して強い抵抗感を覚えるものです。

例えば、私たち大人も、上司から厳しく監視されながら、細かく指示を出されて仕事をするよう求められたら、きっとその仕事が嫌になってしまいますよね。子どもであればその気持ちはなおさらで、親や先生から口うるさく言われながらやらされる勉強は、楽しいどころか苦痛になってしまいます。

さらに、子どもを勉強嫌いにさせてしまう大きな原因として挙げられるのが**自信の喪失**です。「自分なんかダメなんだ」という思いを抱いてしまうと、子どもはどんどん自己肯定感を失い、学ぶ意欲も薄れてしまいます。きっと多くの親御さんは「自分の子どもを他の子どもと比較してはいけませんよ」というアドバイスを、どこかで耳にしたことがあるのではないでしょうか。

例えば「よその子はあんなに勉強しているのに、どうしてあなたはちゃんと勉強しないの？」とか、「あの子はあんなに良い成績を取っているのに、あなたはどうしてこんなに成績が悪いの？」というような言葉です。このような言葉をかけることは、子どもを傷つける可能性が高いです。また、きょうだい間での比較も同様に危険です。「お兄ちゃんはしっかりしているのに、どうしてあなたはだらしないの？」とか「妹はきちんと勉強しているのに、どうしてあなたはサボってばかりいるの？」といった言葉は、子どもの心に深い傷を与え、自信を失わせてしまいます。

多くの親御さんはおそらく、こうした比較が子どもに悪影響を与えることを知っているはずです。ですから、多くの親御さんは「他の子と比べず、その子自身をしっかり見て育てよう」と心がけているはずです。しかし、中学受験の世界に足を踏み入れると、他者との比較に否応なくさらされることになります。中学受験には「合格の席の奪い合い」という厳しい性質があり、**自分の立ち位置を知るために、他の子とどれだけ差があるのかを把**

握せざるを得ない場面が出てくるのです。

クラス替えで大きく傷つく子どももいる

その指標としてよく使われるのが偏差値です。偏差値は、他の子との比較の中で、自分の学力の位置づけを数値化したものです。また、大手の塾に通うと、成績によってクラスが分けられ、定期的なテストの結果によってクラスが上下する仕組みが一般的です。このような環境では、他者との比較を避けることができず、2年、3年と長期間にわたってそのプレッシャーにさらされることになります。こうした環境が続くと、子どもの心は少しずつ傷ついていきます。

例えば、勉強を頑張って良い成績を取れたとき、クラスが上がることがあります。その瞬間は子どもにとって、とてもうれしい経験になるでしょう。しかし、良い成績を維持するのは簡単なことではありません。次のテストで思うような結果が出せなければ、元の成績に戻ってしまい、クラスも元に戻されます。このとき子どもは「せっかく上がったクラスに自分はふさわしくない」と言われたように感じてしまい、大きなショックを受けることがあるのです。

こうした経験を繰り返すうちに「自分は頑張ってもなかなか成果が出せない」「他の子を追い抜くのはとても難しい」といった**自己否定の感情が蓄積**されていきます。そして次第に「頑張っても無駄だ」「これ以上、傷つきたくない」という思いが強くなり、やる気を失ってしまう子どもも少なくありません。これが勉強嫌いになる子どもが多い理由のひとつだと考えられます。

☑子どもは両親の言い争いを見て傷つく

さらに、中学受験の大きな問題点として**家族関係の悪化**が挙げられます。この時期はちょうど反抗期と重なることが多いため、親御さんが良かれと思ってアドバイスしても、子どもがそれを素直に受け入れられず、反発してしまい、けんかに発展することが少なくありません。

また、反抗が過剰になると、親御さんの言葉に対して一切反応を示さず、無視するような態度を取る子どもも出てきます。こうなると、親御さんも大きく傷ついてしまいます。

親子間でのトラブルの増加をきっかけに、今度は両親の間で方針の対立が起こるケースも珍しくありません。「このままでは子どもがつぶれてしまうからブレーキをかけるべきだ」と考える父（母）親と、「このままでは合格できないからこそ、もっと頑張らせるべきだ」とアクセルを踏もうとする母（父）親。こうした意見の食い違いが夫婦げんかに発展することはよくあることです。

さらに深刻なのは、そのような夫婦げんかを子どもが間近で耳にしてしまうことです。大好きな両親が自分のせいで言い争っていると感じた子どもは深く傷つきます。「自分がダメな子だから、両親がけんかしているんだ」と自責の念に駆られる子どもも少なくありません。こうした状況が続くと、子どもの心には大きなストレスや罪悪感が積み重なり、中学受験そのものが心の負担となってしまうのです。

家庭は本来、子どもにとって安心できる場所であるはずですが、中学受験が原因で親子関係や夫婦関係が悪化すると、その安心感が失われてしまいます。その結果、子どもが「勉強嫌い」になるだけでなく、精神的な面での健康も脅かされることがあるのです。

日常的な夫婦げんかで子どもの脳が壊れる

こうした夫婦げんかを見せられたり、聞かされたりしながら育った子どもは、心理的な影響だけでなく、脳が物理的・生理的にも傷ついているということが、近年の研究で明らかになっています。ＭＲＩを用いた研究で、夫婦げんかを頻繁に見聞きしてきた子どもの脳を調べたところ、特定の部位が萎縮していたり、逆に肥大化していたりすることが確認されています。

例えば、脳の扁桃体という部分は、恐怖や不安といった感情を処理する役割を担っていますが、家庭内での争いを頻繁に目にした子どもは、扁桃体が過剰に反応しやすくなることが報告されています。このような状態が続くと、子どもは常にストレス状態にさらされることになり、不安や抑うつ感を抱えやすくなってしまいます。

また、前頭前野と呼ばれる部分は、自己制御や意思決定、共感といった高度な機能を司る場所ですが、ここが萎縮してしまうことで、感情のコントロールが難しくなったり、学習能力が低下したりする可能性が指摘されています。

さらに、脳の海馬という部位も影響を受けることがあります。海馬は記憶や学習に深く関わっていますが、慢性的なストレスによって萎縮してしまうことがわかっています。その結果、記憶力の低下や集中力の欠如が生じ、学業にも悪影響を及ぼす可能性があるのです。

こうした研究結果は、家庭内での争いが、単に心の問題にとどまらず、**子どもの脳の発達そのものに深刻な影響を与える**ことを示しています。つまり、夫婦げんかや家庭内の緊張状態は、子どもの将来にわたる心身の健康に大きなリスクをもたらす可能性があるのです。

☑ 教育虐待が殺人事件に発展したケース

福井大学の友田明美教授は、著書『子どもの脳を傷つける親たち』（NHK出版）の中で、**子どもの前で夫婦げんかしない**よう強く勧めています（※1）。具体的には、LINEなどの見えない手段、聞こえない手段で話し合うことを提案しています。これは、家庭内での争いが子どもの脳に深刻な影響を及ぼすことが研究で明らかになっているためです。

中学受験を巡って、教育虐待にまで発展するケースも報告されています。2016年に名古屋で発生した事件では、父親が息子を包丁で脅して無理やり勉強させ、その結果、息子を死亡させるという悲劇が起こりました（名古屋小6受験殺人事件）。

子どもが加害者の側になった事件もあります。2018年に長年にわたる母親からの教育虐待が原因で、看護師の女性が母親を殺害するという事件が起こりました。母親の強い学力信仰により、子どもを精神的にも身体的にも追い込んでしまった実例です。この看護師の女性が服役中、マスコミに宛てた手紙の中で書いた「駄目な私も、お母さんの子どもとして受け入れてほしかった。失敗させてほしかった」という言葉がすべてを物語っているように感じます（※２）。

子どもが親の期待通りに行動しなかったり、テストの点が悪かったりしたとき、強く叱ってしまうご家庭はどこにでもあり、ありふれているかもしれません。そんなとき子どもは、「失敗した自分は受け入れてもらえない」「期待ばかりされて辛い」と感じ、親子関係の悪化へつながっていきます。「人が死ぬ」という事態にまで発展すればニュースになり、多くの人に知られることになりますが、これらは氷山の一角です。背後には事件に発展する一歩手前、二歩手前で、子どもが深く傷つき、苦しんでいる家庭が無数にあるのです。

子どもの幸せを願って始めた中学受験が、親子ともに不幸な結末を迎えてしまえば本末転倒です。親子関係や家庭環境を見直し、子どもの健全な成長を最優先に考えることが重要です。

※1：親の暴言・夫婦喧嘩が子どもの脳を激しく傷つける
https://www.chichi.co.jp/web/20181105tomoda/
※2：母殺害…殴られ、切られながら医学部9浪。獄中で娘が思う「本当は母に伝えたかったこと」
https://www.fnn.jp/articles/-/68465?display=full

2-6 中学受験がいい？　高校受験がいい？

×

内申点が厳しいから、中学受験にしよう。

BAD

高い内申点を取るのは大変そうだけど、中学受験の勉強も大変。中学受験の勉強をコツコツできるなら内申点だって高いのでは？

〇

大事なのは自己肯定感や自己効力感を育てる機会と環境。中学受験、高校受験のどちらを選ぶかではない。

GOOD

中学受験と高校受験のどちらを選んでも満足でき、選んだ道を正解にするため努力を続ける。

「中学受験と高校受験、どちらがいいのだろうか？」「わが子は中学受験に向いているのだろうか？」――そう悩む親御さんは多いのではないでしょうか？「うちの子はまだしっかりしていないから中学受験には向かないかも。でも、高校受験だと内申点も必要で、高い内申点を取るのは厳しいかも……」などと考え始めるときりがありませんね。

☑ 内申点には「メリット」と「デメリット」がある

中学受験の大きな特徴のひとつは、国立中学校や公立中高一貫校を除けば、**内申点が不要な実力勝負である点**です。「テストの点数は良いけれど、先生にはあまり評価されていないので学校の成績は悪い。だから、中学受験が向いているかも」という声もよく耳にします。中学受験は、**純粋に学力を評価する機会が多いからこそ選択肢となる**ことがあるのです。

とはいえ、中学受験も一筋縄ではいきません。中学受験で出る問題は、小学校で習う内容よりも明らかに難易度が高いため、志望校に合格するには地道な努力が必要です。これは小学生にとってなかなか難しいことです。

子どもが、口では「○○中学校に行きたい」と言っているものの、行動がともなわない。

それでも志望校を変えようとしないという状況になると、親が進路選択に苦労することになります。

そんなとき高校受験であれば、努力がともなわない場合、内申点の評価によって「今からでは挽回が難しい」ということがはっきりわかりますから、志望校を変更したり、断念せざるを得ない状況になったりします。

これはデメリットのようにも思えますが、早い段階で現実的な目標を示してもらえることは、むしろメリットといえます。「早めに方向転換できる」「現実に即した目標に向けて努力ができる」といった点は、高校受験における内申点の良い側面です。

「これしかない」と思い込まないよう視野を広げる

「中学受験か、高校受験か」という議論は、「私立か公立か」という視点と混ざってしまいがちです。高校受験を考えるときは公立高校に目が行きがちですが、学力で勝負して私立高校に入学するという選択肢もあります。一方、中学受験でも、国立中学校や公立中高一貫校の場合は内申点が求められます。自分たちが今、「何と何を比べているのか」ということを、今一度冷静になって考える必要があるでしょう。

●中学受験の選択肢
私立進学校の受験
私立大学附属校の受験
国立中学校の受験
公立中高一貫校の受験

●高校受験の選択肢
公立進学校の受験
私立進学校の受験
私立大学附属校の受験

いずれも選択肢は広がっています。「これしか選べない」と思い込む前に、幅広い視点で検討することが大切です。

受験は「成長の機会」と「望む環境」の選択

受験勉強には「子どもが学力を高める」だけでなく「子どもが成長する機会」としての価値もあります。子どもが成長する機会を早くから与えたいのであれば中学受験を、もう少しゆっくり成長を見守りたいのであれば高校受験を選ぶのもよいでしょう。

また、中学受験では**早熟さ**が求められる傾向があります。発達がゆっくりで、伸び盛りが中学以降にくる可能性が高いと感じる子であれば高校受験のほうが合っている場合もあります。

伸び盛りの時期がいつくるかの判断は難しいところもありますが、**焦らず待つ心のゆとりはプラスに働く**でしょう。

早生まれの子は不利。しかし……

なお、中学受験は「早生まれの子が不利」ともよくいわれます。実際その通りで、３月生まれの子は４月生まれの子と比べて、ほぼ丸々１年分、脳の発達に差があることになります。**11歳と12歳の１年間の差は大きな差**ですね。ですから、そういう子は高校受験にフォーカスして、成長が追い付いてから勝負をしたほうがよいと考える方もいます。

しかし、生まれ月による不利は、時間の経過とともに自然に解消されるわけではありません。**大人になっても残り続ける**ことが研究によって示されています。東京大学の山口慎太郎教授によると、30代になっても「早生まれの人は30～34歳の所得が、遅生まれの人より4％低い」という結果になっているそうです。ですから、「高校受験にすれば大丈夫」というわけでもありません。

では、どうすれば早生まれの不利を克服できるのでしょうか？　実は、早生まれの不利は**脳の発達の差**であるのはもちろんなのですが、それ以上に**自信の差**なのです。もし発達の差だけが原因であれば、大人になってもその影響が残るのはおかしいですよね。30歳と31歳の違いは、ほぼないに等しいはずです。むしろ、若いほうが脳は元気で有利といえるかもしれません。

それなのに影響が残っている理由は、**幼少期から周囲の子に比べて発達面で遅れ、負ける経験を重ねることで自信を失ってしまう**からです。それが早生まれの子の最大の不利な点なのです。

この不利を克服するには「時間」ではなく、自己効力感と自己肯定感を育てる「教育」が必要です。周囲と比べるのではなく、その子自身の成長を見つめ、その子の自信を高めてあげましょう。未成熟な幼少期の段階から自信を失わないように、その子のペースで成長する姿を応援する教育が大事なのです。そういう教育機会が得られるのなら、中学受験でも高校受験でも、どちらを選んでも問題ありません。

選んだ環境を「正解」にしていく

受験は最終的に、子ども自身が「どのような環境で、どれだけの期間、充実した時間を過ごしたいか」を考える選択です。小学生から中学生までの9年間で打ち込める課外活動があるなら、それを優先するのもひとつの選択です。そこで、自分なりに自己効力感と自己肯定感を育てることができるとよいでしょう。

中高6年間のまとまった時間を、子ども自身の成長に活かせる環境を整えることも、また正解です。受験結果を通じて、近い成績のメンバーが友達になるわけですし、その実力層の子どもたちを指導してきた学校の先生との出会いもあります。中学・高校を縦に貫く関係を得られる部活もあります。そこで自己効力感と自己肯定感を育てられるなら、それでもよいのです。

いずれにしても、選んだ環境を「正解」にしていくことが重要です。親として子どもをサポートし、子どもが自己成長の機会を得られるよう、柔軟に対応していく姿勢こそが、本当に必要なことではないでしょうか？　改めて、受験の成功と失敗とは何か、そのためにわが子に与えたい環境はどのようなものかを、見つめ直してみてください。

2-7 偏差値を上げるにはどうすればいいの？

×

偏差値を上げるには嫌でも勉強するしかない。だから、子どもが勉強を嫌がったら、怒ったり、脅したり、監視したりしてでもやらせる。

BAD

勉強嫌いになって嫌々やるどころか、まったくしなくなり、取り返しがつかないことになる。当然、偏差値も上がらない。

○

子どもが勉強を好きになるように誘導する。

GOOD

勉強を楽しいと感じられるようにする。親も自ら何かを勉強したり、子どもが好きなものから自然と勉強につなげたりしていく。

中学受験における**学力**と**成績**には違いがあることをご存じですか？　学力は絶対的なものですが、成績は中学受験においては相対的なものです。中学受験では成績を表す指標として**偏差値**を用いるのはご存じだと思います。では、この偏差値はどうやって決まっているのでしょうか？

子どもに「偏差値って何？」と聞かれたら、どのように説明しますか？「50が平均らしい」「高いほうが良いらしい」「70いくとすごいらしい」といったことは言えても、それ以上は説明できない方が多いでしょう。そこでまずは、偏差値とは**順位を割合で表したもの**と覚えておいてください。

偏差値50であれば真ん中あたりの順位、偏差値60だと上位15％くらいの順位、偏差値70だと上位２・５％くらいの順位にいるという意味です。逆に下に行くと、偏差値40だと下位15％くらいの順位、偏差値30だと下位２・５％くらいの順位にいるということですね。

☑ 他の子を追い抜かなければ偏差値は上がらない

受験は**合格という「イス」の奪い合い**という性質があるので、同じ学年の受験生全体の中での順位が重要になってきます。首都圏には毎年受験生が６万人くらいいて、１、００

0～1、500位くらいの順位にいたらこのあたりの学校に合格できますよ、20、000～25、000位くらいの順位にいたらこのあたりの学校に合格できますよ、というのが過去のデータからわかります。それをわかりやすく数値化したものが「偏差値」です。

実際には全受験生が受ける模試などはないので、偏差値は模試ごとに「その模試を受けた子たちの中での順位」を表すことになります。ですから、SAPIXの『サピックスオープン』で偏差値60を取る難しさと、四谷大塚の『合不合判定テスト』で偏差値60を取る難しさは異なります。そのため、麻布中学校の合格率80％ラインは、サピックスオープンだと偏差値62ですが、合不合判定テストだと偏差値68といった違いがあります。

これは「オリンピックのマラソンで10位になる」のと「東京マラソンで10位になる」のでは難しさが違うのと同じように考えればわかりやすいでしょう。ここまでの説明で偏差値とは他の子と比べたときの相対的な位置づけ（順位）とわかっていただけたでしょうか？

つまり「偏差値を上げる」ためには、「学力を伸ばす」だけでは足りません。「他の子よりも学力を伸ばして、他の子を追い抜かなければいけない」ということなのです。マラソンを想像してみてください。他の子も一生懸命走っている中で、他の子を追い越すのは並大抵のことではありません。

一方、順位を下げるのは簡単です。立ち止まればあっという間に置いていかれます。そして、走るのを再開しても、走り続けている子たちに追いつくのはとても困難です。勉強もこれと同じです。子どもたちは受験勉強において、何年にも及ぶ長距離マラソンをしているのだと考えてください。

子どもが嫌々勉強している限り「負け戦」

では、どうすれば偏差値を上げることができるのでしょうか？　とてもシンプルです。**人よりも良いやり方で効率よく、人よりもたくさん勉強する**ことです。そうすれば人並み外れた成長ができます。これが偏差値を上げるために必要なことです。

こうした前提をふまえて考えると、**子どもを勉強嫌いにしてしまったら負け戦**ということが、おわかりいただけるでしょう。これまで、1、000組以上の親子を見てきましたが、「子どもが勉強嫌いで、言わないと勉強しない」とおっしゃるご家庭は、だいたいの場合、お子さんの成績が伸び悩んでいました。

やりたくないことを強制されて嫌々やるときの行動は、大人でも子どもでも同じです。言われた通りにやらないか、やっても形だけの手抜きになります。そして必要最低限しかやらなくなります。「人よりも良いやり方」「人よりもたくさん」の真逆です。つまり、**子どもが嫌々勉強している状態でいるうちは、偏差値は良くて現状維持、多くの場合は徐々に下がっていく**ということです。

勉強でもスポーツでも音楽でもなんであれ、嫌々やっていることで人並み外れた成果を出すなんてことは起こりません。私たち大人の仕事だってそうですよね。給与のためにやりたくない仕事を嫌々やっている人が人並み外れた活躍をするところなど、想像できないのではないでしょうか？　子どもの成績を上げたいと思ったら、子どもが勉強を好きになるように導かなければいけません。

親が勉強する家庭は、子どもも勉強することが多い

では、どうすれば勉強を好きになってもらえるのでしょうか？　自分に置き換えて考えてみてください。例えば、友人や家族が熱中している趣味に対して「一緒にやろう！」と言われたことがきっかけで自分も好きになることってよくありますよね。勉強に関しても同じように、**親がしていると子どもも興味を持ちやすい**です。

勉強が好きな子のご家庭は、**親御さんも自然と勉強するご家庭であることが多い**ですね。

子どもが好きなもの、例えば「乗り物が好き」とか「動物が好き」とか、そうしたところから自然と勉強につなげていくことが上手なご家庭も、子どもが勉強を好きになることが多いです。

逆に、子どもを勉強嫌いにさせてしまう親御さんの関わり方もあります。典型的なのが、先ほどの「強制される」、その他には「監視される」「やったことに対してケチをつけられる」といったものです。自分が仕事をするとき、上司や同僚からこんなことをされたら仕事がつまらなくなりますよね。

「『やれ』って言わないと宿題をやらないいんです」「監視をしていないとすぐにサボるんです」こうした悩みは頻繁に相談されます。ゲームやＹｏｕＴｕｂｅなど楽しい誘惑がたくさんある中で、学校や塾の宿題を子どもにやらせるのは難しいですよね。でも「『やれ』って命令をして宿題をさせる」「サボれないように監視して勉強させる」といったやり方をすると、子どもはどんどん勉強を嫌いになっていきます。そうなると、先ほどお話ししたように、怒られないように必要最低限しかやらなくなり、偏差値がアップすることは99％ありません。良くて現状維持で、多くの場合は偏差値のダウンが待っています。その先に良い未来はないのですから、他の方法を模索しましょう。

「強制しなくても、子どもが自分から勉強したくなるようにするには、どうしたらいいだろう？」

「監視しなくても集中力を維持できるようにするには、どうすればいいだろう？」

「いちいち指摘しなくても、子どもが自分で改善点に気づいて修正するように導く方法は何だろう？」


そうしたことを親も自分で調べ、勉強し、考えながら試していきましょう。本書の中でもそうした方法をご紹介しますので、それらの中であなたのお子さんに合う方法はどれかを見つけていってください。

本書でお伝えするもの以外にも、もっと合うやり方がないか探してみてください。そうすれば、お子さんのやる気を引き出し、人並み外れた成長へとつなげることができますよ。

2-8

中学受験をテーマにした小説を読んだほうがいい？

×

フィクションだから、小説なんて読んでもしょうがないのでは？

BAD

著者がわが子の中学受験を体験している本もあるので、他者から学ぶせっかくの機会を失う。

○

気になった本をとりあえず1冊読んでみる。

GOOD

中学受験の現実をいい面も悪い面も仮想体験できるので、わが家での中学受験に生かせる。

マンガ『二月の勝者－絶対合格の教室－』（高瀬志帆／著、小学館）のブーム以来、中学受験を扱う小説も増えましたね。ここでは、中学受験をテーマに扱った物語をいくつか紹介したいと思います。小説を読むことの効用として、「自分が体験していないことを体験できること」はよく挙がるところでしょう。中学受験という体験は大抵の親御さんにとって1回限りのものです。小説を読むことで体験知を擬似的にでも増やせるのは、とても大きなメリットがあります。気になった本があれば、ぜひ手に取ってみてください。

❶『金の角持つ子どもたち』（藤岡陽子／著、集英社、２０２１年）

この本では、もうすぐ6年生になる俊介が、「サッカーをやめて、塾に通いたい」と決心し、6年生から塾に通い、日本最難関の中学を目指す「下剋上受験」が始まります。

小説は3つの章で構成されており、最初は母、真ん中は本人、最後は塾講師の視点で、俊介の受験が描かれます。

母は、これまでの人生で夢を持つことを許されてこなかったのですが、苦しい家計の中、夢を持つ息子を応援するため、必死に働きます。夢を持ち、必死で勉強に取り組む俊介ですが、彼は子どもが背負うにはあまりにも重すぎる十字架を背負っていました。

中学受験をしていない両親、厳しい家計、難聴のハンディキャップを持つ妹、妹の難聴の原因は自分にあると自らを責める俊介……こうした苦しい環境の中での受験ドラマが始まります。そして、俊介を教える塾講師は、なぜ塾の講師という道を選んだのか？

この小説を読んだときの私の感想は「……ちょっとずるい」。こんな波乱万丈のドラマを抱え、真剣に勉強しないといけない背景を抱えて勉強されると、「成績が上がってくれなきゃ困る」という気分で読まずにはいられません。苦難を乗り越える王道のドラマには、有無を言わさず心を動かされてしまいます。

ただ、日々、中学受験に向き合う講師としては、そんな強めの舞台設定を用いなくても、どの受験生の家庭にも波乱万丈のドラマがあるということをお伝えしたいです。「もうちょっと平凡な、それでいて重厚なドラマを読みたいなぁ……」なんて講師の小言はいらないですね。

「小学生にとって、中学受験に時間を使うことはかわいそうなことなのか」という問いに対して、ひとつの勇気と学びを得られる読書になるでしょう。ぜひ、俊介のドラマを応援しながら読んでください。「夢を追う姿を応援する」――そんな読書体験にしてください。

❷『翼の翼』（朝比奈あすか／著、光文社、２０２１年）

この小説は、著者自身が「受験生の親」として熱中していた体験が題材となっていることもあり、真に迫ります。本書1冊で、中学受験の嫌な面、恐ろしい面をすべて体験できる、といってもよいです。読んでいて、最初から最後までずっと胃が痛くなりました。恐ろしすぎます。

「第1章 8歳」「第2章 10歳」「第3章 12歳」と、年を重ねていくにつれ、「これぞ狂気」としか言いようのない状況にはまり込んでいきます。そして、この深みにはまっていく様が妙にリアルなのです。

最初は軽い気持ちで、楽しげなわが子の学習意欲を後押しするはずだったのに、やがては並走に、最後はわが子を（まさに文字通り）鞭打って引きずる親になってしまう流れ。「そんな大げさな」と思うかもしれませんが、この「魔に取り憑かれる」としか言いようのない過程に説得力があるのです。

ここまで「全部乗せ」な事例はまずない（と思いたい）ですが、ただ、塾講師の経験として、この中の場面ひとつひとつには、どこかで見覚えがある気が正直、してきます……。この、恐ろしすぎる中学受験体験記から、ぜひ教訓を得てください。震えます。

❸『勇者たちの中学受験』（おおたとしまさ／著、大和書房、2022年）

これは小説ではなくノンフィクションです。印象的な三つの実例に出合えます。

実例❶

低学年から塾に通わせ、4年生のときは一番上のクラスにいたのに、5年生以降は退却戦が続く親子のお話です。中学受験を完璧に予習し、詰め込みすぎない、苦しくなりすぎない、「正しいアプローチ」を再現したはずなのに、なぜ……と苦しむ父は、受験を通して「疲れ切った」と語ります。生身の人間が相手なので、「～すれば正解」に100％の再現性があるわけではないという現実がわかります。

実例❷

灘、開成、筑駒。「この三つ、どれもほぼ確実に受かる」と言われ続けた少年に両親や塾がかける重すぎる期待。成績下位層から授業料を巻き上げ、合格実績を稼げる優秀層に還元する歪んだ受験ビジネス。本当に「高い偏差値の学校に受かれば幸せ」なのでしょうか……？　誘導され、無視され続け、傷つけられた本人の意思を取り戻すには長い時間がかかります。

実例❸

三つの実例の中では一番低い偏差値の学校に進学しますが、それでも中学受験で「最も多くの果実を得た親子」が至った心境とはなんだったのでしょうか？

そのほか「きょうだいで全然違った」というエピソードもあり、紹介されるエピソードはもっとたくさんあります。親子の実名は変えてありますが、学校名や塾名はそのままで、苦しい経験も、得た悟りも、実に雄弁なストーリーばかりです。

闇にはまり込んで、ときには子どもや家庭が壊れてしまうような中学受験の世界ですが、この世界を「学びは楽しい」という思いを損なうことなくやり過ごすには、どうしたらよいのか……、中学受験の「成功」「失敗」とは何か……、などたくさんのヒントが詰め込まれた本です。末尾の解説もとてもよくまとまっています。読みながら「そう、こういうどうしようもない受験を減らしたいと思って塾講師をしているのだ」と、改めて気が引き締まりました。

❹『きみの鐘が鳴る』（尾崎英子／著、ポプラ社、2022年）

同じ塾、同じクラスの6年生4人それぞれの受験が、その生徒の目線で語られます。これまでの3冊は、主人公が基本的に子どもの周りの大人たちだったので、その点では新鮮です。

大人たちが、「自分には子どもたちが生きている世界が見えていなかった」と悟っていくのがこれまでの3冊でしたが、本書は「大人はわかってくれていない」と感じながら受験に進む、子どもたち側の視点に立っています。

親は家での子どもの姿しか見ておらず、塾講師は塾での子どもの姿しか見ておらず、学校の先生は学校での子どもの姿しか見ていません。すべてを知っているのは、当然ながら子どもたち本人だけです（自分のことを、自分で把握することも難しいですが）。

家であったこと、学校であったこと、塾であったこと……どこかに何かしらの辛さを抱えている子どもたち。他の舞台に立ったたび、違う場所での出来事は自分の中にしまいこんで、それぞれに合わせた役割を演じようとする姿……。

登場する受験生ひとりひとりにも、リアリティを感じられるのは、ここまで紹介してきた他の本でも出てきたモチーフが重なるからかもしれません。「この本のこの子は、あの本のあの子と共通するものがある」とイメージがつながることで、解像度が上がっていく感覚がありますから、ここまでの本を並べて読むとおもしろいです。

例えば、『翼の翼』の翼、『勇者たちの中学受験』の2例目に登場するハヤト、『きみの鐘が鳴る』第3章の涼真は、程度こそ異なりますが、状況はだいぶ重なっているように思えます。それでいて、本によって視点が違うので、実像がよりよく見えるような気がしてきます。

さて、ここまで4冊紹介してきましたが、いかがでしょうか？　どの本を読んでみたくなったでしょうか？　ここで、もし「主人公が合格したかどうかが一番気になる」という方がいれば、先にお伝えしておきます。４冊合わせて、ざっくり10人程度がメイン主人公として出てきますが、第一志望の学校に受かるのは2〜3割程度です。これは現実と同じです。

しかし、ここで「ネタバレだ！」と思うのはもったいないです。受験は結果も大事ですが、それ以上に過程も大事だからです。そして、ここでいう結果も「受かったかどうか」と「ポジティブに受験をクリアできたかどうか」で別物なのです。「出てくる登場人物が、受かったかどうか」という表面的な結果より、「受験を乗り越えたあと、元気かどうか」という、より深い結果を見てほしいです。

第一志望校に落ちてがっかり落ち込んでいる生徒も、2月中旬には元気になっているものです。なかなか想像できないかもしれませんが本当にそうなのです。中学受験というイベント自体を重く受け止めすぎることはないのです。

中学受験は「第一志望に受かった人が幸せで、落ちた人は不幸せ」というわけではありません。本人や周囲の大人が「この結果次第で、幸せかどうかが決まる」と「強く信じている」ときだけ、「落ちたから、不幸せだ」と表面化します。

新型コロナが流行する前、中学校の校舎の前まで行って受験を応援していた時代。親御さんと一緒に、生徒が学校の中へ入っていくのを見守ったあと、親御さんがただポツリと「正直、受かっていても落ちていても十分満足な受験だったと思えるんです」と言ってくれたことを思い出します。

この4冊の本は、ある種の「ワクチン」として機能しますから、どれか1冊はぜひ「接種」してください。実際の受験を体験する前に「抗体」を作っておきましょう。

Column1

中学受験体験記❶ 〜「第三志望校」に入学する意味はないのか？

次の文章は、数年前にブログに載せた記事です。少し古いのですが、本書をご覧の親御さんにもぜひ読んでいただきたいので掲載します。

以前、塾対象説明会である学校に伺ったとき、どうしても校長先生とお話がしたくて、お忙しい中お時間をいただいたことがありました。私の教え子の1人（仮にAとします）が中高6年間通わせてもらった学校なのですが、Aとお母さんはその学校が大好きで「入学して本当に良かった」と言っていたからです。

しかし、実はお母さんは当初、その学校への入学に反対でした。Aは第一志望、第二志望の学校で不合格となり、その学校は第三志望だったからです。「その学校に入学するくらいなら公立中でいい」とおっしゃっていました。

入試期間が終わり、Aが塾に来て、泣きました。「不合格になって恥ずかしい。あの学校にしか入学できないのは恥ずかしい」。そう母に言われたと。

私は頭にきてしまいました。私は、Aが親の期待に応えようと精いっぱい努力していたのを見ていたからです。すぐ家に電話して、「恥ずかしいという言葉を撤回してほしい。不合格になって傷ついているＡをちゃんと支えてあげてほしい。第三志望の学校に入学させてあげてほしい」。そう伝えました。

しばらくＡのお母さんと口論が続いた後、お母さんは最後に私にこう問いました。

「あなたに子どもがいたらあの学校に入学させますか？」

私は、

「もし、自分に子どもがいたら行かせたい学校のひとつです」と答えました。

お母さんは、少しだけ考えてから「わかりました」と言って、私の願いを聞き入れてくれました。そんなマイナスな気持ちからの入学だったので、「６年間通う中で、母も私もその学校が大好きになった。入学してよかった」という言葉を聞いたとき、涙が出そうなほどうれしかったのです。お礼を言う立場ではないのですが、校長先生にそのことをお伝えし、「ありがとうございました」と言いたかったので、無理にお時間をいただいたわけです。

受験も勉強も、本人や家族が幸せになるためにするもの。それが原因で親子がけんかしたり傷つけあったりするのは本末転倒だし、「自分の子どもが〇〇中学校に通っている」というようなブランド価値を求めて受験をするのは間違っている――あのとき、そう思っていました。もちろん今もそう思っています。

しかし、改めて振り返ってみると、思うことがいろいろあります。頭と心は違うんだろうな、ということです。あのときのお母さんは、決して本心で恥ずかしいと思っていたわけではないだろうし、ましてAを傷つけたいと思っていたはずはありません。「〇〇中学校」というネームバリューではなく、「子どもに良い環境を」と考えていたはずです。それでも、Aのお母さんは受験生の母として「1年生」です。初めての「不合格」という経験に、心が冷静ではいられなかったんだろうなぁ……と思うのです。

あのころの私は今よりもっと未熟だったので、子どものことしか見えていなかったし、「親は、大人は、もっと成熟していて、子どもを支えられるもの」だと思っていました。だから「ちゃんと支えてやってほしい」なんて言ったのですね。

でも、だんだん生徒より保護者に近い年齢になり、まだまだ未熟な自分がいて、きっと親も手探りで子育てをしているんだろうなと思うようになりました。あのとき、私がお母さんの心を早い段階で支えられていれば、もっと違った形で、お母さんも初めからＡの心を支えてくれていたのでしょう。

そんなこともできていないのに口から出たあのときの言葉は、Ａのお母さんに対してずいぶんときつい、そして無責任な言葉だったな……と申し訳なく思います。それでもＡのお母さんは、私の言ったことを受け入れてくれました。強いお母さんでした。

現在、受験勉強をしている方、これから受験勉強を始める方、受験にはかなりの覚悟が必要ですよ。「頑張ったら合格できる」とは限りません。ですが、上手に育てれば、合格を目指して努力する過程で、そして最後には合格も不合格もすべてを糧にして、子どもが驚くほど成長します。私はその成長こそが、受験をする最大の意義だと思っています。それに共感していただけた保護者を、今度は私がちゃんと支えて、一緒に受験を乗り切っていきたいと思っています。
自分に子どもができたら、本当にあの学校に入学させたいなぁ。あのときも、嘘を言ったわけではないけれど、今はもっとそう思います。まずは、結婚相手を探すところからなので、先は遠いけれど（T_T）。

Aさんが進学した第三志望の学校は当時から人気校で、そこを第一志望として目指している子もたくさんいる学校でした。実際に進学してみても、親子ともに高い満足度でした。そんな素敵な学校への進学に「不本意な進学」というレッテルを貼り、苦しさと悲しさを生み出したのは誰だったのでしょうか？　子どもを傷つけたのは誰だったのでしょうか？　それは**親御さん自身だった**ことが、おわかりいただけると思います。

加えていうなら、Aさんが進学した第三志望の学校は現在、さらに人気が上がり、当時、Aさんの第二志望だった学校と偏差値の上下関係が逆転しています。その年の「偏差値の上下」という尺度で学校を評価することが、いかに意味がないかわかりますよね。

こうした悲しいことがもう起こらないように、私は多くの親御さんたちに、中学受験の本当の目的と、避けるべき不幸をお伝えしていこうと思っています。

第3章

学校選びの視点・方針と時期

私立の中高一貫校ってたくさんあるんですね！
偏差値表学校の名前がたくさん…
目がチカチカしてきた
上のほうの最難関校とまではいかなくても
大体真ん中らへん？にはいけたらいいなぁ…
真ん中ってどこのことですか？
この偏差値表の真ん中？それともこっち？
偏差値の数字は模試によって異なるんです
なんとなく真ん中…といっても模試によって大きく違います！
ええっ
どの模試のどの偏差値かを考えなくちゃいけないの？
偏差値からいったん離れましょう
偏差値は入学の難しさや学校の人気を表しますが
コウヘイくんにどれくらい合うのかを教えてはくれません！

こんなたくさんの学校からどうやって探せば…
安心して下さい
男女別学
家から近い
共学校
校舎は広い
進学校
附属校
入りたい部活
いろいろ条件を考えていくとそれなりに絞られていきます
でも見つけた学校がコウヘイの偏差値と合わなかったら…？
学校
へんさち
偏差値の話をするのは早すぎます！
偏差値表を上から下まで縦に広く見るんです！
偏差値を5ずつくらいに区切って
それぞれの高さで『ここが一番いい！』という学校を見つけておくんです
そうすればコウヘイくんの成績がどうだったとしても安心して受験できますよ！

3-1 附属校とは？ 進学校とは？

×

「○○大学附属」と書いてあるのだから、生徒はみんな併設の大学に行くものだと考えている。

BAD

附属校なのに内部進学者が少ない実質的な進学校で、入学してから大きなギャップに子どもがとまどってしまう。

○

志望する附属校の生徒の進路や内部進学率を受験の前に調べておく。

GOOD

国立大学狙いなどであれば、附属校でも実質的には進学校である学校を選択肢として検討する。また、附属と書いていなくても大学に推薦入学しやすい学校を見落とさないようにする。

大学が併設されているので、一般入試を受けなくても在学中の成績をふまえて併設の大学へ進学できる学校が附属校、大学は併設されておらず、在校生は大学進学に向けて準備を進める学校が進学校――多くの親御さんがそんなイメージをお持ちかと思います。しかし、実態としては、そうはっきりとわかれるものではありません。中間的な「外部進学者が多い附属校」「推薦枠が豊富な進学校」もあります。

附属校を見るときに注目してもらいたいのが内部進学率です。在校生のほとんどが併設の大学に進学する学校、逆にほとんどが他大学へ進学する学校、半分が併設の大学へ、もう半分が他大学へ進学する学校など学校によって違いがあります。

例えば、早稲田中学校・高等学校は例年、約50％の生徒が早稲田大学に推薦で進学し、他の生徒は他大学を受験して進学しています。一方、早稲田実業学校は、ほとんどの生徒が早稲田大学に推薦で進学しています。

東京都市大学付属中学校・高等学校、東京都市大学等々力中学校・高等学校は、東京都市大学への推薦制度がありますが、ほとんどの生徒が他大学を受験し、進学しています。ですから、実際は附属校ではなく、ほぼ進学校といってよいでしょうし、学校も手厚い学習・進学サポートをアピールポイントにしています。「○○大附属校に入ったら、○○大学に進学することになるのか」と単純に考えるのではなく、進路と内部進学率を必ず調べておきましょう。

また「○○大附属」と校名についていなくても、大学の推薦枠が確保されていて、附属校と同じメリットを受けられる学校もあります。香蘭女学校は、立教大学への推薦枠が在籍生全員分あり、約50％の生徒が立教大学に進学しています。

進学校はみんなが大学受験に向けて勉強する

附属校と進学校のそれぞれの教育方針の違いは、どういうところに表れるのでしょうか？　もちろん、学校ごとに異なるので、それぞれよく確認してほしいのですが、ここでは大まかな傾向をお伝えします。

進学校は、中高一貫であることを生かし、本来は6年間で行うカリキュラムを5年に圧縮し、高校3年生の1年間を大学受験対策に充てる教育が可能になります。

生徒全体が集団として大学進学の学習を進めていく一体感の影響力は大きく、いい意味でも悪い意味でも、みんながやっているから自分もやらなければ、という心理が働きます。競争原理も働いて、身近にいるライバルと切磋琢磨しながら成長できるのもメリットです。

また、近年は総合型選抜の枠が広がり、大学入試の形態も多種多様になりました。部活動や課外活動など、中高で打ち込んだことを生かして受験できるようになってきています。**志望する学校が一般試験での大学進学を得意とするのか、総合型選抜での大学進学を得意とするのかを見てみることもひとつの基準**になるでしょう。

3-2 附属校は進学校よりラクなのか？

×

大学の附属中学に入学してしまえば、大学までエスカレーターだから勉強でラクができる！

BAD

大学の人気学部は志望者が多いので、附属校の中での競争もある。あまりに勉強をサボって成績が悪いと進学できないことも多い。

○

大学の附属中学に入学しても学校の成績を落とさない。

GOOD

成績を落とさなければ、一般受験のようなハードな受験勉強をしなくてもいいため、中高の6年間をのびのび使える。

進学校より附属校のほうが、大学受験の精神的なプレッシャーが少なく、自己探求や課外活動に時間を自由に使えるケースが多いでしょう。６年間のカリキュラムを5年に圧縮する必要もなく、のびのびできるのが附属校の良いところだ、と明言している学校もあります。

ただし「附属校なら勉強が簡単だ。勉強しなくても大学にいける」と考えるのは浅はかです。もし、勉強せずに大学に進学した場合、大学受験のための勉強をしてきた学生とのギャップに悩まされることもあるかもしれません。自分が希望する学部の志望者が多ければ、附属校内での競争も発生します。成績が悪ければ希望する学部に行けない場合もあります。大学側が要求する水準の学力に達していない場合は、内部進学がそもそもできない場合も多いです。

内部進学できない場合や、行きたい学部が併設の大学にない場合、一般受験に向けて受験勉強をしなければならなくなります。周りの生徒がのんびりと過ごす中、**自分ひとりで受験勉強のモチベーションを高めて勉強し続けるのはなかなか大変**です。前述した進学校のメリットである周囲からの影響が、ここでは逆に働いてしまいます。自分だけで受験勉強に取り組むのは、大きな心理的ストレスです。

☑「附属校に行けば後がラク」と言ってはいけない

また、附属校に進学させたご家庭では、勉強への意識に親と子で大きなズレが進学校以上に生じて、家庭内でストレスが強くなるケースも見られます。中学受験をさせるときには「子どもがあまり勉強しなくても、大学受験をしなくていいから安心」と思っていた親御さんも、いざ子どもが中学生になり、実際にあまり勉強しないと心安らかではいられないものです。

少しでも附属校でよい成績を取り、少しでも就職状況の良い学部に行かせようとお尻を叩きがちです。しかし子どもは、中学受験のときに「附属校に行けば大学受験がないから、あまり勉強しなくて済むわよ！　だから、今は頑張りなさい！」と吹き込まれていたりしますから、受験が終わって中学生になった後で、手のひらを返されても納得しません。それはそうですよね。

その結果、勉強しない子どもに対して親はストレスを感じ、そのストレスを子どもにぶつけ、子どもはより強いストレスを抱えてますます勉強しなくなり、親子関係も悪化していく……という悪循環に陥りがちです。「附属校に入れば安心」「勉強しなくても大丈夫」などと最初から思ってはいけませんし、まして子どもに対して「……だから、今は頑張りなさい」などと言ってもいけません。

将来につながる「学び」をしよう

附属校は受験がない分、確かに自分の好きなことに打ち込みやすい、というメリットがあります。昔の生徒で「映画監督になりたい」という夢を持っている生徒がいました。彼は英語を含めて、「映画監督になるための勉強に専念したい。そのために中学受験する」と言っていました。そうしたビジョンが決まっているなら、受験勉強という枠にとらわれずに勉強できる附属校はよいかもしれませんね。

もちろん、小学生のときに考えていた将来の夢が変わることもあるでしょう。それでも、将来どんな仕事をしたいかを考えることには意義があります。

一方、近年は進学校も、単に大学受験に合格するための勉強をさせるだけでなく、将来の夢や進路を考えるきっかけをつくる働きかけをしてくれるケースが増えています。例えば、大学や企業と連携して本物の技術に触れさせてくれたり、課題解決に本気で取り組ませてくれたりします。また、海外研修も語学研修という意味合いだけでなく、現地で起きている社会問題解決のために、自分たちで何ができるかを考える機会にしている学校もあります。

千代田中学校・高等学校の研究活動や、世田谷学園の探究講座、洗足学園の学習支援講座など、多くの学校で取り組んでいるので、ぜひ近くの中学校での取り組みについても調べてみてくださいね。

そもそも勉強はつらいものなのか？

「附属校に入ったらラクができる」「今、受験勉強を頑張っておくと将来ラクになる」という発想の裏には「勉強は大変なもの」「仕事も大変なもの」「できれば、やりたくないもの」という考えがあるのではないでしょうか？　そうした考えが親御さんの言葉の端々に無意識に表れ、勉強や仕事に対してのネガティブなイメージが子どもに刷り込まれ、すっかり勉強嫌いになっているということが多々見られます。

学びは楽しいもの。将来自分がやりたいことにつながるもの。他者の幸せに貢献することにつながるもの。そうしたポジティブなイメージを子どもには持たせたいものですね。そうした明るい未来を手に入れるために、「この学校ではどんな学びができるのか」という観点を、学校選びの基準のひとつにしてみてください。

3-3 共学校と男子校or女子校、どちらがいい？

×

小学校は共学だし、よくわからないから中高も共学にしよう。

BAD

実はわが子に合っていたかもしれない男子校（もしくは女子校）に気づかないまま、狭い選択肢で学校選びをすることになる。

○

いったん共学校も男子校（もしくは女子校）もそれぞれ検討し、広く見てみよう。

GOOD

選択肢が広がるので、わが子の適性や希望に合った学校を見つけられる可能性が高まる。

共学校か、男子校 or 女子校か――もちろん、それぞれに良さがありますが、最近は男子校、女子校ともに**共学化**が進む流れがあるようです。女子校は共学化し「○○国際」としてリニューアルを果たすような事例が多く見られました。中学受験とは関係ないですが、埼玉の難関県立男子校である浦和高等学校の共学化については大きな議論も巻き起こっていますね。

世の中の大半の学校は共学校ということもあり、男子校、女子校のメリットとデメリットを体感している親御さんは少ないかもしれません。そこで男子校、女子校について解説しましょう。

☑ 男子校、女子校のメリットとは？

10代は多感な時期です。この多感な時期を過ごす中学・高校生活だからこそ**異性の目**は、いい面にも悪い面にも大きな影響力を持ちます。一概に「男の子は～、女の子は～」と言えるものではないですし、個人差のほうが大きいものではありますが、男女の違いは全体の傾向として表れます。

一般に男子のほうが物事を大ざっぱに捉え、多少わからないところがあっても、とりあえず進んでみる、という傾向があります。一方、女子は思考をひとつずつ組み立てて、理解していきます。途中でつまずくところがあると、そのつまずきを解消しないかぎり次に進めない、という子もいます。

これは一例ですが、男子校、女子校のメリットはこうした男女の特徴の違いをふまえて、男子にあった指導・教育、女子にあった指導・教育をしてくれることにあります。これまで男子・女子を見てきた先生たちが集まっているので、その分、扱いも慣れているといえそうです。

異性の目がないからのびのび過ごせる

中高生の時期は、女子のほうが精神年齢は高い傾向があります。男子校、女子校で過ごせば、理解できない異性の行動をみてイライラを募らせてしまうことが激減し、学校生活が穏やかになるでしょう。男子は男子で、女子からの指摘に萎縮せず過ごせる、という考え方もできます。

異性の目がないからこそ、**自分を隠さずに出せる**ということもあります。英語のスピーチなどは、異性がいると「恥ずかしくてしゃべれない、大きな声を出せない」というケースもあります。一方で「格好悪いところは見せられない」と発奮するケースもあるでしょうが……。

趣味の分野もそうです。「これを大っぴらに言うと異性に嫌われてしまうのでは……」と話せないことも、男子校、女子校であれば言いやすく、共通の趣味をもった友達を発見しやすい、ということもあります。**「モテ」の評価軸から距離を取ることができるのが、男子校、女子校の良さ**といえるでしょう。

逆に、男子だけの集団、女子だけの集団のノリ、群れる感じが苦手、小学校でも男女関係なく友達が多いタイプの子は、共学校の雰囲気にひかれるかもしれません。

この、グループ化・群れる化に対するおもしろいアプローチを試みているのが、鷗友学園《おうゆう》女子の**3日に1回の席替え**です。「女子はグループになって群れがち」というイメージがありますが、これを毎度シャッフルすることで、広く交流を持てるようにしています。「お昼のお弁当を誰と食べるか、席をどこにするか気を使う」といったことから解放され、むしろ気が楽になる効果がある、ということでした。

異性がいないからこそ多様性が生まれる

共学校で男女がともに生活していると、学校行事の役割分担でも力仕事は男子の仕事、こまごました作業は女子の仕事、と無意識に性別での役割分担がなされるケースもあります。しかし、男子しかいない、女子しかいないことで、性別関係なくさまざまな役割に取り組み、自分では気づけなかった得意分野が見つかったり、興味や関心が広がったりすることもあります。男子校、女子校に行ったからこそ、**既存のジェンダーロール（性役割）から距離を置いた視野を持てるようになる**ということです。

「男子校は男子社会、女子校だと女子社会という感じが強まるのでは」というイメージがあるかもしれませんが、必ずしもそうではなく、その中で分担が生じ、これを通じて、キャラクターがむしろ多様になっていくともいえます。

同じ校舎に男女がいる「男女別学校」

「共学校」と「男子校 or 女子校」だけでなく、その中間のような学校が「男女別学校」です。例えば、國學院大學久我山のように、授業やホームルームは男女別だけど、部活動などの学校行事は男女共同で実施する学校があります。京華中学・高等学校、京華女子中学・高等学校は、京華商業高校とあわせて同じ敷地に3つの学校があり、交流しています。

また、逗子開成（男子校）と鎌倉女学院（女子校）のように、男子校と女子校が近くにあり、放課後、交流している学校もあります。

☑共学校、男子校、女子校、男女別学校、どれも見てみよう

ここまで、どちらかというと男子校、女子校、男女別学校をお勧めする内容になっていますが、もちろん共学校にもメリットはあります。学校を卒業して社会に出たら、当然、男女一緒に活動することがほとんどですから、中高時代から一緒に過ごすことによるメリットもあります。それこそ「高校時代のパートナーとそのまま結婚」は、男子校、女子校では、まず望み得ないですね。

学校選びで気をつけてほしいのは、親や子どもの思い込みで最初から志望校を絞ってしまうことなく、**実際に足を運んで共学、男子校、女子校、男女別学校を見比べてほしい**ということです。実際に学校まで足を運ぶことで、その印象、雰囲気に触れ、判断してもらいたいのです。

特に小学生の子どもたちは、同性だけの空間にいる経験が少ないので、男子校、女子校、

男女別学校をなかなかイメージできません。これらの学校を実際に見学することで、共学、男子校、女子校、男女別学校の特徴や違いに気がつき、学校選びの幅が広がります。

過去、「わが子は男子だけど、あえて女子校も見学してその特徴を見たい」というお母さんもおられました。すごい視野の広さですよね。初めから「わが家は共学！」と決めてしまうのではなく、**それぞれの良さを見比べてから学校を絞り込む**ようにしましょう。

3-4 子どもは自由な学校に通いたがるが本当に大丈夫か？

×

子どもが「校則などが少ない自由な学校に行きたい！」と言っている。だから、子どもの性格に関係なく親が必死にサポートして入学させる。

BAD

自由な学校は生徒を手厚くサポートせず、自主性に任せたりする。自立していない子は入学後に苦労する。

○

わが子に合う学校はどこか冷静に見つつ、自由な学校に入ってもやっていけるよう、子どもの力で勉強を進められるようにする。

GOOD

校則などが少ない自由な学校でもやっていける力があればそういう学校に受かるし、サポートが必要な子であれば、手厚いサポートのある学校に進学すればよい。

受験校を選ぶときに大切なのが校風です。中学受験校を選ぶとき、子どもが成長しやすい環境を見極めるために、校風は極めて重要な要素です。校風を具体的に理解するための指針が校則と面倒見の良さです。これらは、学校生活において「子どもがどのような経験をするか」「どのように学び、成長できるか」を判断するための基準となります。

校則について

学校の考え方によって差が出るのが校則ですね。その自由度の違いは、気になるところでしょう。校則にはいろいろありますが、特に注目されるのは「服装」「髪型」「携帯電話やスマートフォンの使用」あたりでしょうか。「登下校の道が決まっている」「校舎からの途中外出の可否」などの視点もあります。まずは、学校説明会に参加したとき、気になる校則があれば、その意図などを具体的に聞いてみてください。

校則についての有名な話といえば、麻布の校則は「鉄下駄の禁止」「授業中の出前禁止」「賭け麻雀の禁止」の三つだけ、といわれていますね。麻布に限らず、「髪がカラフルに染まっている生徒がいる」など、自由な学校ならではのおもしろさを耳にする機会があるでしょう。

ただ、「本当に自由な学校がいいのか？」という視点も求められるのではないでしょうか？　どんな子どもも「自由な学校と不自由な学校のどちらがいい？」と聞けば、「自由な学校がいい」と答えるでしょう。あえて不自由を求めることは考えにくいですよね。

でも、**校則が少ない自由な学校は、その分、生徒の自主性と責任を強調**します。入学した時点で「君たちのことを大人扱いするぞ」というメッセージを伝えられるでしょうし、あまりにもその学校の基準から逸脱する場合は、停学・留年・退学という措置が取られることもあります。その自由さにわが子が耐えられるのか、よく見極める必要があるでしょう。

面倒見の良さについて

校則と並んで親御さんの関心を集めるのが、その学校の「面倒見の良さ」です。学業や進路指導における学校のサポート体制のことですね。例えば、面倒見の良い学校には、「習熟度別クラス」「個別指導」「季節講習」「補習・補講」「自習室」「大学生チューター」「予備校の教師を招いての授業」「多めの授業コマ数」などが用意されていることがあるので、注目すべき点でしょう。

サポート体制が手厚いのは心強いですが、人によっては「ひたすら勉強させられるのはしんどい」「息苦しい」と感じるかもしれません。朝から晩までひたすら授業、終わっても特別授業。その学校に通っていれば成績が上がるのは間違いなさそうですが、そんな環境に合わなかったら苦しい学校生活になりますよね。

わが子が自分に合った範囲で、学校のサポート体制をうまく使いこなし、無理なく成績を上げていけそうか――「面倒見が良い」といわれている学校を選択肢に入れる場合は、**生徒たちが楽しく通っているか**をよく観察してから検討してみてください。文化祭なども見学してみましょう。

面倒見の良い学校は「大変なのでは？　苦しいのでは？」という話が多めになりましたが、いざ通って慣れれば「たいしたことじゃない」と思えることもありますし、むしろタフな子、しっかりした子に成長することも期待できます。わが子の性格もよく見て判断しましょう。

「何がなんでも名門校へ」だと、入ったはいいが……

名門校とされる御三家などは、一般的に校則や課題がゆるく、生徒たちの自主性に多くを任せる傾向があります。こうした学校では、**生徒が自ら考え、行動し、学習を進めてい**

くことが求められます。学校側が手厚いフォロー制度を用意して生徒を支えるのではなく、基本的には自助努力が求められるのです。**自由度が高い半面、名門校に適した生徒でなければ、その環境を十分に活かすことができません。**

親が無理に子どもを名門校に押し込もうとし、親がすべてを教え込み、親が管理して学習させる場合、子ども自身が自ら学び、成長する力が養われません。その結果、たとえ入学できたとしても、自分の力で学力を高めることができず、入学後に苦しむことになります。

ここで重要なのは、「名門校なら伸ばしてくれるから、なんとしてでも入れよう」という考えを持つのではなく、**「伸びる子になったら、名門校に入ってもやっていける」という考え方を持つ**ことです。

名門校が求めるのは、親が必死に支えないと成立しないような他人任せの学びではなく、自分の足で立ち、成長し続ける意欲を持った生徒です。大切なのは、単に学校に合格することではなく、学校が「この生徒が欲しい」と思うような、**学び続ける力を持つ、意欲的な生徒になる**ことです。つまり、まずは子ども自身が成長し、**伸びる子になることを目指すべき**です。その結果、自然と名門校にふさわしい実力がつき、そういった生徒は学校も歓迎するでしょう。

逆に、手厚いサポートを必要とする子どもには、学習面や生活面での支援が充実している学校が向いています。面倒見の良さが際立つ学校では、個別面談や進路指導、補習などを通じて、生徒ひとりひとりに応じた支援を提供しています。こうした環境は、**特にサポートが必要な子どもにとって、安心して学習に専念できる理想的な場所**となります。

最終的には「どの学校に入るか」以上に、「子ども自身がどれだけ学び続け、成長していけるようになるか」が重要です。そのためには、無理に名門校という環境に押し込むのではなく、**子どもの成長を第一に考え、最適な環境を選ぶ**ことが受験成功の鍵となるのです。

3-5 部活動を選ぶときはなぜ「人数」と「環境」が重要？

×

入部したい「〇〇部」があることを学校紹介で確認しただけで入部を決めようとする。

BAD

せっかく頑張って受験勉強をして入学したのに、満足な練習ができる環境がなく、フラストレーションがたまる。

〇

入部したい「〇〇部」があることを学校紹介で確認したら、実際に「部員は何人いるのか」「活発に活動しているのか」「設備が充実しているか」などを学校に確認しておく。

GOOD

充実した部活動を楽しめる。相乗効果で勉強にも熱が入り、文武両道を達成できる。

学校選びにおいては部活動も鍵を握ってくる要素でしょう。部活動について調べるときは「部員の数」と「環境」を確認することをお勧めしています。例えば「テニス部に入りたい」という場合、テニス部員の数とテニスコートの数を確認することをお勧めしています。

私が通っていた開成は、硬式テニス部に数十人の生徒が集まっていましたが、テニスコートは3面しかなく、新入部員は結構な時間を使って、球拾いをしているように見えました。また、グラウンドが広ければ、運動部同士で場所の取り合いをせずにすみ、その分、多くの日数を練習に費やすことができるでしょう。

以前「うちの子は地域の少年野球チームでエースなので、中高でも野球部に入りたい。できれば甲子園に出られる学校に」という相談を受けたことがあります。さすがに都内で「確実に甲子園に出られる学校」があるわけもなく、甲子園への出場歴の検索結果を本人と親御さんの前でにらめっこしながらの学校探しになりました。その結果、國學院大學久我山を受験することになりました。その子は無事に合格し、野球と勉学の文武両道に励んでくれています。中学を卒業し、高校生になってからも自習のため伸学会の校舎に通ってくれています。

☑ マイナーな部活もおもしろい

「鉄道研究部がある学校を軸に」「生物部がある学校を探したい」といった相談を受けることもあります。子どもがやりたい部活があって、そこに入ることを目標に、楽しい学生生活をイメージしながら受験勉強に臨めるとよいですね。

伸学会には、開成「マジック部」出身の講師もいます。彼は「手品部・奇術部がある学校はいい学校」と言っています。「俳句やクイズ、ジャグリング、折り紙といった、比較的マイナーな部活が存続できる学校は魅力的だ」ということでした。確かに**「珍しい文化部を作れる環境がある」「あえてそれを選ぶような生徒たちがいる」「その部活が続くようなサイクルが回る」**と考えてみると、自由な校風であることが感じ取れますね。

剣道部、柔道部、茶道部、華道部といった部活に入ることで、これらの経験を中高生のうちにできるのもよいですね。運動部の場合、野球、サッカー、バスケットボールは経験者が多くて中学からは始めにくいから、ハンドボールやラグビーといった小学生ではあまりやらないようなスポーツを選び、みんな初めての状態からレギュラーを目指す、と話してくれた子もいました。ぜひ、いろいろな学校の部活動紹介ページを見て、珍しいものがないか調べてみてください。おもしろい発見があるかもしれません！

3-6 「寮生活」という選択肢のメリットは？

×

「寮生活」という選択肢を知らない、または最初から考えない。

BAD

もし「寮生活」が合う子どもだったらもったいないこともある。

○

先入観にとらわれず、「寮生活」を進路の選択肢に入れてみる。

GOOD

志望校の「視野」が、家の近くから日本全国まで一気に広がる。

寮生活をする中学校を選択肢に入れたことはありますか？　「大学が家から遠かったらひとり暮らしを始めるのかな？」と漠然と考えている方はいらっしゃるかもしれませんが、中学生から寮生活を視野に入れている人はそう多くはないでしょう。保護者面談で話題に挙げると「そんな選択肢もあるのか！」と驚かれることが多いです。このタイミングでちょっと考えてみましょう。寮生活のメリットは、❶集中できる環境を得られる、❷自己管理能力が育つ、❸親と距離を取れるの三つです。

❶集中できる環境を得られる

都会の真ん中から、地方の寮生活になると喧騒も誘惑も一気に減りますから、学業や運動など、打ち込みたい活動に集中できます。札幌にある北嶺《ほくれい》のように一気に勉強を進めて進学実績を積み上げるというスタンスの学校もあります。

❷自己管理能力が育つ

寮生活では、自分の生活を自分で管理する必要が生じます。朝は親に起こしてもらってばかり、家で何をするにも親が声をかけないと動けない、という状態ではいられません。ともに寮で生活する生徒たちとコミュニケーションをとりながら、自分の生活をしっかり確立していく経験ができるでしょう。

❸親と距離を取れる

子どもが自分で管理する能力が育ち、親離れと自立が進む一方、親も子離れを余儀なくされます。ついついわが子の学習に口を出してしまい、トラブルが起きがちという場合は、寮生活を選択し、適度に親子の距離をとることで、お互いに平和な日々を送れます。

☑寮がある学校にもいろいろある

寮のある学校にも、さまざまなスタンスがあります。先ほど挙げた北嶺のような、学習サポートが手厚く、勉学に集中して大学合格を目指すような学校があれば、青森山田のようなスポーツの大会で名前を聞くような学校もあります。早稲田佐賀のような、早稲田大学への推薦入学（学年の半数が早稲田大学に進学）を狙える学校もあります。

親子の間の「ほどよい距離」に価値を見出す学校もあります。静岡の裾野市にある不二聖心女子では**「平日は寮で生活し、休日は家に帰ってくる」**という生活を送れます。「週末は子どもに（親に）会える」という安心感があるので、より身近な寮生活といえますね。

寮生活を選択肢に入れると、志望校の視野が家の近くから日本全国まで一気に広がります。もし、子どもに親元を離れる勇気がありそうなら、検討してみましょう。

3-7 「偏差値50」を基準にすることの「落とし穴」

×

うちの子も頑張れば「普通」の成績、つまり偏差値50ぐらいは取れるはず。そしてなんとしてでも偏差値が1でも高い中学に合格してほしい！

BAD

模試のたびに「普通」と考えている「偏差値50」に達しないわが子を見てがっかりし、追い詰められたあげく、子どもを追い詰めてしまう。

○

「偏差値50」にも「いろいろある」ことを理解している。中学校の偏差値はそのときの人気を表す「株価」に過ぎないこともわかっている。「平均以上は取れて当然」となんとなく考えることもない。

GOOD

実際に学校を見学して価値を判断し、学校を選ぶ。わが子の状況を冷静に見るための材料として模試の偏差値を利用できる。

偏差値――中学受験に向けた生活の中では、この数値が常に頭の片隅にちらつくことでしょう。

「この偏差値だから、この学校を受けるといいのかな？」
「この偏差値で、この学校を目指していいんだろうか……」
「この偏差値なのに、危機感がなくて！」

子どもたち同士が小学校で、「おまえの偏差値いくつ？」と聞き合っている場合もあるようです。大人も子どもも、**偏差値を「賢さ戦闘力」として単純に捉え、一喜一憂してしまいがち**です。ここで、偏差値と冷静に付き合う方法を改めて考えてみましょう。まずは「偏差値にまつわるありがちな誤解」をひとつずつ確認していきます。

☑ 誤解❶ うちの子も頑張れば「普通」の成績は取れるはず。つまり偏差値50くらいは……。

この考え方には三つ、ツッコミどころがあります。

ツッコミどころ❶

偏差値は模試によって違う。

試しに、SAPIX、四谷大塚、日能研、首都圏といった各模試の偏差値表を見比べてみてください。同じ学校でも、偏差値が大きく異なるはずです。SAPIXで50の学校が、首都圏模試で70だったり……！　首都圏模試で偏差値50の学校は、SAPIXでは……載っていない!?　どちらを信じればいいのでしょうか？　まず、偏差値をむやみに信じるのはやめましょう。そもそも、**偏差値は母集団の中の位置を測るもの**ですから、その模試を受けている人がどのような人たちか、によって結果が変わるのは当然です。SAPIX偏差値表のような数字が低めに出る偏差値表は、見ているこちらの視野を狭め、上しか見ないようにさせる力を持っています。載っている学校があまりにも少ないのです。

例を挙げましょう。SAPIX偏差値表の2月1日の欄だと、「かえつ有明」（共学校）の偏差値が37、「獨協」（男子校）の偏差値が34です。そして、その下には学校名がまったく載っていません。この表を見ている人は「ここに名前がない学校は、載せる価値がないのか」と感じてしまいます。

なお、首都圏模試では「かえつ有明」が偏差値61、「獨協」が偏差値60です。下にもまだまだ学校はたくさんあります。四谷大塚合不合だと「かえつ有明」が偏差値47、「獨協」が偏差値49、日能研だと「かえつ有明」が偏差値50、「獨協」が偏差値48です。

　どちらの学校も多くの生徒が憧れ、受験してきた学校です。全力で臨んで、それでもなお、悔しい思いをする子たちも見てきました。偏差値表に載っている学校が少ないほど視野が狭くなり、実情以上に苦しい思いを自らに強いることになります。

ツッコミどころ❷
偏差値は中学受験と高校受験でも違う。高校受験の感覚で見たらダメ。

「偏差値50」は、確かに「ちょうど平均、真ん中くらいの学力」ではありますが、母集団によってその「真ん中くらい」の基準が変わってきます。この**母集団は中学受験と高校受験で大きく異なる**のです。

　高校受験は日本全国の中学3年生のほぼ全員が参加する受験です。そのため、母集団は「全国の中学3年生ほぼ全員」ということになります。私は公立高校受験を目指す子たちの指導をしたこともありますが、中3の夏になって高校受験のために無料体験に来た子たちの中には、「分母の違う分数の足し算が怪しい」という子や「小学校3年生くらいまでの漢字しか実は書けない」という子が何人もいました。**そういう子たちまでも含めた受験生たちの真ん中が50**ということになります。

一方、中学受験の受験率が高くなってきたとはいえ、受けるのは首都圏で約20％の子どもたちです。日本全国でいえば約8％です。この子どもたちは**日本全国の小学生の中で学力上位の子どもたち**ということになります。受験率が高い地域に住んでいると、9割以上の子が中学受験をする小学校もあるので、この感覚がわかりづらくなるのが怖いところです。

☑ 中学受験をする子どもたちは賢い？

「中学受験をする子たちが必ずしも学力上位の子たちばかりではないのではないか？」と考える方もいらっしゃるでしょう。確かにその通りです。「中学受験生＝全小学生の上位の子たち」と言い切るのは乱暴です。「中学受験は賢い子しか始めない」というわけではありません。

しかし例えば、ある子どもが小学校3年生から通塾を始め、3〜4年の間、週に何度も塾に通い、出される大量の宿題をこなし続けた場合と、それをしなかった場合を想像してください。前者のほうが学力が圧倒的に伸びますよね。つまり、**中学受験する子どもたち**

は全員、受験勉強の過程で賢くなっていくのです。

この、**小学生全体から見ればごく一部の、長期間にわたって鍛えられた子たちの中での平均が、中学受験における偏差値50**なのです。この子たちの中で、真ん中の順位を取るのって、大変そうだと思いませんか？

スポーツに置き換えて考えてみましょう。「小3からサッカーを始めて、週に2回の練習を欠かさず、小6になったら週5で練習。チームでの練習から帰ってきたら家で自主練を怠らない」という生活をしている子たちと、「運動するのは小学校での体育くらい」という子たちとでは、運動能力に差が出てきます。前者のような子たちの中で平均的な子は、学校の体育でサッカーをやったら大活躍しそうですよね。

話を受験に戻します。例えば、法政大学第二高等学校の偏差値は72（神奈川全県模試）ですが、同じ法政大学第二でも中学校の偏差値は59（四谷大塚合不合判定80％偏差値）です。こうした数字を比較して「数字が低いから中学受験で入学するほうが楽なのでは？」と思うのは危険です。私立高校の受験指導に携わったことがありますが、合格するのは中学受験のほうが難しいと感じる学校が多いです。

親御さんは中学受験、もしくは高校受験のどちらかしか経験していないことが多いでしょう。もし高校受験しか経験していない場合、**高校受験の偏差値の感覚で中学受験の偏差値を考えてしまうと実態とはかけ離れてしまう**ことになります。その結果、子どもを追い詰めてしまったり、志望校の選択肢をいたずらに狭めてしまったりしかねないので、まず知識として保護者の方々が知っておくのは大切なことです。

中学受験の模試と高校受験の模試は、受けている子どもたちの年齢もメンバーも異なっているので、ほぼ全員が違う母集団になります。その偏差値同士を比べること自体、もともと無理がありますが、**高校受験の偏差値と比べて中学受験の偏差値は、大まかに言って10くらい低い値が出ることが多い**です。偏差値表の下のほうに行くほど、その数値の差は大きくなります。保護者は、このことをまず知っておく必要があります。

ツッコミどころ❸
その思考は「平均以上効果」かもしれない。

自動車などを運転している人に「自分はどれくらい運転がうまいと思うか」と聞くと、大抵は「普通よりはちょっとうまい」という自己評価になるようです。こういった、**なんとなく自分は平均以上の能力を持っている気がするという思い込み**を、平均以上効果といいます。実際のところ、中学受験生（とその親）全員が、初めは同じことを考えます。その中で、実際に全体の真ん中にいるというのは相当すごいことで、なかなか普通のことではないのです。

ツッコミどころ❶で触れたように、その平均の位置は母集団によって変わります。目標の基準を単なる結果の数字に求めるのは危険です。偏差値は、売り上げ目標のような明確な達成目標とは仕組みが違います。自分の行動だけで決まる数字ではありません。**大事な数字であることは確かですが、偏差値に振り回されるのは愚か**です。

☑誤解❷　偏差値50未満の中学校には、行っても意味がない。

このような考え方をする親御さんもおられます。この考え方には二つ、ツッコミどころがあります。

ツッコミどころ❶

偏差値が表すのは人気度でしかない。

今度は**学校の偏差値**について考えてみましょう。学校の偏差値は、**その模試を受ける生**

徒の中で、どのくらいの実力がある生徒だったら堅実に合格できるかを示す指標です。一般的なのは「80％の子が受かったのは偏差値いくつ」という基準です。

例えば、A中学校の入試結果が次ページの表の数字だったとすると、A中学校の偏差値は59（80％の子が受かった偏差値）ということになります。

四谷大塚のWebサイトだと50％のラインも併せて示してくれていますね。上記のA中学校の50％偏差値は57です。この数字は、併願パターンを決める上で大事な情報ですし、あとどれくらい頑張らなければいけないのかを判断する目安にもなります。

ですが、この学校の偏差値は、学校の魅力を直接表すものではありません。学校の偏差値が直接的に表しているのは、その学校の人気度です。

親御さんの多くは、わが子が受験する年度の偏差値表しか見ていないでしょう。ですから、「学校の偏差値は固定的で、あまり変わらない」と思っておられるのではないでしょうか？　しかし私たちのように毎年、子どもの進路指導を行い、継続的に偏差値表を見ている側からすると、年度によってその学校の志願者数にはバラつきがあり、偏差値は上下します。同じくらいの偏差値の学校であれば、年度によって上下が入れ替わっていることはごく普通です。学校の価値が変わらなくても、その年度の志願者がたまたま多かったか、少なかったかで偏差値は結構変わるからです。

そして、**魅力がある学校でも、その魅力に気づいている人が少なければ、志願者が少なくなり偏差値は低くなる**のです。そういう学校は、数年かけて少しずつ良い学校だという認知が広がっていくこともあり、気づいたときには大きく偏差値が上がっていたりします。第２章の最後に書いた、私の指導体験に出てきた、Ａさんの第三志望校のように。

だとしたら、そういう**みんなが気づいていないから偏差値は低いけど、実は魅力的な学校を探す**ほうが「お得」だと思いませんか？　買い物をするときに、誰もが良く知るブランド物の高級品を欲しがる方は多いでしょう。悪いことではありません。一方、「お値段以上」の高品質でコスパが良い商品がいいという方もいるでしょう。

A 中学校の偏差値

偏差値	60	59	58	57	56	55	54
合格	30人	40人	42人	40人	40人	25人	21人
不合格	6人	10人	18人	40人	60人	75人	129人
合格率	83％	80％	70％	50％	40％	25％	14％

私は、学校選びは後者のスタイルが良いと思っています。魅力的な学校を見つけたとき、その学校の偏差値がもし低かったら、それは「お買い得」な学校です。「偏差値○○以下の学校には行かせない」なんて思わず、「偏差値○○以下でこんなに良い学校があるの？　ラッキー！」と思える学校を、ぜひ探してください。

ツッコミどころ❷

高偏差値校は「つくれる」。

もうひとつ、偏差値で知っておいてほしいことがあります。**高偏差値な学校は意図的につくれる**ということです。**入試日程を増やしたり、さまざまなコースを設定して枠を分割したりするとつくれる**のです。

例えば、600人の受験生がある中学校を受験したとします。学校側はそのうちの300人程度に合格を出すとします。もし試験が1回だけであれば、その受験者のうち「300位以内の子」が合格することになり、**倍率2・0倍の入試**になります。

ところが、これを3回の入試に分けて、それぞれ合格者を200人、80人、40人と設定し、同じく600人の子が受験したとします。そうすると、1回目の入試は600人中2

００人しか合格しないので、倍率３・０倍の入試になります。**合格ラインがグッと上がる**のがわかりますか？

さらに合格できなかった４００人が2回目の入試に再チャレンジして、その中の80人が合格したとします。倍率5・0倍の入試になります。そこでも不合格になった子３２０人がラストチャンスにかけて受験して、そのうち40人が合格となったら、倍率８・０倍の入試です。

実際の入試では、1回目だけ受ける子もいれば、2回目だけ受ける子もいて、入れ替わりがありますが、ここでは話を単純にするため、この中学校へ入学を希望する子たち６００人だけが、合格するまで3回とも受験するものとして説明しました。でも、だいたいのイメージはつかめるのではないでしょうか？

さらに**「医学部進学コース」や「東大進学コース」のような上位コースをつくり、その定員を別枠にすれば、いっそう高偏差値**をつくれます。例えば、2月1日の午前に２００名の定員で生徒を募集するとして、それを「上位コース１００名」「普通コース１００名」に分割します。そして、上位コースを受けたものの点数が足りなかった子たちでも、一定以上の成績であれば「スライド合格」という形で「普通コース」への合格を出すようにします。そうすると「もしかしたら」という期待が生まれるので「上位コース」を受ける子が多くなります。

この中学校に入学したいと思って受験する生徒が600名いたとして、コースを分けなければ「600名中200名が合格できた」ことになりますが、コースを分けると上位コースは「600名中100名しか合格できなかった」となるわけです。上位コースだけ見れば、合格ラインがグッと上がるのがわかりますよね。**実際に入学する子たちが同じでも、「偏差値の高い特別コースがある学校」のできあがり**です。

確かに、このようにして入試回数を増やせば他の学校と併願しやすくなるため、受験生にとってもメリットになります。また、難関大学に進学したいという生徒のニーズに応えるために上位コースを設置するのも、受験生にとって良いことでしょう。

しかし、こうした偏差値の性質を逆手にとって、高偏差値を意図的に作っている学校もありますから注意は必要です。「偏差値が高い学校＝良い学校」と思っていると、そうした集客戦略に踊らされてしまいます。「作られた高偏差値」に振り回されないよう、わが子に合うのかどうかを重視して学校を選んでください。**学校の価値は、実際に足を運んで**

目にしなければ、結局、見えてこないものです。くれぐれも偏差値だけを頼りに「〇〇以下だから見ても仕方がない」などと、自らの視野を狭めないでくださいね。

3-8

学校選びで偏差値をどう使えばいいのか？

×

現在の子どもの偏差値を軸に、その偏差値近辺の学校をたくさん見て、それぞれの校風・条件を比べる（偏差値表を横に見ている）。

BAD

受験直前になって合格可能性が低いことに気がついた場合、焦って学校を探し直すことになる。急ぐあまり納得のいく学校探しができず、不本意な進学や、受験全落ちの結果に直面する。

○

偏差値帯をバラし、校風や求める条件を軸として学校を探す（偏差値表を縦に見ている）。

GOOD

本人の成績がどう推移したとしても、満足のいく形で受験を終えることができる。

　ここまで「校風を見て学校を選ぼう」「偏差値は学校の人気を表すものであって、わが子にとってどれだけの価値があるかを表すものではない」という話をしてきました。偏差値思考の落とし穴も確認しましたね。偏差値だけではなく、**学校の校風がご家庭の方針に合っているか、本人の性格に合っているか、という点をしっかり考えて探すのが大事**です。

　ただ、偏差値はもちろん無視できない大事な情報です。偏差値を正しく適切に使えば、わが子の意欲を高めた上で、安心して受験にのぞめるようになります。

☑偏差値表を横に見ると失敗する

　偏差値の使い方で、よくやってしまいがちな間違いは「わが子が取った偏差値の学校を探す」というものです。「わが子の模試の偏差値は50だから、偏差値50近くの学校を見て回ろう」ということです。いたって普通のことに思いますよね？　ですが、これこそが間違った選び方なのです。主な理由としては以下の3点が挙げられます。

理由❶

大事なのは6年生になってからの平均偏差値だが、4～5年生の学校探しのタイミングではわからない。

偏差値は変動するものです。最終的に大きく伸びて志望校に達するかもしれませんし、ずっと伸び悩むかもしれません。下がっていってしまうかもしれません。最後まで大きな波を繰り返し続けるかもしれません。偏差値が変わるたびに学校を探していたらキリがありませんね。そこで志望校の決定に使う材料は、6年生1年間の平均偏差値です。

一方、志望校を探すのはもっぱら4～5年生のころです。しかし、この時期の偏差値をもとに学校を探したとしても、その後、偏差値が変動する可能性はいくらでもあります。上方修正するならうれしい悲鳴ですが、下方修正する場合は苦しいものです。

6年生の後半になってから「昨年見た学校は厳しいから、偏差値帯を下げて学校を探す」となると、「退却感」がまず嫌な感じですし、そういう気分で見た学校は、どれもどこか微妙な感じがして、みすぼらしい学校に見えてしまいます。ですから、**校風や環境をもっと冷静に、客観的に見られる4～5年生の時点で、下に広く見ておいたほうがよい**のです。

理由❷

同じレベルの学校ばかりの過去問対策はつらいのでモチベーションが下がりやすい。

６年生の後半になって過去問に取り組んでみたとしましょう。するとどうなるでしょうか？

「偏差値50のA中学の過去問を解いたが、合格点まであと30点足りなかった。『なかなか大変かな？』と思って、偏差値50のB中学の過去問を解いたが、こちらも合格点まであと30点足りない……」

こういう状況が続きます。そんな中で、常に「今度こそ！」と食らいつく気持ちも欲しいですが、人は「点数が足りない」「負け」とわかる状況が続いている中で、ずっと意欲を高く保つのは難しいものです。

そもそも、80％偏差値に届いていたとしても、合格者の最低点はそう簡単に取れるものではありません。過去問を10月に解いたとして、その合格者最低点は、２月の本番のもの。４か月分の成長の先にある点数なのです。

過去問を使って実践演習するときも、自分の持ち偏差値より低い学校、安全を期した学校があったほうが、モチベーションを保って練習できます。「ここなら合格点が取れた！　次のこの学校はどうかな⁉」と**成功を積み上げていく感覚が、本人の意欲と成長につながる**のです。

理由❸
同じレベルの学校ばかりが続く受験日程は実力を出しづらい。

中学受験の受験日程は、過密スケジュールです。特に首都圏、東京や神奈川の場合は2月1日に始まり、2月5日まで受験日程が詰まっています。その気になれば2月1日から2月5日までフル回転し、午前と午後の試験全部を受け、10回受験することすら可能です（お勧めしませんが）。

この**忙しく、厳しい受験日程を乗り越えるのに必要なことは、早めに合格を取る**ことです。

想像してみてください。2月1日と2月2日、午前も午後も頑張って4連敗。期待しながら見る結果発表は毎回不合格。そんな中、家族みんなで必死に応援して2月3日に向かうも、本人の表情はどこか暗い……。こんな状況から合格するのは難しいです。**合格がないまま連戦を続けても、勝率は下がっていく一方**なのです。

そこであわてて、2月3日以降の日程になってから本来の「安全校」を急遽差し込んでも、それまで不合格を続けた子は、気持ちの面で合格できるか不安になっています。もしそこで落ちたら、さらなる安全校を探さないといけなくなって……想像するだけで苦しい退却戦、撤退戦ですね。こうなってから、「2月3日に急遽差し込んだ安全校を、2月1日に受けていれば確実に取れたのに……」と嘆いても遅いのです。入試日程にやり直しはありません。

追い込まれた状況から、輝かしい逆転を見せる子もいるにはいます。しかし「わが子には逆転できるタフさがあるぞ！」と確信を持って言い切れるでしょうか？　日ごろ、明るい調子で何事も笑い飛ばすような男の子であっても、本番の不合格はこたえるものです。どうなるかわからないからこそ、安心を重視した受験日程にしましょう。

私の塾では、「2月2日までに、できれば2月1日のうちにどこか1校は合格を取れるよう受験日程を組むように」という話をしています。進路面談でも、その方針で受験日程を相談するようにしています。

早めに合格を取り、安心した状態で、攻めの姿勢で入試を進められれば、模試では届かなかった偏差値の学校に届くこともあり得ます。

私の指導経験でも、そのような「逆転合格」を目にしてきましたが、逆転合格した生徒に共通しているのは、受験日程の早い段階で合格を確保し、のびのびと実力を発揮し切ることができたという点です。

☑ 偏差値は安全を確保するために使うが諦めるためではない!

ここまで偏差値表を下に広く見ること、安全を確保することを強調してきましたが、ぜひ上にも広く見てください。

「この志望校は今の偏差値より10も高いので、やめたほうがいいでしょうか?」
「この第一志望校、偏差値が足りないので諦めたほうがいいでしょうか?」
「偏差値が届かなかったら、この学校を志望するのはやめようか?」

というセリフを聞きますが、見切りを早くつける必要はありません。そもそも、皆さんが一番よく目にする偏差値表は80%偏差値でしょう。80%偏差値は「絶対はないけれど、だいぶ安心」というものです。他にも、50%偏差値というものも存在します。50%偏差値は「本番、勝てるかどうかわからないけれど、勝負はできる」ということです。ここで、諦める基準として80%偏差値を使うのはおかしいですよね。「この学校の合格が確実ではないから、チャレンジ自体をやめよう」といっているようなものだからです。第一志望校の偏差値は、届いていないことのほうが普通です。恐れずチャレンジしましょう。

ただ、安心してチャレンジするには合格が必要です。80％偏差値で見たとき、自分の持ち偏差値が超えている学校を早めに受験することです。そうして「全落ち」のリスクを減らしておくのです。どこで合格を確保し、安全に受験を進められるようにするか――その答えを出すためにこそ偏差値を使うのです。

☑学校探しのコツはそれぞれの偏差値帯の中でお気に入りを探すこと！

では、具体的な学校探しのコツをお教えしましょう。まず、模試の偏差値表を見ます。できれば、学校がたくさん載っている首都圏模試センターの偏差値表がよいでしょう。そして、それを10ずつ、５ずつに区切っていきます。それぞれ区切った中で、一番のお気に入りを探すのです。

これまでお伝えしてきた校風を意識しつつ偏差値表を縦に見ていくと、どの校風の学校も縦に広く存在していることがわかります。気に入った学校があったら、それに近い校風の学校を、他の偏差値の高さで探してみましょう。

「偏差値75～70なら○○中学が一番いいかな」「70～65なら□□中学！」「65～60ならここかな」「40～35なら☆☆中学だね！」と、それぞれの偏差値帯でのベストを発見するつもりで学校を見ると、フラットな視点でその学校の良さを発見できるでしょう。

☑偏差値は「親が子どもを追い詰める」ためではなく「本人が追い求める」ために使う

最後に、誰がどのように偏差値を気にすべきなのかを確認しておきます。「偏差値が足りない」「偏差値を上げなくては」と気にして行動すべき人は本人です。親ではありません。

「この偏差値を切るようなら中学受験をやめる」
「この偏差値以上の学校に受からなければ意味がない」

といった恐ろしいセリフを使って子どもを動かそうとする親が世の中にはいるようです。ですが、結果、実績だけを求め「それに達していないならやめろ」と迫るのは、パワハラ的手法です。できるだけ早くやめるようにしましょう。

とはいえ、志望校に偏差値が届いていない状況をよしとするわけではありません。親が急かして追い詰めるのではなく、本人が追い求めるところを親は見守るのです。「どうすれば届くかな?」という課題に、わが子が試行錯誤しながら立ち向かう姿を、後ろからそっと見守るのです。そして、わが子が安心して戦えるよう安全を確保することに心を配るのです。

「この学校にはまだ偏差値がいくつか足りていないけど、それでも合格を目指すためにできることはあるかな?」

「まだ80%偏差値には届いていないけれど勝負はできる。安全な合格を確保した上で挑戦できるようにしよう!」

目標を追い求めるのは本人の仕事で、安全を確保した上で応援するのが親の仕事なのです。

3-9 少しでも偏差値が高い中学校がいい？

×

少しでも高偏差値でレベルが高い学校に入ったほうがより上を見るようになる。子どもの目標も高くなり、モチベーションが上がるはずだ。ギリギリでも入れれば、そのあとはなんとかなるはず……。

BAD

入った後、周囲の学力レベルについていけずに苦しむ。

○

わが子が志望校にギリギリで入ることが適しているのか見極める。「合格すればそれでよい」わけではなく、入学してからのほうが大事であることを理解している。

GOOD

偏差値が低くても、その中学で上位にいたほうが頑張れる子は多い。逆にギリギリの合格でも、入学後も頑張り続ける姿勢があれば活躍できる。どこの中学に入ったとしても、入学後に頑張れるかが大事。

「少しでも偏差値が高く、レベルが上の中学に入ったほうがより上を見るようになる。子どもの目標も高くなり、モチベーションが上がるはずだ」という考え方を聞くことがあります。確かにその通りです。私が通っていた開成は、誰もが自然と東大を目指す空気ができあがるので、東大受験を「自分には難しい雲の上のこと」とは思わなくなります。クラスメイトが作る、**高い「当たり前の基準」に乗っていければ、良いペースで高い目標に向かっていける**でしょう。

ただ、誰もがそううまくいくわけではありません。

先ほど例に挙げた開成の話ですが、「東大を目指すのが普通の流れ」とはいいつつ、実際に合格して進学するのは、学年400人のうちの100人ちょっと。人数としては多いですが、全体の4分の1ですね。**授業についていけない苦しい状態だと、周囲の高い「当たり前の基準」と自分とのギャップに傷つく日々**が続きます。

かくいう私も、中学受験が終わって気がゆるみ勉強をサボったところ、中1の1学期でクラス最下位に近い成績を取ってしまいました。そして、勉強へのやる気をすっかり失いました。

人が物事に、前向きに取り組むためには「これならできる」という気持ち、自己効力感を持つことが必要です。環境が与えてくれる「当たり前の基準」に追いついていける自信を持てるかどうか、注意が必要です。100点満点のテストで、毎回70点くらいが取れる状況なら、これを100点にするための意欲も湧いてきますが、これが毎回20点とか30点といった状況から「やれるぞ！」「がんばりたい！」と奮起するのは辛く難しいものです。

「鶏口」が良いか「牛後」が良いかはその子次第

このとき話題になるのは、「比較的入りやすい学校に上位で合格する」のと「入るのが難しい学校に下位で合格する」のとどちらが良いかということです。「鶏口となるも牛後となるなかれ」という言葉がありますが、教育経済学の研究によれば、この言葉は真実であることがデータで示されています。「小さな池の大魚効果」と呼ばれています。

ある学校の中で上位（鶏口）にいる子は、追い風を受けて学力が伸びやすくなります。その理由はすべてが解明されたわけではありませんが、どうやら**自信を持てること**が要因のひとつになっているそうです。**気分良く勉強していくうちに、成績が伸びていく**ということです。一方で、ギリギリで合格し、その学校の下位（牛後）に位置すると、向かい風にあい、学力が伸びにくくなります。鶏口の逆で、**自信を喪失してしまう**ことが理由のひとつです。

もちろんこうしたことは平均的な傾向であって個人差はあります。上位で入学したはずなのに、どんどん成績が下がっていく子もいれば、ギリギリで合格したのにどんどん他の子を追い抜き、上位に駆け上がる子もいます。どちらのケースでも、**入学後も勉強を続ける意欲や心のあり方**が問われています。

6年間の成功を占うのは、入学時点での成績ではなく1年目最後の期末試験の成績

「小学校6年間の成功を占うのは、中学入学時点での成績ではなく、中1最後の期末試験の成績」という言葉は、開成学園で校長をしていた柳沢幸雄先生（現・北鎌倉女子学園学園長）が語ってくださいました。**中学に入った時点での成績より、最初の1年間で生活と学習のリズムをつかめているかどうかが大事**ということですね。

第一志望の中学に入ったことに満足して歩みを止めてしまうわけでもなく、第一志望ではない中学に入ったことで絶望し、学びをやめてしまうわけでもなく、**中学受験を経て身につけた学習習慣を、坦坦と維持できるかどうか**が大事ということです。

ギリギリでの合格にも二つある

ギリギリの合格でも、入った後に燃え尽きてしまうような合格か、ギリギリで入れたうれしさを胸に入学後も努力しようと心躍らせて入るような合格かで変わってくるということです。「難関校に入れればそれでいいから……！」と、親が頑張らせて無理をして入れると、苦しい環境の中で子どもが燃え尽きてしまいます。逆に、**本人が自分の全力で受験に臨み、なんとかつかみ取ったギリギリの合格で、「ここで頑張りたいんだ！」と燃えている状態で入学できれば、その後も活躍**できます。

事実、ギリギリの点数で合格したにもかかわらず、入学後、学校で積極的に活動し、学業でも学校生活でも大活躍している子の話を聞きます。そういう子は受験勉強を通じて、すでに中学校での生活の準備ができているのです。

どこに進学するにせよ新生活に希望を持って入学できるような声掛けを

受験はゴールではありません。ここまで書いてきたとおり、入学後、どう過ごしていくかのほうがずっと大切です。「この合格が正解」「この不合格が不正解」と決まっているわけではありません。むしろ、**受験を通じてつかみ取ったものをどう正解にしていくか**のほうが重要なのです。そして、中学受験を通じて手にしてほしい力というのは、この入学した学校、決まった進路を自分の力で正解にしていく力のほうなのです。

Column2

公立中進学も中学受験撤退も「負け」ではない

私が経営する伸学会は中学受験専門塾ですが、伸学会を創業する前に働いていた２社は両方、高校受験も中学受験も指導している塾でした。むしろ高校受験のほうがメインで、中学受験部門のほうが少数派。中学受験する子の割合は都内でも３割なので、部署として高校受験のほうが大きくなるのは当然かもしれませんね。

そうした会社で働いていたので、私は高校受験する中学生を指導した経験もあります。その生徒たちの中に、中学受験と高校受験の両方で教えた子たちが数名いました。その中で特に記憶に残っているのが、中学受験で2月の入試に全落ちして公立中学校に進学した子と、中学受験は合わないということで5年生のときに撤退し、公立中学校に進学した子です。

2月の入試で全落ちした子はもともと「中学受験がしたいから」ではなく、「勉強が好きだから、もっとおもしろい勉強がしたい」ということで中学受験を始めた子でした。そのため、本人もご家庭も「何が何でも私立の学校に進学」というつもりはなく、行きたいと思った学校を数校受けて、それでダメなら公立に進学と決めていました。

私は基本的にそういう受験プランはお勧めしていません。不合格が続くと不安で頭が働かなくなり、力が出せなくなってしまう子が多いためです。でも、その子の場合は、公立中学校に進学することに対してネガティブな気持ちはまったく持っていなかったし、1月に練習として受けた学校で合格も取って自信もつけていたので「それならば」と応援しました。

結果は残念ながら不合格。そして予定通り公立中学校に進学しました。中学受験が終わってからは、気持ちを切り替えてすぐに英語の勉強を始め、もともと得意だった算数・数学に加えて英語も武器にして、中学校3年間、優秀な成績を取り続けました。最終的には中学受験のリベンジを果たし、開成高校に進学しました。

もう1人の子は、5年生で中学受験を撤退した子です。5年生だった当時はまだ精神的に幼い子でした。お兄ちゃんが中学受験をしていたので、ご家庭は弟もさせようと当初は考えていたのですが、この子には向いていないなと冷静に判断されました。無理にやらせようとしなかったのは、ご家庭のファインプレーだったと思います。

ご家庭も、本人に挫折感を与えないよう上手に対応して、気持ちを高校受験に切り替えさせました。そして、早々に英語の勉強を始めて、中学校に入るころには、かなり英語の学習が進んだ状態をつくることに成功しました。

この子も優秀な成績をキープして、高校受験では法政大学第二高校に進学しました。宿題をしっかりやることができなかった小学生時代とは打って変わって、中学生になってからは毎日のように塾に自習にやってきて、コツコツ勉強していたのが印象的でした。

どちらのケースにもいえることは、ご家庭の対応がとても上手だったことです。「不合格になったら負け」「中学受験撤退は負け」といった価値観を子どもに植え付けず、進路選択のひとつとしてフラットに公立中学校進学を位置づけていたため、子どもは挫折感を抱いたり、自信を喪失したりせずに済みました。そして**すみやかに方向転換して、次の目標である高校受験に向けたスタートを切れた**のです。

「どこの学校に進学するかではなく、進学した後が大事。進学した学校を正解にするための行動をしよう」——この心構えをあらためて強調しておきたいと思います。

第4章

受験を快適に乗り切るための塾との付き合い方

塾、どうしましょう？
さっき見つけた御三家にたくさん受かってる塾ダメなんですか？
その塾がダメなのではありません
合うか合わないかうまくやっていけるかを見極めずに決めるのがダメなんです
例えば教材やプリントの管理を親がしっかりやり切る必要があるとしたらどうです？
うっ。。。
うちは共働きだし全部しっかり管理はちょっと…
そういう場合は
〇〇塾
『学習は塾で面倒を見るからご家庭は生活管理に徹して』
というスタンスの塾を探してみましょう
なるほど
わが家の生活スタイルに合った塾を探せばいいのですね

ところで最近個別指導や家庭教師の広告も見かけたんですが
これってどうなんですか？
個別指導で成績
家庭教師
集団授業、個別指導、家庭教師にはそれぞれメリットとデメリットがあります
でも一番大事なのは自分の子どもに合うかどうかです
○○スクール
ここではわが子にはどんな塾どんな形態が向いているのか
判断するために必要な知識をお伝えしますね！
お願いします

4-1 塾がたくさんあって どう選べばいいかわかりません

×

とりあえず家から一番近い有名塾に入塾させる。

BAD

子どもの学力や性格、親がどこまで関与したいかなどを考えずに入塾させると、子どもとの相性が悪い場合、授業についていけなかったり、ものたりなかったりして学習効果が低い。親との相性も悪いと最悪。

○

子どもの学力や性格、親がどこまで関与したいかなどを考えて入塾。

GOOD

子どもと塾とのミスマッチが発生しにくいので学習効果が高い。「安かろう、悪かろう」の個別指導や家庭教師に依頼することも避ける。

ご存じのように、世の中には塾がたくさんあります。東京都には、大手から中小まで合わせて、なんと5、000軒近くの塾があるそうです。お隣の神奈川県にも、4、000軒以上の塾があります。

これだけあれば、きっとあなたのお子さんに合う塾もどこかにあるはず……とはいえ、片っ端から体験授業を受けて試すというわけにもいきませんよね。

候補を絞り込むためのポイントをお話しするので参考にしてみてください。塾選びのポイントは２つ「学力の観点」「性格の観点」です。

1 学力の観点

塾を選ぶときに、**わが子の学力に合うかどうかは、なんだかんだいって大事なポイント**です。

- その塾の上位20％に入れる力があったらプラス１ポイント
- その塾の下位20％に入ってしまうようだったらマイナス１ポイント
- その塾の真ん中あたりだったらプラスマイナス０

と思って、その塾がわが子に合う度合を評価しましょう。上位20％というのは、だいたいその塾の模試で偏差値58くらいの成績です。塾の模試は、塾ごとにさまざまで「入室テスト」「公開組み分けテスト」「公開模試」など名称もいろいろですが、そういった各塾が主催する模試を受ければ、その塾の中でのお子さんの位置づけがだいたいわかります。

もし、1学年が何クラスもあるような大手塾に子どもを入れようと思うのであれば、この「上位20％（偏差値58）」がクリアできると安心です。なぜなら、**塾はそのレベルの生徒をターゲットにカリキュラムを作る**からです。

大手の塾はどこも自塾で教材を作成し、独自のカリキュラムで授業をしています。合格実績をより出すため、カリキュラムの改善も日々行っています。そう、カリキュラムは「合格実績を出す子たちのため」に作られるのです。

だから、あなたの子どもが上位20％に入れる力があるのであれば、塾は子どものためにベストなカリキュラムを作ってくれます。きっと気持ちよく勉強し、能力を伸ばしていくでしょう。逆に、もし成績がその塾の中で中位であれば、**できる子に合わせた速いスピードで進むカリキュラムに追いつくのがけっこう大変**になってきます。

下位のほうの成績になってしまうと、現実的にいって「頑張っても、とても追いつけない」という状態が続いてしまう場合が多いので、苦しい数年間を過ごすことになります。

ですから、例えばあなたの子どもが、ＳＡＰＩＸであともう少しで$α$に入れる成績、具体的にはＳＡＰＩＸ自由が丘校でいうところのＰかＱあたりのクラスであれば、早稲田アカデミーや日能研で成績優秀者になるほうが、自分に合ったペースで快適に勉強できるということです。

すべての中小塾で面倒見が良いわけではない

中小塾だと、教材やテストを自社では作成しておらず、大手の作った教材を使用しているところが多いです。ですから、その塾の中で上位・下位ということではなく、**その塾の採用している教材やカリキュラムに準拠した模試で、どれくらい成績が取れているかを見て、カリキュラムの速さが合っているかを確認**してください。

少人数制の中小塾だと、生徒に合わせて柔軟に対応してくれるので、大手塾でついていくのは学力的に心配、という子は、面倒見が良い中小塾を、お近くで探してみるとよいのではないでしょうか。

なお、中小塾は必ず面倒見が良いか、というとそういうわけでもなく、ゴリゴリのエリート主義で、できない子を振るい落としながら、ものすごいスピードで進んでいく塾もあります。少数精鋭で、卒業生に対しての合格実績が抜群の塾は、卒業まで生き残れなかった子が多いというケースもあります。例えば、宮本算数教室などは有名ですね。入塾した子のうち、どれくらいの割合が最後まで生き残るのかを聞いておきましょう。もちろん、勉強が得意な子が、わかった上でそうした塾に飛び込んでいくのはアリです！

逆に、面倒見の良さを売りにしている中小塾だと、成績下位の子たちに手厚くしすぎで、逆に上位の子がほったらかしにされる危険もあります。どんなカリキュラムで授業が進むのか、成績に差がある生徒をどうやって指導しているのかくわしく聞いてみてください。

ちなみに、伸学会のケースだと『新演習』という、首都圏の中学受験生全体から見るとちょうどよいレベルのテキストを使用しています。このテキストは、ＳＡＰＩＸの教材に比べると進度はゆっくりで、内容も簡単です。ですから、勉強が得意な子にとっては物足りない内容になっています。そこで、できる子たちには、各科目担当が別に教材を用意して、ハイレベルな分野まで練習できるようにしています。ときには『中学への算数』のような、しっかりと難問が並んでいる本を購入いただくこともあります。

進度の速いテキストを標準にして、ついてこれない子たちに「君たちはこっちの教材をやろうね」と簡単なものを渡すのは、本人たちのプライドが傷ついてモチベーションの低下につながります。それよりも、**進度がゆっくりしたテキストを標準にして、余裕がある子たちに「君にはもっと楽しい教材をあげるよ」と追加で渡したほうが、名誉にもなってモチベーションアップにつながる**と考えています。

中小塾は数が多く、個性的なところも多いです。子どもに合うところが見つかれば最高ですが、「だから生徒が集まらなくていつまでも小さい塾なんだよ！」と言いたくなるようなひどい塾もあるので、「地雷」を踏まないように、しっかりと塾の説明を聞いて選んでくださいね。

☑ 個別指導や家庭教師は「安かろう、悪かろう」

学力的に心配な場合には、少人数制の中小塾ではなく、個別指導や家庭教師を選択するという道もあります。「その塾で上位20％に入れるか？」という基準は、個別指導塾や家庭教師ならまったく関係ありません。

仲学会の校舎がある自由が丘・目黒近辺ですと、トーマスやSS－1、TESTEAといった個別指導塾があります。大手の系列だと、プリバート（SAPIX系列）、ユリウス（日能研系列）などもありますね。こういった塾は、あなたの子どもに合わせたペースで指導してくれるでしょう。

仲学会は個別指導が満席で新規入会をお断りしなければいけないことが多く、そういったときは近所にあって評判の良いTESTEAとか、YouTuber仲間であるユウシンさんのGrowyなどをお勧めしています。

なお、個別指導や家庭教師を選ぶのであれば覚えておいてほしいことがあります。**個別指導や家庭教師は「安かろう、悪かろう」**ということです。

その先生の給与は、生徒の授業料で支えられています。集団授業であれば数十人で支えるところを、個別・家庭教師であれば数人で支えることになります。そうなれば当然ですが、授業料は高くなります。

優秀な講師を採用し、自塾にふさわしい授業をしてもらうための教育もちゃんと行っている塾であれば、なおさら安くはなりません。高くてもダメな個別指導や家庭教師はありますが（本当にひどいところも多い！）、**安くて良いところは、まずない**と思ってください。

ここだけ注意したら、あとは必要とされる質を考えて決めましょう。受験直前の６年生と、まだまだ幼い３～４年生くらいでは、先生に求められる質が違います。３～４年生の子を教えるのにふさわしいのは、入試問題をばりばり教えられる学力の先生よりも、子どもを楽しく盛り上げられる先生だったりします。

高い授業料を出して、すべてを兼ね備えた先生に担当してもらうのもよいですが、すべてを兼ねているわけではないけれど**一番欲しい力はちゃんと持っている先生に、お手ごろな授業料で担当してもらう**のもよいのではないでしょうか。

2 性格の観点

わが子に合う塾かどうかを考えるのであれば、塾が学力に合うかどうかだけでなく塾が性格に合うかどうかも重要です。同じ塾でも担当の先生が違えば、その先生の性格に合うかどうかはわかりません。子どもと先生との相性も考える必要があります。加えて、塾自体と性格が合いそうかという点も考えなければいけません。ここでは塾との相性についてお話しします。

☑「努力」を信頼しているか

さきほど、学力がその塾の上位20％に入れるとプラス1、下位20％だったらマイナス1とお話ししましたが、下位20％に入ったら絶対にダメというわけではありません。しょせんは「マイナス1」です。下位のほうからスタートしても、周囲を追い越してクラスを上げていく子はもちろんいます。伸学会でもこれまで、「集団授業は大手塾に通っている」という子を個別指導でお預かりしてきました。その経験から言い切れるのは、**最初は下のほうのクラスからスタートしたのに、そこからはい上がっていける子は「努力ができる子」だけ**です。これについては親御さんも特に異論はないでしょう。では「努力ができる子とはどんな子か？」ともう一歩踏み込んでみましょう。それは**努力を信頼している子**です。

少し心理学的な話をすると、人は「クラスアップ」のような目標があったとき、2つの心理的ハードルをクリアしなければ頑張れません。ひとつは「これだけ勉強をすれば結果は得られる」と信じられるか（結果期待といいます）ということです。もうひとつは「これだけの勉強を自分はできる」と信じられるか（効力期待といいます）ということです。

ざっくり説明すると、「やったって、どうせ成績なんか上がらないしー」（結果期待×）

とか、「やれば成績は上がるんだろうけど、そんなにやるのは自分には無理！」（効力期待×）などと思っていたら、頑張る気力はわいてこないということです。あなたの子どもは「やれば上がる」「自分はやれる」と考えているでしょうか？　「自分は努力をして結果を出せると信じている」でしょうか？

もし、この質問の答えがどれも「ＹＥＳ」であれば、成績下位からあがっていくこともできるかもしれません。入会テストの結果、仮に下位のクラスからのスタートとなったとしても、「下剋上」にチャレンジしてみてもよいのではないでしょうか。

勉強以外での成功体験がある子は伸びやすい

もし、自分の子どもが伸びるメンタルを持っているかどうかわからなかったら、勉強以外の習い事でお子さんに成功体験が多いかを思い浮かべてみてください。伸びるメンタルは、成功体験の積み重ねで育つからです。例えば、サッカーや野球などで頑張ってレギュラーを勝ち取った、練習を頑張ってバレエやピアノの発表会でうまくやれた、そういった経験です。このような経験がある子どもは、勉強でも戦える子が多いです。

逆に、お子さんのそういう「努力→勝利」の経験を、親のあなたが思いつかなければ、子どもにそういうメンタルはないのが普通です。「他の子を追い越してクラスアップできるような圧倒的な努力」は期待せず、子どもが成績上位になれる塾を選択したほうが無難です。そして「他の子を追い越す圧倒的な努力」ではなく、「昨日の自分を超えるちょっとした努力」ができるようにサポートし、小さな成功体験を積ませていきましょう。

内気なタイプか？　社交的なタイプか？

能力アップには、授業への積極的な参加が欠かせません。教室の中で気配を消して座っているだけでは、自宅で映像授業を見ているのと変わらないわけです。自分の考えたことを発表できるか、わからないことを質問できるか、これらは、とても大切なことです。

このようなことが苦手なもじもじ系の内気な子であれば、**クラス替えがしょっちゅうある塾は要注意**です。先生もクラスメイトもコロコロ変わるから、慣れるまでは発言も質問もできない、なんてことになってしまうと困りますよね。

伸学会の塾生の保護者の方からは「義理堅い性格の息子は『○○先生の期待に応えたい』『同じ顔ぶれの仲間に会える』ということが、通塾の大きなモチベーションになっています」という声をいただいたことがあります。

このような子は結構多くて「**クラスの居心地が良いこと、クラスが安心できるということが大事な要素だった**（親が最初に思っていたよりも）」と保護者の方に言われることは多いです。周囲の人になじむのに時間がかかるタイプの子にとっては特にそうです。

ですから、内気なタイプの子は、例えば同じＳＡＰＩＸであっても、αだけで６クラスあって入れ替わりが激しい自由が丘校よりも、小規模でクラスの上下が少ない校舎の方がおすすめです。

逆に、物怖じしないタイプで、「自分よりすごい子と一緒に勉強して刺激を受けたい！」と思うような子は、自由が丘校のような大規模校舎がお薦めです。スポーツなどの習い事をしていて、メンタルが鍛えられており、闘争心のある子どもにとっては、早稲田アカデミーのような、会社全体で熱血な先生を育て、情熱的に生徒を指導していく方針の塾だと心地よいかもしれません。一方、内気なタイプの子は引いてしまう可能性も高いです。このあたりも、わが子はどういう子なのかをよく考えてみてください。

4-2 塾と家庭のスタンスは揃っているか？

×

お友達の○○さんが良い塾って言ってたからここにしよう！

BAD

塾のスタイルと家庭のスタイルがかみ合わずストレスフルに。子どもも勉強に集中できず成績が上がらない……。

○

まず「わが家はどんな家庭か？」を考える。子どもにどんなフォローができるか、それを踏まえて塾を選ぶ。

GOOD

家庭と塾が上手に補完し合って、子どもをうまくフォローできる。子どもは適切なフォローを得て急成長していく。

塾選びで「塾がわが子に合うか」以上に重要なのが「塾が親に合うか」です。中学受験する小学生は、まだまだ精神的に未熟で、大人のサポートが必要不可欠です。大学受験する高校生に比べて、大人のサポートの重要度は圧倒的に高いです。ですから、世間では「中学受験は親の受験」といわれるくらい、親御さんの負担が大きくなることもあるのです。**この負担をどこまで親が自分たちで背負うか、どれくらい塾にサポートしてもらうかが、良い中学受験ができるかどうかの大事なポイント**になります。

まずは、中学受験でサポートが必要になる可能性がある項目をリストアップしてみましょう。

❶「わからないこと」のフォロー

塾で授業を聞いているのだから、そこで習ったことはちゃんと理解して、覚えて帰ってくることを期待する親御さんは多いです。しかし、それができない子もたくさんいます。カリキュラムの難しさ、進む速さは、成績上位の子に合わせて作られるので、成績下位層だけでなく、**偏差値50前後のボリュームゾーンである子どもたちですら、授業で習ったことをよくわかっていない**なんてことが普通に起こります。そうしたときはもちろん、わからないことを再度教えてあげる必要があります。

でも、これは誰がやるのでしょうか？　塾によっては授業の前後で質問ができます。さらに手厚い塾だと、自習室があって、そこに無料で質問できるチューターの先生がいて、塾のない日には自習室で先生に質問しながら進められたりします。当然、自習室には賃料が、チューターには人件費がかかるので、塾はその費用をどこかでいただく必要がありま す。そういう手厚い塾は、その都度利用料を請求されないだけで、手厚さの分まで基本の授業料に含まれており、高めの授業料だったりします。でも、そうしたサービスをフル活用するのであれば、トータルでお得と考えていいかもしれません。

一方、こうしたフォロー体制がほとんどなく、「わからないところは、親御さんがご家庭で教えてください」という塾もあります。質問はできるものの、対応してくれる先生の数が少なくて大行列。30分以上待たされるので、**だったら家で自分（親）が教えたほうがよい！　となる塾**もあります。

❷教材の管理

現在、関東の中学受験界で最も合格実績が良いＳＡＰＩＸは、授業の都度、その日の教材（小冊子）が配布されます。復習で必要なとき、**この小冊子をスムーズに取り出せるように整理・管理しておくのはなかなかの労力**です。自己管理できる優等生だったらよいのですが、多くの子どもは、任せておくと行方不明が多発したり、探し出す時間がかかりすぎて肝心の勉強時間がなくなったりします。あなたの子どもは、机を整理整頓できていますか？　おもちゃなどはきちっと片付けられるタイプですか？　もし学習机や子ども部屋が散らかっているようなら、教材の自己管理は期待できません。親の仕事になるでしょう。

❸自分の弱点の分析

わからないところを子どもが質問してくれるのはまだよいほうです。私たちは子どもから質問があると大喜びします。なぜなら、実際には子どもはなかなか質問してくれないからです。その理由は「めんどうだから」というのがひとつ。そして「自分はわかっていない、ということがわかっていない」というのがもうひとつ。

ですから、私たちは生徒の提出する宿題ノートや小テストやカリキュラムテストのできをチェックして、**子どもがちゃんとわかっているかどうかを分析**します。勉強というのは積み重ねが大事です。土台がしっかりしていないと上積みできません。ですから、**わかっ**

ていない部分を見つけたら、早めに手を打っていく必要があります。

❹スケジュールの管理

中学受験の学習量は膨大です。漫然と取り組んでいると時間がまったく足りません。ですから、スケジュールを立てて効率よく進めていく必要があります。スケジュールを立てることは、モチベーションアップの観点からも重要です。人間はやらなければいけないことを先延ばしにしてしまいがちなもの。あらかじめ、いつから何をやるかを決めておくことで、それを実行できる確率が格段に上がります。

では、**このスケジュールは誰がどうやって立てる**のでしょうか？　小学生の子どもに「ちゃんとスケジュールを立てなさい！」と言っても、多くの場合まともなスケジュールは立てられません。時間の見積もりが甘く、非現実的なスケジュールができあがります。

しかし、親がスケジュールを決めて「この通りにやりなさい」と言っても、子どもは押しつけられたと感じて言うことを聞きません。あなたのご家庭でも、学校の宿題やら習い事の課題やらをやるよう子どもに言って、子どもが言うことを聞かずにバトルに発展したことがあるのではないでしょうか？　塾からの課題の量も増え、子どもの反抗期も重なるので、このバトルはエスカレートします。

子どもにスケジュール作りを丸投げするのではなく、大人が作ったスケジュールを押しつけるのでもなく、**子どもに寄り添い、子どもと一緒に計画を立て、うまくいかなかった点は翌週に改善する、そうした地道で気長なサポートが必要**です。

⑤志望校の入試傾向の分析

中学受験の入試問題は、学校ごとに傾向が違います。例えば、同じ御三家と並び称される学校でも、開成は立体図形の出題が多めなのに対して、麻布は平面図形の出題が多めです。桜蔭はじっくり考えて解く思考力勝負な出題ですが、女子学院はすばやく正確に解く処理能力勝負の出題です。

同じくらいの偏差値の学校でも、学校ごとにこうした傾向の違いがあり、それは中堅レベルの学校でも同じです。テスト時間に対して問題量が多い学校と少ない学校、途中式を解答用紙に書かせる学校と書かせない学校、国語の文章量が多い学校と少ない学校、理社で記述問題が多い学校と少ない学校など、さまざまな違いがあります。

単元ごとに見れば、「毎年○○算が出るよね」といった、はっきりした出題傾向が見て取れる学校もあります。

どんな問題にも対応できるある程度の学力の土台は大切ですが、最後はその土台の上に、傾向に合わせて必要な力を上積みしていくことになります。では、**この出題傾向の分析は誰がやる**のでしょうか？　一部の、御三家と呼ばれるような最難関校や、それと並ぶような有名難関校であれば、大手塾は学校別の特訓講座を用意してくれています。しかし、中堅校以下の学校となると、そうした学校別の対策指導をしてくれる塾は少なくなります。となると、**この出題傾向の分析も、ご家庭で子ども自身がやるか、親がやるか**、ということになります。

志望校の出題傾向を分析したら、先ほどお話しした弱点の分析結果と照らし合わせましょう。そして、**志望校の入試によく出題されるにもかかわらず、弱点となっている単元**を補強するために、**どのテキストの問題をどれくらい解いて練習するのか決め、それをいつやるかスケジュールに落とし込む**必要があります。

❻モチベーションアップのサポート

子どもを塾に入れれば、それで子どもはやる気になって毎日コツコツ勉強するわけではありません。だいたいの子どもは、放っておけばゲームやYouTubeといった娯楽に流されます。そしてテストで悪い点数を取って嫌な気持ちになり、「もう勉強なんかしたくない」と言い出します。そうならないよう、**子どものやる気を引き出すサポートが必要**になります。

例えば、毎日頑張って取り組んだ宿題を確認して、努力を認めて褒めてあげることはとても重要です。「宿題やったの？」「うん、やった」――こうしたやり取りだけで終わっているご家庭の子どもは、どんどん宿題をやらなくなっていきます。

以前はできていなかったけれど、できるようになった成長ポイントを発見して、褒めてあげるのも大切です。子どもは自分で自分の成長に気づいていないことが多いからです。身長が伸びるのと同じように毎日少しずつ成長しているので気づきにくいのです。ですから「こんなにできるようになったね！」と、努力の成果を本人に教えてあげることで、「やって良かった！　次も頑張ろう！」と思えるのです。このような後押しが必要です。

テストで良い点を取ったとき、悪い点を取ったときの**振り返りの手伝い**も必要です。「自分は頭が良いから良い点数が取れた」「自分は頭が悪いから悪い点数を取った」と思っているようだと、次のテストに向けて頑張る意欲がわきません。「あのときこんな頑張りをしていたから、良い点数が取れたね」とこちらから教えてあげたり、逆に「どんな練習を頑張ったから、良い点数が取れたんだと思う？」と「勝利者インタビュー」で聞き出したりして、「勉強を続けていこう」と思わせなければいけません。私たちは悪い結果の場合、「1週間前に戻ってやり直せるとしたら、どんな勉強をする？」と聞いています。

必要なサポートは他にもまだまだあるのですが、きりがないので一旦ここまでとします。どれも中学受験で子どもに必要なサポートの代表的なものですが、いかがでしょうか？　けっこう大変そうですよね。100人に1〜2人くらい、こうしたことを自分でできる手がかからない子もいますが、普通の子はこれらのサポートが必要です。**これを誰がやるかということが問題**です。前述したように、まず「わが家はどんな家庭か？」と考えることから始めましょう。

「あなたのご家庭は、ご夫婦でこれらをどこまで分担できますか？　時間的な余裕はあ

ります か？」

「現代の中学受験の問題は、私たちが子どもだったころの問題よりもはるかに難しくなっていますが、教えることはできそうですか？」

「押しつけにならないように子どもの意見を聞きながら、スケジュールの立て方を教えていくことはできそうですか？」

「子どもができなくてもイライラせずに対応することはできますか？」

「そもそもこうしたサポートを『やりたい』と思いますか？」

まずは、お母さんがやれること・やりたいこと、お父さんがやれること・やりたいことを、それぞれ整理してください。その上で、２人ともやることができない、またはやりたくないことは、外部の指導者に任せられるように手配しましょう。

家庭の状況に合わせて塾を選択する

「中学受験をサポートできるし、やりたい気持ちもある親御さん」の場合は、サポートが薄めな塾を選んだほうがうまくいく場合が多いでしょう。塾のサポートが下手に手厚い場合（例えばスケジュール管理など）、親がやることと塾がやることがバッティングして、子どもが困惑することがあるからです。入試の出題傾向分析や過去問演習のスケジュールなどもそうですね。**塾の過去問の指導方針と、家庭でやらせたい方針が食い違うと、お互いにストレス**になって良くありません。

一方、親御さんが忙しくて時間的な余裕がないとか、自分もこうしたことが苦手でサポートする自信がないとか、やりたいと思えないということであれば、こうしたサポートまでしてくれる指導が手厚い塾を選ぶとよいでしょう。最初から個別指導や家庭教師を併用することを前提にして、サポートが薄い塾を選ぶのもアリです。

「サポートするつもりのない親」＋「親にサポートしてほしい塾」のミスマッチを起こしてしまうと、子どもの学習環境が崩壊して成績が低迷し、子どもはどんどん自信を失って勉強が嫌いになっていってしまいます。逆に「自分たちでサポートしたい親」＋「手厚くサポートしようとする塾」の組み合わせでは、方針がしっかり一致しないと混乱を招きかねないので、事前によくよくすり合わせることが大事です。

特に「子どもの学習を自分たちで管理したい親」＋「子どもが自己管理する力を伸ばし

たい塾」が組み合わさり、**中学受験で目指すビジョンがすれ違うとトラブルの元**です。ただただ不幸になるだけです。

親がどこまでやれるか、どこまでやりたいかを考えた上で、入会説明会や入会面談のときに塾側が想定している親の関与の度合を、聞いてみてください。ここが一致していれば、子どもの成長のために良い環境を整えられます。その結果、あなたのお子さんは前向きな気持ちで快適に勉強して、学力を伸ばしていけますよ。

4-3 集団指導と個別指導はどちらがいい？

×

個別指導は「勉強ができない子」向けと勘違いする。

BAD

周りに合わせることが苦手な子を集団授業に参加させてしまい、大きなストレスをかけさせてしまう。

○

集団指導向きか個別指導向きかを見極めてから選ぶ。

GOOD

子どもの学力や性格に合わせて選んでいるので学習効果が高い。場合によっては集団指導と個別指導をうまく使い分けている。

仲学会には集団指導と個別指導の両方のコースがあるのですが、「うちの子にはどちらのコースが向いていますか？」と聞かれることがよくあります。頻繁に聞かれる質問なので、多くの方が関心を持っていることなのでしょう。ここで解説します。

これから子どもを塾に通わせる場合はもちろん、今現在、すでに塾に通っている場合であっても、子どもにより適した環境を考える上で参考になると思います。

集団指導のメリット

集団指導のメリットは、みんなで一緒に勉強する雰囲気があるので、子どもが楽しく授業に参加できる場合が多いことです。人間の集団心理はとても強いパワーがあり、悪いほうに働くと学級崩壊が起こり、まったく勉強できない状況になってしまったりもしますが、ちゃんと先生が統率して良い雰囲気をつくると、子どもはその雰囲気に乗せられて、けっこう楽しみながら頑張れます。中学受験コースの授業は長時間になることが多く、子どもにとっても負担が大きいものです。同じ時間、家で1人で勉強して、といわれても、4～5年生の子だとなかなかできません。これができるのは集団指導だからこそです。

お手本になる子が周囲にいるのも、子どもにとっては大きな要素です。子どもたちはみんな良いところがどこかしらあり、また逆にできていないところもあります。お互いに良いところを真似し合うと、子どもの成長は早くなります。実際、伸学会では**先輩のノートや学習記録のお手本**を見せるだけでなく、クラスメイトのものを写真に撮って画面で見せ「これ良いね！」とみんなの前で褒めたりしています。そうすると、それを参考にして取り入れてくれる子が増えていきます。こういうことは集団指導の良いところですね。

☑ 個別指導のメリット

ただ、こういう集団指導が向かない子もいます。それは**自分の意思が特に強い子**です。みんなで遊ぶより1人で遊ぶほうが好きというタイプだと、勉強のときにも集団の中で他の子に合わせるのはストレスが大きいかもしれません。ですから、個別指導でその子のペースに合わせた指導をしてあげたほうがのびのび勉強して伸びていくと思います。

実際にこれまでの生徒の中でもそういう子たちが数名いました。私の友人に、開成から東大に行き、司法試験に一発合格した、とても優秀な人がいるのですが、彼が私のＹｏｕＴｕｂｅチャンネルに出演してくれたとき、

写真 ノートや学習記録のお手本

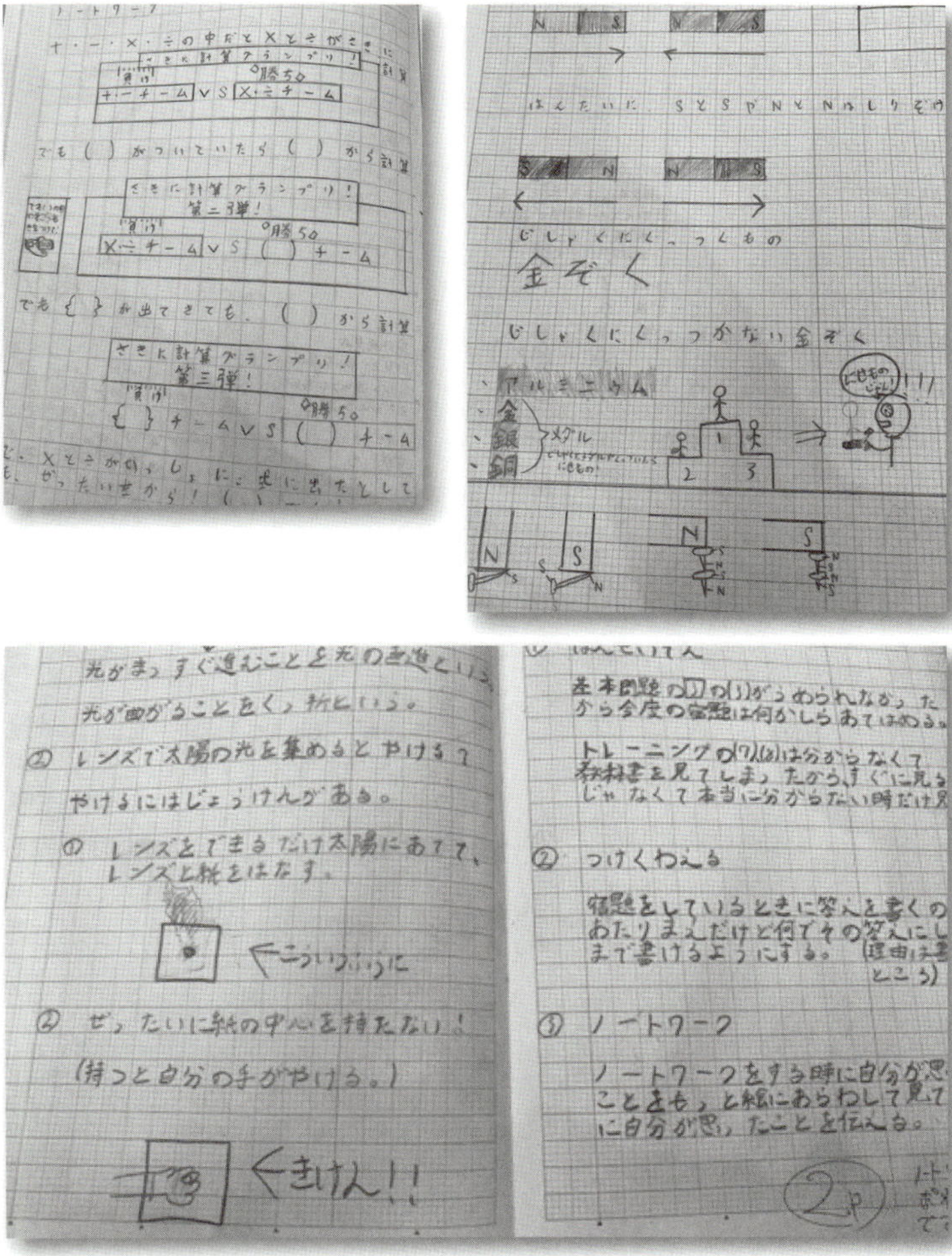

ノートに絵を描いてくれる子が増加中

「周りに合わせるとかできないから、個人指導が自分には合っていた」と話していました（https://youtu.be/CxFeW1haUH4）。この動画の視聴者さんからは、こんなコメントをいただきました。

「すごく勇気をもらえました。新小4の2月から少人数塾に通っておりますが、体験の時点で個人指導を勧めていただきモヤモヤしていました。こちらの動画を拝見して、子どもに合うならと思えるようになり、4年の1学期中に見極めていきたいと思います」

この方はおそらく「個別指導は『勉強ができない子』のためのもの」というイメージをお持ちだったのだろうと思いますが、この友人の話でそのイメージが払しょくされたのでしょう。イメージが変わってよかったです。個別指導は「できない子のためのもの」というわけでは決してないので、子どもに合うようなら、選択肢のひとつです。

個別指導の大きなメリットは、**その子に合わせて指導をしてあげられること**です。やり方を周囲に合わせる必要がなく、その子のやり方で進められるだけでなく、取り組む問題の単元やレベル、説明のていねいさも、その子に合わせてあげられます。得意な単元はサクサク進んでいき、苦手な単元では時間を使ってゆっくり説明してあげられるのは本当に大きなメリットです。

集団指導ではまだ理解できていなくても先に進まれてしまったり、逆にわかっているのに他の子を待たなければいけなかったりするので、時間の効率は悪くなりがちです。この点は、個別指導のほうがはっきり勝っている部分です。集団指導でわからないところは、授業の前後で質問しにいけばいい話ではあるのですが、質問にいくのが性格的に苦手という子もいます。そういう子には個別指導の方が向いているかもしれません。

個別指導であれば、成績が良い子は、どんどん難しい問題にチャレンジもできます。集団指導では、成績が良い子が授業のレベルを超え、もっと難しい問題をやっているときには、先生もその子に合わせて対応することが難しい場合もあります。そんなときには個別指導で、さらに一段成長を加速させることもできます。個別指導を集団指導と併用してもいいでしょう。集団指導でペースメイクしながら、個別指導で穴を埋めていくというスタイルもありです。

まとめると以下のような感じです。

⬇みんなと一緒にやりたい子どもは集団指導向き

⬇自分のペースでやりたい子どもは個別指導向き

⬇集団指導の内容についていけない子や、集団指導の内容が簡単すぎる子は個別指導向き（ただし、各塾は上位層に合わせてカリキュラムを作っているので、簡単すぎるというケースよりは、ついていけないケースのほうが多い）

集団指導と個別指導の両方を実施している塾の経営者として偽らざる本音を言うと、個別指導には先生がたくさん必要なので人件費がかかるし、場所を確保するために賃料もかかるし、ほとんど利益が出ません（伸学会の場合はですが）。こうして利益を出すことをあきらめていても、1人の先生が10～15人の生徒を教える集団指導に比べて、授業料を高くせざるを得ません。個別指導は個別に見てあげることで成長の促進や成績アップの効果は大きいのですが、ご家庭も塾もお互いにコスパが悪い気がします。

なので、その子が集団指導よりも個人指導のほうが輝いている場合は個人指導を選択してよいと思いますが、**どちらでもいけそうという子であれば集団指導を選んだほうがよい**と思います。どちらが合うかわからないときは、まずは集団指導を受けてみて、先生から授業中の様子を聞き、集団指導が合うかどうかを見極めてはいかがでしょうか。

4-4 入塾のタイミングはいつがベスト？

×

早い時期から無理に通わせる。または塾に通わせるのが遅すぎる。

BAD

早い時期から無理に通わせて勉強を嫌いになってしまい、その後の成長が見込めない。逆に遅すぎて、希望の学校に合格するだけの学力を養えない。

○

家庭の目標に合わせて適切なタイミングで入塾する。

GOOD

私立中学を目指す場合でも4年生からでいい。公立中高一貫校を目指すならば5年生からカリキュラムが始まる塾もある。

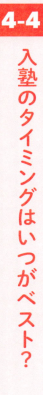

ここまで塾選びのポイントを解説してきましたが、**実際に塾通いを始める時期はいつがよい**のでしょうか？　ベストなタイミングは、家庭の状況やお子さんの性格や能力によって異なりますが、一般的には**3年生から4年生の間のどこかで塾に通い始めることが多い**です。それぞれの学年でのメリットと考慮すべきポイントについてお話しします。

❶3年生から通わせる場合

果敢に先取り学習を進める塾も中にはあります。ごく一部の発達が早い子には、そうした塾もお勧めです。一般的な塾だと、3年生の間の授業は「基礎固め」「興味付け」「学習習慣作り」といったところに主眼が置かれ、「受験勉強を本格的に開始する」といった雰囲気ではありません。ですから、気楽に始めても大丈夫です。ご家庭の方針としても、**学習習慣を身に付けさせ、勉強に楽しさを感じさせることを特に意識**してください。

親が成績に一喜一憂して子どものお尻を叩いて勉強させ、やらされ感満載で本人は勉強が嫌いになっていく……なんてことになったら、3年生から塾に通わせる意味はまったくなくなり、むしろ**先々の成長力がない子になってしまう**ので気をつけてくださいね。

❷4年生から通わせる場合

中学受験のカリキュラムが本格的に始まる時期です。新小4（小学3年生の2月）から塾通いを始めるというご家庭が、関東の私立中学校受験だと最も一般的です。迷ったらこのタイミングから受験勉強を始めることを、私もお勧めしています。

この時期は、子どもの脳が変わりかけている時期です。自我が芽生え、反抗期がやってきます。そして、それまで丸暗記型だった脳が論理的に考える脳に変わります。ものごとの因果関係を理解したり、先のことを予測したりといった能力も伸びやすくなります。それと引き換えに、算数のセンス、国語のセンスといった直感的な能力は伸びにくくなっていきます。

この変化は個人差があり、子どもによってタイミングが違うので、あなたのお子さんがどうなるかはわかりません。お子さんのことをよく見て、状況を把握していきましょう。スケジュールを立てるのが得意（発達が早い）か苦手（発達が遅い）か、反抗期（発達が早い）か素直（発達が遅い）か、お子さんの特性に合わせてサポートしてあげてください。

❸5年生から通わせる場合

公立中高一貫校を目指す場合は、5年生からカリキュラムが始まる塾も多いです。そうした場合は当然、通塾開始は5年生が普通ということになります。逆に、もし**私立中学を受験するのであれば5年生からのスタートはかなり苦しい**状況になることが多いです。「3年間も塾通いさせるのは難しそう。5年生からの2年間に短期集中したほうが集中力も途切れないのでは？」――そんなことをおっしゃる方がときどきいらっしゃいますが、大きな勘違いなのでお気をつけください。

なぜなら、中学受験は他の子との競争だからです。「他の子と比較してはいけない」というのは、子育ての大事な心構えですが、他の子との競争に勝たなければ合格の席を奪えないのもまた真実です。この合格の席を取り合う競争では、他の子も一生懸命に頑張っていることを忘れないようにしましょう。他の子も頑張っているのですから、**追い抜くことは並大抵のことではない**のです。遅れてスタートするのはとても大変です。3年かけて頑張ることを、普通の子が2年で習得するのは極めて困難です。遅れてスタートするのであれば、「早く始めた子には追いつけないこと」「4年生から始めていたら到達できたであろう学力には届かないこと」を前提にしてください。

4-5 塾と家庭教師の併用で「船頭多くして船山に上る」はNG

×

子どもが通っている塾と、家で追加した家庭教師の方針や解法が異なる。

BAD

解法の違いや方針の違いがあるたびに、子どもが板挟みとなって混乱する。

○

塾の方針と家庭教師の方針を揃える。

GOOD

互いに邪魔にならない形で、うまく補いながら学習を進められる。

親御さんの中には、集団授業の塾と個別指導塾、家庭教師の併用を考えている方がいるかもしれません。世の中には「算数専門塾」「国語専門塾」などもあります。これらを有効活用したい方もいるでしょう。

ただし、**使うサービスの種類を何も考えずにただ増やすのは危険**です。それぞれの塾にスタイルの違いがあるときは、調整が求められるからです。それぞれの塾には、問題の解法、取り組んでもらいたい課題、1週間の時間の使い方、過去問の使い方など個別の方針があります。個別指導塾や家庭教師の先生が、集団授業の解法の意図をくみ取って、揃えて指導してくれる場合もあれば、「こちらの解法のほうがよい」といって指導し直すこともあります。それが、本当にその子をよく見て判断したものであればもちろん正しいのですが、その先生が単純に自分の解法を押し付けたいだけだった場合、**二つの解法のどちらを使えばよいか、本人が混乱してしまう**かもしれません。

また、通っている二つの塾でテキストや過去問の使い方で食い違いがあり、「初めてこの問題に触れたときの対応を解説したい」にもかかわらず、「子どもがすでにこの問題を解いた状態で参加してしまう」といった問題が起きることもあります。それぞれの塾がバラバラに宿題を出すことで、課題の進捗が両方とも中途半端になることもあります。

集団授業の塾と個別指導塾、家庭教師の板挟みになって、**親の方針がぶれてしまうと大問題**です。集団授業の塾で面談を受けて決心した方針を、家庭教師の先生との面談で覆してしまったと思ったら、また集団塾の先生と話して結論を二転三転する、なんてことをしていたら、時間もエネルギーも、もったいないですよね。

誰を「舵取り役」にするのか明確にする

まずは、どの塾、どの家庭教師がメインなのかを明確にします。**解法でも、テキストの進め方でも、ひとつの軸を決めるのが大事**です。指導者同士の間に方針のズレがあったら、メインと決めた指導者の方針に沿って進めることを、親がしっかり意識しておきます。どちらも課題を出してくるなら、優先順位も決めます。両方を中途半端にするくらいなら、メインとなる塾や家庭教師の課題をしっかり出し切った上で、サブのほうは必要なところだけを取捨選択できるとよいですね。

その上で、情報共有を徹底しましょう。個別指導や家庭教師を雇っているなら、通っている塾の講師にそのことを共有し、課題の優先順位やバランスについてのアドバイスをもらっておきましょう。場合によっては、集団塾の先生と個別指導の先生や家庭教師の先生を交えて面談できるとよいですね。

私たち伸学会は、ご家庭から「家庭教師を雇っている」という話を聞いたときには、なるべく家庭教師の先生と連携するようにしています。そのような調整が難しければ、親がブレない意思を持って、親とメインの塾との相談で方針を決めていく必要があるでしょう。

ここまで、塾選びでは「親が求めるスタイル」と「塾のスタイル」を合わせることの重要性をお話ししました。塾と個別指導、家庭教師の関係も同じです。「管理したい塾」と「管理したい家庭教師（個別指導）」の組み合わせだと子どもに逃げ場がないですが、「管理したい塾」の課題を、寄り添って一緒に手伝う家庭教師、ならなんとかなりそうですよね。逆に「管理を家庭に任せる塾」なら「管理したい家庭教師（個別指導）」が親の代わりにいろいろ管理してくれることを期待できるでしょう。**塾に何かを追加するのであれば、その組み合わせがよさそうか、よく考える**ことをお勧めします。

結局、**調整はとても難しい**ことがわかるでしょう。まずは落ち着いてわが子をじっと見つめ、「そのサービスは本当に必要なのか」「サービスを増やして、わが子が目標に向けて目を輝かせる場面は増えるのか」と自問しましょう。

4-6 転塾するか、しないか？ その目安は？

×

何だか子どもの成績が上がらないから転塾しよう！

BAD

いくつもの塾を渡り歩くが、子どもの成績は結局上がらない。

○

今通っている塾のこういうところがわが子やわが家に合わないから転塾しよう！

GOOD

成績が上がらなかった原因が解消されて成績アップ！

子どもの成績が上がらないとき、転塾を考える親御さんは多いでしょう。人の行動は、周囲の環境からとても大きな影響を受けています。例えば、自分の家では強気な態度なのに、外に出ると途端におとなしくなるような「内弁慶」の子っていますよね。自宅だと勉強に集中できないのに、自習室だと勉強がはかどるなんてのもあるあるです。環境が変わると、同じ子が違う姿を見せます。

だから「人を変えたい」と思ったら、環境を変えていくことが大事です。塾を変えることで学習環境はガラリと変わりますから、まったく勉強しなかった子が、急に勉強を頑張るようになることもあります。**塾を変えるのは、うまくいっていない状況を打破するための有力な選択肢**のひとつです。

私が経営する伸学会でも、有名な大手塾に通ってみたものの、不満があって転塾してきたというご家庭は少なくありません。今は伸学会も少しずつ知名度が上がってきて、最初に選んでいただけることも多くなりましたが、昔は学年の半分以上が大手塾からの転塾でした。そうしたたくさんの転塾生を受け入れてきた経験から、「転塾がうまくいったご家庭」と「うまくいかなかったご家庭」の違いもよく知っています。ここでは、**転塾すべきかどうかの判断基準**をお話しします。

☑転塾がうまくいったケース

転塾してきてうまくいったケースの多くは、塾と子どもの相性や塾と家庭の相性が悪かった場合です。塾との相性は悪くなかったものの、担当する先生と合わなかったため転塾してきたというケースもあります。いくつかの例をご紹介しましょう。

❶授業の進むスピードが合わない

6年生のときに伸学会に転塾してきたBさんは、以前はいわゆる「首都圏の四大塾」に通っていました。Bさんは真面目な子で、成績も良い子でした。しかし、地頭が抜群に良いというわけではなく、コツコツ勉強することで点数を取るタイプでした。4年生のときは何とかついていけていたのですが、5年生になり徐々に算数が苦しくなってきます。必死に授業を受けていましたが、「聞く→書く→理解する」という段階の「理解する」にたどり着く前にどんどん授業が進むため、板書を書き写すので精いっぱいになっていました。

フォローのために伸学会の個別指導に通い始めたのは、テストの成績が下がりだしたからです。伸学会の個別指導でわからなかったことを解説され、納得した後でノートを見てみると、その内容が板書だった、という経験をくりかえしました。結局、元々通っていた塾の集団授業では理解できず、**「個別指導で教えてもらって理解するのであれば、その塾に通っている意味はない」**と気がついて仲学会に転塾してきました。仲学会の授業のペースは彼女に合っていたようで、成績は持ち直し、無事、第一志望の学校に合格できました。

その塾がどれくらいのペースで授業が進むのか、そのペースがわが子に合うのか――これればかりは、通わせてみないとわからないことですよね。通ってみて合わないと思ったら転塾を検討しましょう。

❷怒るしか能がない先生

４年生の途中で仲学会に転塾してきたＣさんは、以前、準大手塾に通っていました。Ｃさんはとてもまじめな子でした。「こういう勉強のやり方をするといいよ」と教えたことを素直に守り、コツコツ勉強してくれました。その結果、成績もぐんぐん伸びていきました。そんな子がどうして転塾することになったのか？　理由は前の塾で答えを写していたからでした。

Ｃさんが通っていた準大手塾では宿題ノートの提出がありました。しかし、この宿題チェックは、生徒の頑張りを認め、褒めて後押しするポジティブなサポートではなく、やっているか監視し、できていないところを叱責する減点方式でした。Cさんが真面目に宿題に取り組んでも、授業中理解しきれなかったところがあり、間違えてしまうところがありました。そうすると、**先生に厳しく怒られた**そうです。怒られないためには正解するしかない。でも実力では正解できない……。

追い込まれたCさんは、答えを写して宿題を提出したのですが、そのことがバレて厳しく怒られ、「二度と答えを写さない」と約束させられました。しかし、できないと怒られるという状況が変わったわけではありません。Cさんはまた答えを写しました。そして、そのことが再度バレて、親御さんは**「このままこの塾にいても、同じことをくり返すだけだ」**と気がつき、転塾を決断したというわけでした。転塾して環境が変わった後のCさんの行動の変化は、前述の通りです。

子どもが「宿題を写す」という問題のある行動をしたときは、**その原因を見つけて取り除いていく必要**があります。頑張ってもできないのであれば、怒っても解決しません。「授業中どういう授業の受け方をすればいいか」とか、「間違えたときにどういう対応をしたらいいか」とか、**改善策を一緒に考えていく必要**があります。

例えば、ノートを書くのに必死で、講師の説明を聞けていないのであれば、まずは説明を聞くことに集中してみるとか、問題を間違えたときはテキストの説明を読み直してみたり、模範解答の解説を読んでみたりするとかです。そうした指導もなく、ただ「できていない」という結果だけを見て責めるような指導者であれば、そこで学んでいても成長は期待できないでしょう。

「理解できない」「正解できない」といった場合だけでなく、「やる気がしない」という場合も同じです。なぜ「やる気がしない」のか、どうすれば「やる気になる」のか、生徒に寄り添って解決していくことが大切です。**怒って、脅して、無理やりやらせるような勉強のさせ方は不適切**です。お子さんの塾の先生に対して「怒るしか能がない人だな」と感じたら、すぐにでも転塾を決断したほうがよいでしょう。

❸相性が悪い先生

5年生の前半で転塾してきたDさんは、伸学会に来る前、大手塾に通っていました。そこでは宿題ノートに質問を書き込んで提出しても返事がなく、宿題の箇所が間違っていても、提出物さえあれば確認印が押されるという状況で、Dさんのやる気はどんどん下がっていったそうです。**頑張りを見てほしいDさんと、見ない先生。相性が良くありません**でした。

勉強しなくなるDさんと、それを叱る親御さん。親子げんかが増え、塾嫌いが加速していきました。そして、親御さんから「嫌なら塾をやめてもいい」と提案し、話し合いをしたそうです。そのときのDさんの返事は「勉強ができるようになりたいから受験はしたいけど、塾は行きたくない」でした。そこで、他の塾も見て、そっちも嫌なら受験はしないことに決まりました。そして他の塾を探す中で、伸学会に通うDさんの友達が「学校より塾のほうが楽しい」と言って誘い、伸学会に転塾してきました。

宿題ノートを細かくチェックしてコメントを書いたり、アドバイスをしたりする伸学会のスタイルがDさんには合ったようで、とてもやる気になり、前向きに勉強するようになりました。親御さんからは、受験体験記で「『勉強が楽しい』という言葉を何度も娘から聞けたことは、かけがえのない経験となりました」というコメントもいただきました。Dさんがやる気をなくした理由は、先生の対応が原因だったことは明白です。子どもの性格と先生の指導方法が「合っていないんじゃないか？」と思う場合には、転塾を検討してみるとよいでしょう。

転塾をお勧めしない２つのケース

転塾がうまくいった三つのケースをご紹介しましたが、転塾をお勧めしないケースもあります。実際、私は伸学会への転塾希望で問い合わせ面談をしたときにも、

「今の塾で頑張れば大丈夫だと思いますよ」

とアドバイスをして終わりにしてしまうことがときどきあります。そういうケースは主に二つあります。もし、今、通っている塾であなたのお子さんが伸び悩んでいて、「うまくいっていないな」と感じていたとしても、これらに当てはまるようであれば、転塾せず、そのまま頑張ってみたほうがよいかもしれません。

❶先生が成績不振の原因を把握していて、具体的な対策も考えられている

転塾を考えるということは、多くの場合、成績が下がっているか、子どものモチベーションが上がらない場合でしょう。そんなときは、皆さんまずは担当の先生に相談してみるはずです。そのとき、先生が子どもの状況について具体的な問題点を把握していて、具体的

な改善案を示してくれるのであれば、任せておいて大丈夫でしょう。例えば、

「算数がだんだん難しくなってきて、4年生のころと同じような復習では理解ができなくなってきています。時間が経ってから再テストをさせて、思い出すきっかけを増やすようにしていきますね」

のように。ですから、問い合わせ面談のときに保護者の方から、

「今、通っている塾で○○○○○と言われているんですけど……」

という話を伺って、それが妥当だと感じられたら、そのままその塾に通うことをお勧めしています。逆に「算数をもっと頑張るように励ましますね」のような抽象的な回答だったり、点数とか偏差値とか苦手な単元とか、成績表を見ればわかるようなことしか言ってくれなかったりするのであれば、転塾を真剣に考えたほうがよいでしょう。

❷成績が上がらない原因が、その子の「性格」や「能力」など根本的なものである

誤解してほしくはないのですが、「諦めろ」と言っているわけではありません。**「性格」や「能力」を変えるには、どうやっても時間がかかる**と言いたいのです。だから、その塾が悪いわけではないのかもしれません。

結果は行動の積み重ねで決まります。その行動もまた、生まれてからそれまでに積み重ねられた経験や教育によって形成された「考え方」や「信念」、さらにはもっと深いレベルにある「性格」「人格」「能力」が表に現れたものです。行動もまた氷山の一角なのです。

成績が上がる勉強のやり方を「知らないだけ」なら、教えればすぐにできるようになることもあります。しかし、正しい行動をできない原因が「考え方」や「性格」や「能力」にあるのであれば、そこから変えていかなければいけません。

例えば、学習のスケジュールを立てて計画的に進めるのも、それが「できる子」と「できない子」がかなりはっきり分かれます。**やる気はあっても、先のことを考えるメタ認知「能力」が低いと、予定を立てて行動するのは困難**なのです。

予定を立てていているうちに能力が少しずつ鍛えられ、徐々にうまく予定を立てられるようになり、それによってまた予定を立てる能力が鍛えられる。そういう循環を繰り返しながら、時間をかけて育てていくしかありません。そこで「結果が見えない」からと転塾してしまうのはもったいないこともあります。❶ともやや重複するのですが、
「まだ効果は見えていないけれど、今通っている塾で良い指導を受けているな」と思ったときには、そのまま続けることをお勧めしています。現在の問題点の原因がどういうところにあるか、そしてそれを変えるためにどのような働きかけをしているか、それを具体的に示してくれるかを確かめてみましょう。以上が、転塾をお勧めしない二つのケースです。

子どもを伸ばすには、目先の結果に振り回されず、ある程度、長期的なビジョンで考える必要があります。その**長期的なビジョンとビジョンに至るまでの具体的な計画を示してくれる塾**であれば、信じてついていってみてください。

逆に、そうしたビジョンに向かっていく感じがないようであれば、転塾して環境を変えてみるのは良い選択肢だと思います。**新しい環境になじむのには時間がかかりますから、転塾をするなら6年生になる前がお勧め**です。なるべく早い段階で見極めるようにしましょう。お子さんが成長していける環境を用意してあげてくださいね。

Column3

中学受験体験記②
～Mさんのお母さんの場合

ここでは、大手塾から伸学会に転塾してきた子の親御さんからいただいた、受験体験記をご紹介します。**環境が変わると子どもも変わる**ことがよくわかります。

転塾はデメリットもありますが、「逃げの選択」ではなく、子どもの成長に効果的な選択肢のひとつです。**コンディション管理の重要性**がわかる内容でもありますので、よく読んでご活用ください。

3年生（新4年生）の2月、深く考えることもなく、「家から近い」という理由で大手塾に入りました。最初は苦手な算数のみでしたが、それでも宿題をこなすのに苦労する日々が始まりました。塾に通い、宿題をこなすだけでパワーを全部使い果たすような毎日でした。

「真面目に努力した」というよりは、**宿題をやっていないと塾の先生に怒られるので、それが怖くて、ひたすら怯えながら勉強**していました。しかも宿題は、丸付けをした後、見直す時間がまったくありませんでした。

親としても、「こんな勉強は、何かがおかしい……」と感じながら、「中学受験なんてみんな大変だし、仕方ない……」と変に思い込んでいました。頑張って宿題を解いても志望校には届かない偏差値しかとれず、算数は苦手になる一方でした。「何か手を打たなければ」と親が先に焦りを感じ、6年生になるタイミングで伸学会の個別コースに通い始めました。

「大手塾の先生には『こんな問題もわからねぇのか！』と言われそうで質問できないけど、伸学会の個別コースに行くとわからないところが全部わかるからうれしい！」と、毎回笑顔で帰ってきました。今思い返すと（大手塾基準の）期待値の低さに笑えます……。

そうして、ギリギリのタイミングでしたが、大手塾をやめ、6年生の7月から本科でもお世話になりました。9～10月には、合格可能性80％が出て、塾も楽しく、そのときは順風満帆に思えました。

　ところが、受験はそのまま終わるほど甘くなく、11～12月と少しずつ成績が下がり、「中学受験で最後の模試だね」と言って受けた年末の模試は、今まで受けた模試の中で最悪な結果となりました。合格可能性は20％でした。年末から１月にかけて、受験直前の約１か月の間、スランプに陥り、本当に辛い毎日でした。「模試の結果が悪い。過去問は不合格続き。自信を失う。さらに点が悪くなる……」という悪循環でした。

　冬期講習のある日、「53点だった過去問を解き直ししたら、22点になった」と、ひどく落ち込んで帰宅しました。どんな言葉をかければよいものか困り果て、塾に電話しました。「解き直しして点数が下がるというのは、どういうことなんでしょうか？」と伺いました。すると「解き方は全部、頭の中に入っています。でも、何かの原因で、それがうまく使えないだけです。焦りや不安で、メモリ不足がおきて、ケアレスミスをしてしまいます。**多分メンタル的なもののせいです**」と言われました。

　焦ってメモリ不足になるのは、４年生のころからよくあると、親も本人も知っていましたが、先生から伺って、あらためて気が付きました。ただ、気が付いたものの、

4年生から続くこの現象を、一体どうしたらいいのか……？　どうやったらメンタルを回復できるのか……？

その後、冬期講習、1月入試が終わると疲労がピークに達したようで、2～3日の間、ものすごく眠り続けました。「1月入試の合格発表が出てるよ」と起こしても、まったく昼寝から起きてこないほどです。毎日、8時間は睡眠を取るように気をつけていたつもりでしたが、「ここまで疲れていたのか！」と驚きました。

たっぷり睡眠を取った後に解いた過去問では良い点が取れました。第一志望校の過去問は、毎回ひどい点数しかとれず、あまり見たくない状況でした。なので、気分を変え、似たような偏差値の併願校2校の過去問を解いたのですが、2校とも合格点を上回れたのです。

これが、スランプ脱出のきっかけになりました。その後も、第一志望校の過去問では、相変わらず合格点を取れませんでしたが、併願校の過去問で得点が上がったことで「実力が上がってきたのだ」と自信を取り戻せたのです。

冷静に考えれば、睡眠不足が脳のメモリ不足を引き起こしていたのだと思えました。

当たり前ですが、渦中にいるときは案外、気が付かないものです。受験生なのだし、1日8時間も寝ていれば十分だと考えていましたが、それ以上に疲れていたり、緊張で眠れない日があったりもしたのでしょう。受験当日までには、不思議なくらい自信を取り戻し、第一志望校に合格できました。

過去問では一度も合格点を取れていないのに、先生方からのお言葉のおかげで、自信を持って試験に挑めました。焦りや不安はなくなり、頻発していたケアレスミスも減ったのでしょう。伸学会に出会えたことは、私たち家族にとって本当に幸せなことでした。

本当に、どうもありがとうございました。

第5章

親の正しい接し方、やってはいけない接し方

〜塾に通い始めてしばらくして〜
この算数の問題を正解したのか！
スゴイぞ天才!!
待って待って落ちついて!!
他の科目の宿題全部やっつけじゃない！算数専門塾じゃないんだから！
落ちついて落ちついて
まず、お父さん能力・才能を褒めるのはダメです
この先、難しい問題で困った時に
『天才でなくなる』ことを恐がるようになってしまいます！
努力を褒めましょう
コウヘイくんこの難しい問題も式や計算をしっかり書いてよく粘って頑張ったね！
なるほど!!
そして、お母さん
まずはやっつけでも取り組んでいることを褒めてもいいと思いますよ
小学校の宿題に塾の宿題までやってるのだから

褒めて努力を認めてあげた上で
次はこうできるともっといいよね！と応援しましょう！
社会の宿題わかる問題は全部答えたんだね！
この知らなかった問題を覚えたら賢くなれるから答えを確認して覚えていこうか！
なるほど…
まずは頑張りを認めてあげなくちゃいけないんだ…
全然ダメですね
自分にがっかりしちゃいます…
自分を責めるのはやめましょう！完璧な親も完璧な子どももいません！
『少しずつ、前より良い声掛けをしよう』と思えればそれでいいんです！
これは、コウヘイくんに対する声掛けでも同じことですよ！
ハイ！

5-1 子どもを褒めるときに「天才」はNG！

×

うまくいったときに「あなたは賢いね！　天才だね！」と才能を褒める。

BAD

失敗を恐れて挑戦しなくなり、成績が落ちる。

○

頭の良さではなく「あなたはいつも、頑張っているね！」と努力を褒める。

GOOD

失敗を恐れず挑戦できるようになり、努力を続けられる。

昔の生徒に、とても知能が高い子がいました。年齢よりとても頭が良く、学校の勉強は簡単すぎて退屈。そのせいで、授業中に問題行動を起こすこともしばしば見られたそうです。授業中の問題のある振る舞いから、初めは発達障害を疑ったそうです。そこでＷＩＳＣ（知能検査のひとつ）を受けてみたところ、１００人に１人より少ない超高ＩＱだったことが判明したとのことでした。

「もっとこの子に合った勉強をさせてあげたい」――そう思って塾に通い始めたところ、水を得た魚のように生き生きと勉強し始め、テストのコツもすぐにつかみ、高偏差値を連発。順風満帆に塾通いは進みました。最初のころは……。

しばらく塾に通ううち、徐々に成績にかげりが見え始めます。少しずつ偏差値が下がってきたのです。間違えた問題を確認してみると理解できていないわけではありませんでした。**もう一度解かせれば正解できますし、問題用紙には正しい途中式と答えが書いてあります！**　しかし、解答用紙には謎の誤答が書かれているのです。「いったいなぜ？」。親御さんは困惑しました。

また、それと並行して宿題をやらないことも増えてきました。そのため、やればできるはずの漢字の問題などの取りこぼしも増えてきました。果たしてその子に何が起こっていたのでしょうか?

☑「僕はまだ、本気を出していないだけ」

宿題をやらない理由としては、「勉強に飽きてきた」「ゲームなどのもっと楽しいことを見つけてしまった」といったことも考えられます。しかし、「問題用紙に正しい答えが書いてあるのに、解答用紙に書き写すのを間違える。しかも、それが何度も続く」といったことは、これでは説明がつきません。

こうしたときに疑ってみるべきは**セルフハンディキャッピング**です。これは「自分の能力を高く見せたい」「できないところを見せられない」という心理ゆえに、**できなかったときのために言い訳の余地を残そうとしてしまう振る舞い**です。「本当はできていたのに」「私はまだ本気を出していないだけ」……そうした言い訳ができるように、全力を出すことを避けてしまうのです。

しかし、そうやって頑張ることから逃げていたら、力が伸びませんから、いずれ「本当に全力を出してもダメ」という状態に陥ってしまいます。

せっかく高い能力を持っているのですから、セルフハンディキャッピングに陥らないようにしてあげたいものですね。

その子をセルフハンディキャッピングに追い込んだ理由

無意識に自分の能力にブレーキをかけてしまうセルフハンディキャッピング。とても怖いですよね。自分のプライドを守るために、本気を出して失敗したくないという気持ちが生まれて、本気を出せなくなってしまうなんてことを防ぐには、いったいどんな声かけや育て方をしていけばよいのでしょうか？

そのための方法は、**日ごろから成績の良し悪しで一喜一憂しない**ことです。

そして、子どもを褒めるときには、テストの結果ではなく、**テストに向けての行動を褒めること**です。また「頭が良いね」のように才能や能力を褒めるのではなく、**「よく頑張ったね」と行動を褒める**ことです。

「頭の良さ」が評価されるとなったら、「頭が良いことを見せなければいけない」と子どもは考えます。最も「頭の良さ」を示せるのはどういう状況だと思いますか？　それは「努力していない」のに「良い成績が取れた」ときです。逆に「頭が悪い」と思われてしまう状況は、「努力した」のに「良い成績が取れなかった」ときです。

子どもがセルフハンディキャッピングに陥る原因は、「頭の良さを見せたい」と思わせてしまうことです。逆に「頭の良さ」ではなく「頑張っていること」が評価されるとなれば、**自分の頑張りにブレーキをかけるメリットも必要性もなくなる**わけです。

☑子どものマインドは大人の声かけで変わる！

子どもの行動が私たち大人の声かけで変わることを示した、スタンフォード大学（米国）の教育心理学者、キャロル・ドゥエック教授の実験を紹介します。ドゥエックは、まず、小学生の子どもたちに図形的なテストを与えて解かせました。最初の正答率は上々です。実験はこの先です。

テスト結果を伝えるとき、子どもを3つのグループに分け、「とても賢いね（能力を褒める）」と「とてもがんばったね（努力を褒める）」「ただ点数を伝えるだけ（比較対象）」というように対応を変えました。

この結果、能力を褒められたグループは、新しい挑戦を恐れるようになりました。不正解を経験して、自分が賢くないことになってしまうのは怖いことです。まさにセルフハンディキャッピングを行う子どもたちの心理です。

しかも、能力を褒められたグループの子は、結果を誤魔化そうという態度に出ることが増えました。ドゥエックの実験では、賢さを褒められたグループでは40％弱の子が、ウソをついて点数を実際よりも高く自己申告しました。比較対象用の点数を伝えられただけのグループでは、ウソをついた子は10％強だったので、その差は顕著です。ウソをついて成績をごまかすことは、成績が下がること以上に嫌ではありませんか？　だとすれば、**賢さを褒めることは、成績が下がる以上のデメリットがある**といえますね。

一方、努力を褒められたグループは、その後も意欲的に取り組もうとしました。「結果ではなく、頑張ったことが認められる」と思うからこそ、失敗を恐れないのです。こうしたマインドを持つ子は、難易度が上がった後も、「最初はわからなかったけど、よく考えたら解けるのが楽しい」と言うようになります。難問に次々と挑戦するため、実力も上がっていきます。**できないものをできるようにするのが学習ですから、学習に失敗はつきもの**です。

ですから、**失敗から学ぶ意識を持っているマインドセットを育てていきたい**ですね。

この実験では、効果測定のテストで、**能力を褒められたグループは成績が下がり、努力**

を褒められたグループは成績が上がっていました。

あなたはこれまで、お子さんにどんな声かけをしてきましたか？　「あなたは賢いね！」「天才だね！」。そんなふうに能力を褒める声かけをしてしまっていなかったでしょうか？　褒める場合だけでなく、あなたがうれしそうな態度を見せるときについても考えてみてください。あなたが子どもにうれしそうな態度を取るのは、子どもがテストで良い点数を取ったときでしたか？　それとも、子どもが頑張っていたときでしたか？

成長力がある子に育てたければ、**子どもの頑張りを認めて、褒めて、できないことに果敢に挑戦するマインドを持った子**に育てていきましょう。

5-2 どうやって「褒める」？　どうやって「叱る」？

×

結果ばかり見て褒めたり、叱ったりしている。

BAD

その声掛けが発している裏のメッセージを親自身も自覚できていない。子どもも結果ばかり重視して、賢くなるための行動から目をそらすようになる。

○

結果に注目するのではなく、「良い行動」「悪い行動」に注目して声掛けしている。

GOOD

子どもは良い行動を続け、悪い行動を減らすことを意識できるので、自分の生活や学習を改善していける。

2－3では「中学受験に向いていない親の特徴」として成果主義であることをお伝えしました。ここではもう少し掘り下げて解説します。

「褒める」ことと「叱る」ことは、子どもを成長させる手段です。良いことがあったときは、その良いことが再現されるように、悪いことがあったときには、その悪いことが再現されないように促すものです。

しかし、意識的に正しく言葉を選んで伝えないと、意図せぬメッセージが子どもに伝わってしまうので注意が必要です。

☑結果ばかりに注目すると間違ったメッセージが伝わる

親御さんは、ついつい成績ばかりを気にして褒めたり、叱ったりしてしまうものです。子どもが取ったテストの点数に対して、こう声をかけたとしましょう。

「100点取ってすごいね！」

この褒め言葉が伝えているメッセージは何でしょうか？　「100点を取ることは良い

ことだ」です。文字通りの意味はこれだけです。しかし、多くの子どもは、言外に「100点を取るなんて、あなたは頭が良いね」というメッセージも受け取ります。つまり、このように結果だけ褒めると、前述した、**子どもからチャレンジ精神を奪い、子どもを嘘つきに変える間違った褒め方**になってしまうのです。

なぜこのようなことが起こるのでしょうか？　それは、**「100点取ってすごいね！」の中には「どうすれば100点が取れるか？」の情報が含まれていない**からです。子どもの脳は未熟です。練習したことと結果が結びついていないことも少なくありません。練習してからテストまで時間が空いたりした場合にはなおさらです。そのような状況で結果だけ褒められると、「練習を頑張ったから（100点が取れた）」ではなく、「自分は頭が良いから（100点が取れた）」と誤解してしまうのです。

子どもは褒められればもちろんうれしくなります。また褒めてほしくて、100点を取ろうとするでしょう。しかし、「頭が良いから大丈夫」と思っていたり、そうでなかったとしても「どうすれば100点が取れるかわからない」という状態だったりしたら、「テ

スト に向けて勉強しよう」という発想にはならないですよね？　そして、「100点を取って褒められたいけど、100点を取れなかった……」ときどういう行動をするかは、前述した通りです。**嘘をついて点数を実際よりも高く言う子が増える**のです。

他によくある例としては、授業の小テストで答え合わせのときに、自分の答えを後から書き換えて正解にしようとする行為です。そういう子は、これまでの経験で「100点のテスト答案を持っている状態にする」ことが大事だと思わされてきたのです。

また、宿題ノートでも、間違えた問題を消して書き直し、すべてに○をつけて提出する子がいます。「自分が何を間違えたか」の「履歴」は、成績アップのためにとても貴重な情報なのですが、自分でそれを消してしまうのです。もったいないですね。これも「正解がノートに書かれていて、○がいっぱい並んでいる」ことが大事だと思っているからです。

「褒める」ことと「叱る」ことで伝えたいことは何か？

改めて考えてみましょう。親御さんは、子どもにどうなってほしいのでしょうか？　そのために、なぜ褒めるのでしょうか？　何を褒めるのでしょうか？

私は、子どもが「賢くなってほしい」「わかることが増えることを楽しんでほしい」から褒めるのだと思います。そのためには、子どもに「賢くなるような学習をしてほしい」「前より実力を高めるような行動を取ってほしい」というメッセージを伝えなければなりません。そして「これが賢くなるような学習だから続けてね」と伝わるように、**褒める内容を具体化**する必要があります。

「間違えた問題を、正解にできるまで解き直したんだね」
「算数の問題で図を書いたんだね」
「社会で知らなかった言葉の意味を調べたんだね」

ここまで具体的に褒めて、ようやく子どもの行動に変化が表れます。「これをやればよかったんだ。この学習を続ければいいんだ」となります。

☑「叱る」ときも結果ではなく行動に注目する

「叱る」ときも同じです。「0点を取った」ことを叱るだけでは、改善のための方法を示していません。「宿題をやっているか、いないか」「宿題をどれくらいやっているか」「宿題の丸付けをしているか」「間違えた問題に印をつけ、もう1回解いているか」など**具体的な行動に注目**するのです。

点数が低いことを責め、それでいて正しい行動を示さなければ、それはパワハラといってもいいでしょう。自分に置き換えてみてください。「売り上げを上げろ！　そのための方法は自分で考えろ！」。そんなふうに上司に言われたら、どうしてよいか困りませんか？　子どもがアドバイスなしで正しい学習法に気づき、実践するのはとても難しいことです。「売り上げを上げろ！」と言うだけでなく、ちゃんと「売り上げの上げ方」も説明するということですね。

子どもには、「結果ではなく行動が大事だ」「良い行動をできるかに意識を集中しよう。結果は後からついてくる」というマインドを持たせたいですね。そのためにも、**結果ではなく、行動に対して声かけする**ようにしていきましょう。

5-3 結果が悪いときはどんな言葉をかければいい？

×

悪い結果が出たときに「一生懸命頑張ったんだから仕方ない」と慰める。

BAD

「一生懸命やってもダメなんだ」と自信をさらに失わせてしまう。

○

その場しのぎの慰めではなく、本人の気持ちに共感し、寄り添った上で次へつながる改善策を考える。

GOOD

悔しい結果を乗り越え、「次こそは！」と努力を続けられる。

子どもが何か目標に向かって頑張ったとしても、良い結果が常に必ず出るとは限りません。特に中学受験の世界では、第一志望に合格する子は、統計的にいえば3~5人に1人程度です。残念な結果になる子のほうが圧倒的に多いのです。

もちろん、受験だけではありません。どんなチャレンジにも失敗はつきものです。チャレンジなくして成長も成功もありません。ですから子育てでは、**チャレンジには失敗がつきものであることを前提に、それを乗り越えさせていく必要**があります。私たち大人は、**子どもが失敗したとき、どんな対応をすべきか**よく知っておく必要があります。

☑慰めが子どもに伝える間違ったメッセージ

子どもがチャレンジに失敗したとき、多くの親や指導者がやってしまいがちな間違った声かけがあります。それは、

「一生懸命頑張ったんだから仕方ない」

といった慰めの言葉です。あなたはこれまで、こうした慰めを言ってしまったことはあり

ませんか？　やる気を引き出すという観点では、この言葉はＮＧなのです。たとえ、子どもが本当に一生懸命、頑張っていたとしてもです。

なぜなら、**人は報われなかった努力を褒められると、自分の無力さをさらに強く意識するようになる**ことがわかっているからです。十分に頑張ったのに良い結果が出なかったとしたら、「自分は才能がないからダメなんだ」と受け取って、落ち込んでしまう人が多いのですね。「励ましたい」という意図に反する結果になってしまいます。

大切なのは行動に注目した「具体的なアドバイス」

やる気を高めるために必要なのは、その場しのぎの慰めではありません。自分は才能がないから努力してもダメなんだという考えは、最もモチベーションを下げます。次のチャレンジこそ、成功するチャンスがあるのだ、という自信を子どもに抱かせることが大切です。ですから、真剣に取り組んでもうまくいかなかったときは、慰めるのではなく、**改善のために必要な情報**を伝えなければいけません。それが厳しい内容であったとしても、子どもを信じてしっかりと伝えましょう。

「前より量を増やした努力はわかるが、まだ勉強が足りないからもっと増やそう」
「今の勉強のやり方がうまくいかないとわかったのだから別の方法を試してみよう」

そうやって行動を改善すれば結果を変えられると伝えましょう。「君には改善する力がある」と、子どもに理解させるのです。そのために相手に伝える情報は行動に関する具体的なものにしましょう。良い結果があったとき、その結果だけ褒めると、才能を褒められたと受け取ってしまうことが多いと述べました。それと同じで、悪い結果だった場合も、結果に対してのフィードバックだけだと、子どもはそれを「才能がなかったからだ」と受け止めてしまいがちです。そうした誤解を生まないように、行動についてフィードバックしましょう。悪いのは「勉強の量」「勉強の内容」「勉強のやり方」といった「行動」であって、自分の「能力」や「性格」ではないのです。

例えば、算数で思うような成績が取れなかったとしたら、

「君は計算ミスが多い」

といった能力の不足を指摘するのではなく、

「計算ミスをなくすための練習内容と量を見直そう。これが改善できればあと偏差値○の上昇が見込める。次の模試までの1か月で何をどれだけやるか一緒に考えよう」

といったことを伝えるのです。受験に不合格だった場合でも同様です。受験までの間にどんな準備をするべきだったのかを具体的に考えてもらい、親も考え、伝えるのです。

失敗を責めるのではなく共感して一緒に前を見る

このとき、責められていると子どもに感じさせないようにすることも大切です。先に「模試で悪い点数を取ると悔しいよね」「行きたかった学校に不合格になって悲しいんだね」といった、共感的な言葉をかけるとよいでしょう。

NGな「慰め」とOKな「共感的な言葉」の違いは、NGが自分の側の評価を伝えているのに対し、OKは相手の側の気持ちに寄り添っているだけという点です。「あなたの気持ちを私はわかっているよ」と伝えることは、相手の能力の問題とは関係ありません。ですから、**自分の無力さを感じてかえって落ち込むことにはつながらない**ので大丈夫です。

実際、模試の悪い結果に落ち込んでいた私の生徒も、そうやって「自分が次回までに改善できそうな部分がどれだけあるか」を一緒に考え作戦を練り直したところ、ずいぶんスッキリした顔で帰っていきました。受験で不合格となり、落ち込んでいる生徒の対応でも、同じような反省会をしています。

子どもを指導する立場にある人間（親や教師）の役割

大人が子どもにすべきことは、問題点の指摘ではなく、**改善策を一緒に考えること**です。

これから先も模試は何度もあり、過去問もあり、受験本番もあります。あなたのお子さんにも、その結果で落ち込むときがきっと来るでしょう。

そのとき伝える言葉にはよく気をつけてください。伝え方を間違えると、子どもは「一生懸命やった」「努力の量や、やり方は悪くなかった」のだから、「じゃあ、悪いのは自分の能力だ」と思ってしまいます。「能力がないからダメだった」と子どもに思わせることは、最も自信を失わせ、やる気を下げます。良い結果が出なかったときには、改善につながる具体的なフィードバックが大切であること、ぜひ覚えておいてくださいね。

5-4 「やる気がないわが子」の解像度を上げよう

×

「やる気がない！　やる気を出せ！」と勉強しないわが子を叱咤する。

BAD

叱咤するだけでは「やる気が出ない原因」が解決されないので、いつまでも悪い状況が変わらない。

○

「わが子が勉強しない原因」を深掘りして、特定する。

GOOD

勉強しない原因に応じた対策を講じることができるので、子どもが勉強できるように導ける。

「うちの子がやる気を出してくれない」と悩む親御さんは少なくありません。保護者セミナーでも、塾生の親御さんとの面談でも、これまで何度も相談を受けてきました。そういうご家庭の親御さんに、「では、なぜやる気を出してくれないんだと思いますか？」と聞くと、多くの場合、答えられません。「たぶん、こうだと思います」という仮説すら出てこないのです。それでは対策が打てないのは当然です。

子どものやる気を引き出すためのアプローチは、体調不良を治すのに似ています。もしあなたのお子さんが「お腹が痛い」と言ったらどうしますか？ まずはお腹が痛い理由を考えるでしょう。自分でわからなければ、病院でお医者さんに診断してもらうでしょう。そして、原因に合わせて薬を飲むなどの対応をするでしょう。どんな病気も治す魔法の薬はありません。まずは原因の特定が必要です。問診や検査を受けて、原因を見つけていくのです。子どものやる気を引き出すときも同じです。本人と話をしながら、やる気が出ない原因を特定していくことが、はじめの一歩です。

❶「やる気がない」とはどういう状態だろう？

ではここで「やる気がない」とはどういう状態か考えてみましょう。相談のときに親御さんがおっしゃる「やる気がない」の意味は、人によってバラバラでした。

例えば、ある方は勉強に対しての「興味や関心がない」という意味でおっしゃっていました。また、別のある方は「やらなきゃいけないという納得感がない」という意味で使っていました。また「やらなければいけないことを実行する意志の力がない」という意味で使っていた方もいます。

こうして並べてみると、一言で「やる気がない」といっても、その意味合いは曖昧で、解像度が粗いことがおわかりいただけるでしょう。そして、この曖昧さによって、親子の間で、すれ違いが生まれることが多々あります。

例えば、子どもが「やらなきゃいけないことはわかっているけど、どうしてもやりたくない」と感じていたとします。こうしたことは特に受験前にはありがちです。不安や焦りから、勉強が手につかなくなってしまうのです。本人も「それではいけない」とわかっています。そんな状況に悩んで、「やる気が出ない」と親御さんに相談したとします。

このとき、親御さんが「やる気が出ない」という言葉の意味を「やらなきゃいけないという納得感がない」と解釈したらどうなるでしょうか？　きっと、「なぜ勉強をやらなければいけないか」を子どもに力説することでしょう。そうすると、子どもとしては「やらなきゃいけないことはわかっているけど、どうしてもやりたくない」ので悩んでいるのに、**「ますますやらなきゃいけない」という思いばかりが強くなって、追い込まれる**ことになります。

あるいは、親御さんが「ただ怠けているだけ」と受け止めてしまったらどうでしょうか？「受験生としての自覚が足りない」と、一方的に叱責してしまうかもしれません。

こうなると、子どもは自分で「受験生失格だ」と感じ、無気力になってしまうことも考えられます。**いずれのケースでも状況は悪化**します。そして、ますますつらい状況になり、そこから目を背けるため、ゲームやＹｏｕＴｕｂｅに逃避するかもしれません。

親が抱く問題意識と、子どもの実際の状態との間に、ギャップがある状態ではうまくいきません。「やる気がない」とはどういう状態なのか、解像度を高めていかないと、打つ手を間違えてしまうことが、おわかりいただけたでしょうか？

「やる気がない」という状態を具体的に分解し、どの部分に課題があるのかを明確にしていきましょう。先ほど挙げた「興味がない」「納得感がない」「意志の力がない」以外にも、疲れていて「元気が出ない」ということもあります。

さらに「意志の力がない」、つまり「やりたくないと感じている」という場合も、もっと細かく理由を分けると、「難しくてできる気がしない」「今じゃなく、後でいいと思っている」「他にやりたいことがある」などいろいろなパターンがあります。ひとつではなく、いくつかの要因が絡み合っていることもあります。**こうしたさまざまな可能性をひとつひとつ検討していく**必要があります。

検討するときは、例えば「子どもはどの場面でやる気がなくなるのか？」「どのような状況ならやる気を出すのか？」といった**具体的な行動パターン**を見つけ出しましょう。それが原因特定のヒントになります。「勉強に取り組むのが面倒くさい」と感じているのか、「自信がなくて避けている」のか、あるいは単に「疲れて休みたいだけ」なのかを見極めましょう。この**解像度が上がることで適切なサポートが可能**になります。

❷やる気が出ない理由を「ARCSモデル」で深掘りする

「やる気」をより具体的に考えるとき、その中核にあるのが**意欲**です。意欲とは「何かをしようと思う気持ち」を指し、行動のきっかけとなる重要な要素です。しかし、この意欲もまた漠然と捉えられがちで、**何が意欲を引き起こし、維持するのかについては、十分に理解されていないことが多い**のではないでしょうか？

ここで役に立つのが、意欲を構造的に分析する**ARCSモデル**です。このモデルは、意欲を「注意（Attention）」「関連性（Relevance）」「自信（Confidence）」「満足感（Satisfaction）」という4つの要素に分解し、それぞれを具体的に高める方法を示しています。これにより、**子どもの意欲の状態を詳細に理解し、適切なアプローチを考えることが可能**になります。

1 注意（Attention）：「おもしろそう」と思わせる

まず、意欲の出発点となるのが**「おもしろそうだ」と子どもに思わせること**です。どんなに重要な課題でも、注意を引けなければ始まりません。子どもが興味を持つきっかけをつくるためには、教材や方法に工夫が必要です。

例えば、理科の実験や歴史にまつわる謎解きゲームなど、子どもが「もっと知りたい」「自分もやってみたい」と感じる活動を取り入れることで、最初の一歩を踏み出しやすくなります。親子でテーマに沿った会話をすることや、おもしろい関連本や動画を一緒に見ることも効果的です。注意を引くための多様なアプローチを試してみましょう。

2 関連性（Relevance）：学ぶ意味を感じさせる

注意を引いた後に重要なのが「それを学ぶことが自分にとって意味がある」と感じさせることです。これは子どもの意欲を大きく左右します。勉強の意義を実感できなければ、たとえ興味があっても持続的な学習にはつながりにくいものです。具体的には、学ぶ内容が日常生活や将来の目標にどのように関係するかを説明することが有効です。

例えば「算数ができると買い物のときに量と値段を見比べてどれがお得かわかるよ」「英語が話せると旅行で便利だよ」など、子どもの身近な体験や将来の夢と結びつけて伝えるとよいでしょう。さらに、子ども自身に「これを覚えると何ができるかな？」と考えさせることで主体的に学ぶ姿勢が生まれます。

3 自信（Confidence）：自分にもできると思える

意欲を持続させるためには「自分にもできそうだ」という自信を育むことが欠かせません。自信がないと感じると、子どもは学習に取り組む前から諦めてしまいます。この自信を育てるには、成功体験を積み重ねることが大切です。課題の難易度を調整し、小さな成功を経験させましょう。

例えば、少し簡単な問題から始めて段階的に難しくしていくことで、できたときの達成感が得られやすくなります。テストの結果だけを評価するのではなく、「昨日よりも集中できたね」「これを自分で解けるなんてすごいね」といった努力そのものを褒めることで自分の成長に気づけるようサポートします。

4 満足感（Satisfaction）：やってよかったと思わせる

最後に重要なのが、学習の結果、得られる満足感です。「やってよかった」「自分でもやればできる」と感じられれば、その行動は繰り返されます。この満足感を高めるためには、達成感を得られる仕組みを作ることが効果的です。

例えば、学習した内容を活かせる場面を設けるのがひとつの方法です。学んだ知識を使って家族にクイズを出したり、親子で実生活の中で使ってみたりすることで、「勉強したからこれができるようになった！」という実感を持たせます。結果が出るまでのプロセスを楽しめるような工夫も有効です。例えば、勉強をゲーム化してポイント制にするなど、達成感を視覚化することも役立ちます。

やる気がない原因を見極めることが最初の一歩

子どもの「やる気がない」状態の原因は、上記のどれかが欠けていることが多いものです。注意が引けていないのか、関連性を感じられていないのか、自信が足りないのか、満足感が得られていないのか——これらを見極めることで、**「やる気がない」という漠然とした問題を具体的なアプローチに分解**できます。

親や大人が「なぜやる気が出ないのか」に注意を払い、欠けている部分を補う工夫をすることで、子どもが自分から学びに向かう姿勢を育てられます。そして、すべての要素が揃ったとき、子どもは「やる気がないように見える」状態から脱し、自発的に行動できるようになるでしょう。

❸意志は、条件を整えることで対応

意志とは、困難や面倒を感じても、やらなければいけないことを実行する力を指します。とても大切な力です。しかし、この意志の力に過度な期待をしてしまうと、子どもが「頑張れない」「やりたくない」と感じたとき、親子ともに挫折感を味わってしまうことがあります。意志は誰にとっても無限ではありません。それを補うには、意志そのものに依存するのではなく、**意志の力がなくても、なんとなく行動を続けられる環境を整える**ことが重要です。

☑意志を鍛えるより、意志を補う環境を整える

多くの親御さんは、子どもが行動を起こさない理由を「意志が弱いから」と考えがちです。しかし、心理学の研究によれば、**人の意志の力は、そもそもとても弱い**ことがわかっています。大人だって「毎日運動しよう」「毎日早起きしよう」と決めても、気分が乗らないときや、疲れているときには続けるのが困難です。あなたにもきっと、「やろうと思ったのに続けられなかったこと」がいろいろとありますよね？

まして子どもであれば、勉強や習い事などに取り組むとき、意志の力を発揮できないこ

とがあるのは普通のことです。だから、意志の力に頼らずとも自然に行動に移れるような環境を整えることが必要です。行動しやすい環境を整えるときは、以下のポイントを意識するとよいでしょう。

1 学習を習慣化する

習慣化された行動は、意志の力を必要としません。例えば、毎日同じ時間に勉強を始めるリズムを作れば、子どもは意志の力を使わずに自然と机に向かうようになります。リズムを崩さないよう、週末も同じ時間帯で取り組むようにするとよいでしょう。

2 学習を簡単に始められる状態にする

学習に取りかかるハードルを低くします。ハードルが高いと、子どもは「何をすればいいかわからない」と感じ、行動を始める意志が削がれます。勉強道具を整理して手が届きやすいところに置いたり、次に解く問題集やページをあらかじめ開いておいたりするようにしましょう。

3 行動を促すトリガー（きっかけ）を設定する

特定の行動に結びつく**きっかけを用意**することで、意志に頼らずに行動を誘発できます。例えば「食事の後は勉強時間」というルールを作ったり、アラームをかけておいて、時間がきたらすぐにわかるようにしておいたりするとよいでしょう。

4 親も一緒に行動する

子どもがひとりで頑張らなくてもいいように、親やきょうだいが一緒に机に向かってあげましょう。一緒にやる仲間がいるだけで、自然と勉強に取り組める環境がつくれます。親も読書や仕事をしながら子どもの横で勉強に付き合い、学習内容について質問を受け付ける体制を整えてみてください。

子どもの「意志が弱い」と感じたときに親御さんがすべきことは、**意志を鍛える努力ではなく、意志を補う仕組みを整える**ことです。子どもが「なんとなくでも机に向かう」「無意識に学習を始める」状況をつくり出すことで、行動を持続させることが可能になります。そうした意志を必要としない仕組みの中で子どもが努力を重ねるうちに、自然と成功体験が積み上がり、意志の力も徐々に育っていきます。

あらためて最後にこの節のまとめですが、子どもが勉強に対してやる気がないと感じたら、その原因を深掘りし、解像度を高めましょう。わが子の「やる気がない」というのは、より具体的に言うとどういう状態なのか、なぜその状態なのかを把握するように努めましょう。原因がわかれば適切な手を打ち、状況を変えていけますよ。

5-5 なぜ「そんなことなら塾をやめなさい！」と言ってしまうのか？

×

ダラダラしていると「やる気がないなら塾をやめなさい！」と言ってしまう。

BAD

「うん、やめる！」と言われて親が右往左往するか、本当にやめてしまうか、子どもが悲しい思いをしながら塾に通い続けるか、の3択になりがち。

○

子どもの「やる気のなさ」の理由を具体的に考え、解決できるようアプローチする。

GOOD

親が脅さなくても、子どもを勉強に向かわせることができる。

親が思ったようには宿題を全然やらないわが子に「そんなことなら塾をやめさせるよ！」と言ったことはありませんか？　このセリフを言うとき「本当に塾をやめさせたい」と思って発言しているケースはほとんどないでしょう。いや、頭に血が上っていて、その瞬間は本気ですが、冷静になると後悔することならありそうですね。

このセリフは、「子どもに真剣に勉強してほしい」という思いから出ている言葉だと思いますが、**ほとんどの子どもにとっては脅迫されているのと同じ**です。

「受験はしたい。勉強したほうがいいのもわかっている。それでも、他にやりたいことがあったり、誘惑に勝てなかったりして、なかなか勉強に取り組めない」——受験生のほとんどは、そんな葛藤を抱えている子です。その葛藤にあれやこれやと手を打って、自分の力で勉強できるようにしていくからこそ、中学受験が終わっても成長していけるのです。

葛藤を抱えている子に必要なのは脅しなのでしょうか？　しかも「塾をやめろ」というのは、**いきなり核ミサイルを発射するレベルの最後の一手**です。結果として、子どもは勉強するようになるかもしれませんが、脅されて取り組んでいるだけで持続性のないものです。親御さんが望んでいる姿ではないでしょう。

☑軽々しく「最後通牒」を出しても親の面子が損なわれるだけ

「次の試験で、偏差値○○以上取れなかったら塾をやめさせる」。こういった脅しもしばしば聞くことがあります。もしかしたら、脅された結果、なんとか心を入れ替えて、真剣に学習するようになるかもしれません。

しかし、偏差値は他者との比較なので、学習した成果がそのまま表れるわけではありません。それで、目標の偏差値に届かなかったら、本当に塾をやめさせますか？　学習に取り組む姿勢が改善したから、前言を撤回して塾を続けさせますか？　前言を撤回すれば、約束を破ったことになります。

このセリフを使った多くの親御さんは、「本当はやめてほしくないのに、つい言ってしまって……」「結局、続けることになりました」という道をたどります。その結果として残るのは、「親の判断や決断は重いように見えるものでも、揺らぐらしい」「結局は機嫌だ」

「約束は変わるものだ」という、本来、与えたくはないようなメッセージが伝わったという事実だけです。

「偏差値○○に届かなかったら塾をやめさせる」と言って、そのセリフがハッピーエンドに結びつくことはないと思ってください。

状況を変えるには背景を知って困っているわが子を応援する

「中学受験する」といって始めたはずなのに、子どもがちっとも勉強しないのでイライラする――これ自体は、よくあることです。ただし、**この状況がなぜ生まれているのかは子どもによってまちまち**です。

・子どもに勉強する気はあって、机には一度向かった。でも、問題が難しくて解けないので、やる気がなくなってしまった。

・子どもに勉強する気はあって、計画も立てた。読書のあとで勉強するつもりだったけど、つい時間を忘れて、読書に没頭してしまった。

・勉強する気が子どもにそもそも起きていない。勉強しても中学受験で合格する気がしない。

「ちっとも勉強しない」という目の前の事実だけを見て、いきなり「やる気が全然ない」と判断するのではなく、**どんな理由から「ちっとも勉強しない」という事実が起きているのか、お子さんと一緒に深掘り**してみてください。原因がわからなければ、解決策を見出せません。

逆に原因がわかれば、そこに手を打つことで、**脅さなくても状況を改善**できます。マイナスの声掛けをすれば、相手はマイナスになっていき、プラスの声掛けをすれば相手もプラスになっていきます。前向きな声掛けを増やせるようにしていきましょう。

5-6 模試の結果で一喜一憂しない

×

模試の結果が悪ければ叱り、良ければ褒める。

BAD

子どもはストレスの多い中学受験生活を過ごすことになる。最悪の場合、子どもが模試の結果をごまかしたり、盛ったり、カンニングしたりする。

○

模試の結果よりも行動を重視する。平均への回帰を理解して、ほどよく受け止める。「大事なのは次への行動」を意識して子どもに声掛けする。

GOOD

模試の結果で親の機嫌が上がったり下がったりしないので、穏やかに中学受験生活を過ごせる。次の行動を前向きに考えて学習を続けられる。

6年生になると、模試の種類や頻度が増えてきます。それにともない、「悪い結果を叱ったら、子どもが気を引き締めたのか成績が上がった」「良い結果を褒めたら、子どもの気がゆるんだのか成績が下がった」と感じる場面が増えることがあるかもしれません。しかし、これは実際には平均への回帰が起きているだけの場合があります。

唐突ですが、サイコロを用意して振ってみてください。もし1か2が出たら「低い！　真面目にやれ！」と叱り、5か6が出たら「高い！　よくやった！」と褒めてみてください。次に出る目がどうなるかというと、叱った後は良い目が出て、褒めた後は悪い目が出るのではないでしょうか？　まるで、サイコロがあなたの言葉を聞いているかのように感じられますが、これは平均への回帰と呼ばれる現象です。単純に確率の話です。

低い数字が出た後は、その数字より高い数字が出る確率が高く、高い数字が出た後は、その数字より低い数字が出る確率が高いということです。決して、叱ったり、褒めたりしたから結果が変わったわけではありません。だから、「模試の結果が悪かったので強く叱ったら、次の模試では成績が上がった」は勘違いなのです。

子どもの成績にも同じことが起こります。テストの結果にはその日の体調や気分、出題範囲など、さまざまな運の要素が絡んでおり、実力だけでなく、これらの影響を受けます。

そのため、一度のテスト結果で成績を評価するのではなく、**長期的な傾向を見たほうが良い**のです。

図　平均への回帰

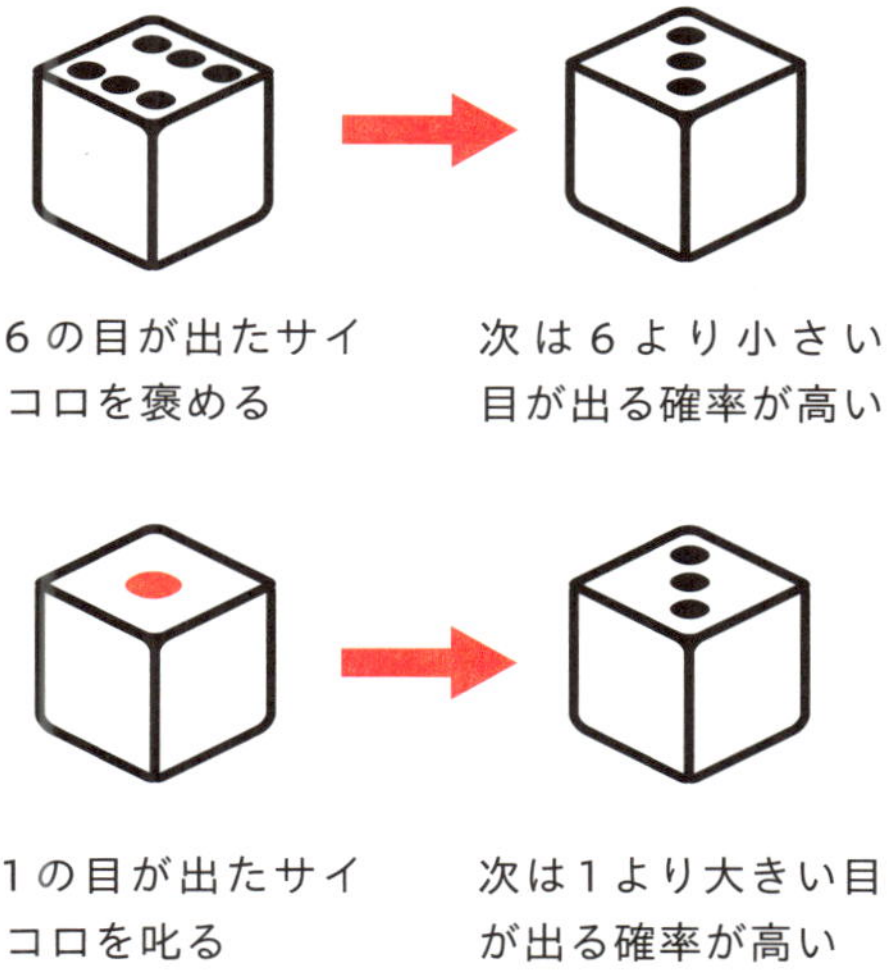
６の目が出たサイコロを褒める
次は６より小さい目が出る確率が高い
１の目が出たサイコロを叱る
次は１より大きい目が出る確率が高い

褒めたり、叱ったりしたからサイコロの目が変わったわけではない。模試の結果だけを見て褒めたり、叱ったりしても意味がない！

☑模試の結果に一喜一憂せず長期的な視点で成長を見る

親がテストの結果に一喜一憂すると、子どもは親の顔色をうかがうようになります。それはつまり勉強が**自分事**ではなくなり、主体性を失うということです。

もしあなたが「親のご機嫌取りのために勉強するのではなく、勉強自体の楽しみを知ってほしい」「自分が成長する喜びを感じてほしい」と子どもに願うのであれば、一喜一憂する自分の感情は手放していく必要があります。成績が良かったから褒め、悪かったから叱るということも避けましょう。その代わりに、以下の三つのポイントを意識してください。

❶モチベーションを一定に保つ

模試の結果が出るたびに「やったー！　成績上がった！　いける！」とか、「下がった……ダメかも」などと成績に一喜一憂する生活は、不健康です。成績が悪かったとき、過剰に反応して叱責することは、子どもの自己肯定感を下げ、モチベーションを逆に低下させることがあります。そもそも子どもは、悪い結果を取ってしまった時点で、ある程度ショックを受けるからです。

だからこそ、テストは淡々と受け、淡々と振り返り、次に取るべき行動を冷静に考えようと意識することが重要です。「テストの結果は多少揺れるものだ」という知識ひとつあるだけでも、心の持ちようは変わってくるはずです。

❷全体の傾向を見る

模試一回だけの結果を見てあれこれ言うのではなく、揺れながらも、成績が全体として上がっているのか、下がっているのかを確認します。とにかく「長期的な視点で子どもを見守る」ことが大事です。成績の波を「帯」のように捉え、全体像を把握しましょう。

❸褒めるときも叱るときも具体的に原因を考える

子どもの成績を見るときには、テスト結果だけでなく「学習の行動」に注目することが大切です。褒めるにしても叱るにしても、**結果ではなく、その原因となった具体的な行動に焦点を当てる**ことが大事です。**次にどんな行動をすればよいのかを意識する**ことが実力の向上につながります。子どもの行動を見ていないのに、結果だけ見て褒めたり、叱ったりするのは危険です。

結果だけ見て褒めていると「結果を追求するだけなら、カンニングするのが一番手っ取り早いな」というメッセージを言外に子どもに伝えてしまうことさえあります。「〇〇を頑張ったから、良い結果（成績）だったんだね」と具体的に原因を褒めることで、子どもが良い行動を続けられるよう応援しましょう。

逆に、結果だけで叱っていると「頑張っているのに悪い成績を取ってしまって苦しいのに、さらに親から厳しく言われた……」と諦めたくなるかもしれません。「頑張りは知っているよ。結果につながらなかったのは何でなのか一緒に考えよう。どこが足りなかったんだろうね？」と子どもと一緒に考え、教訓を得ようとする姿勢を育てていきましょう。

図　実力には幅がある

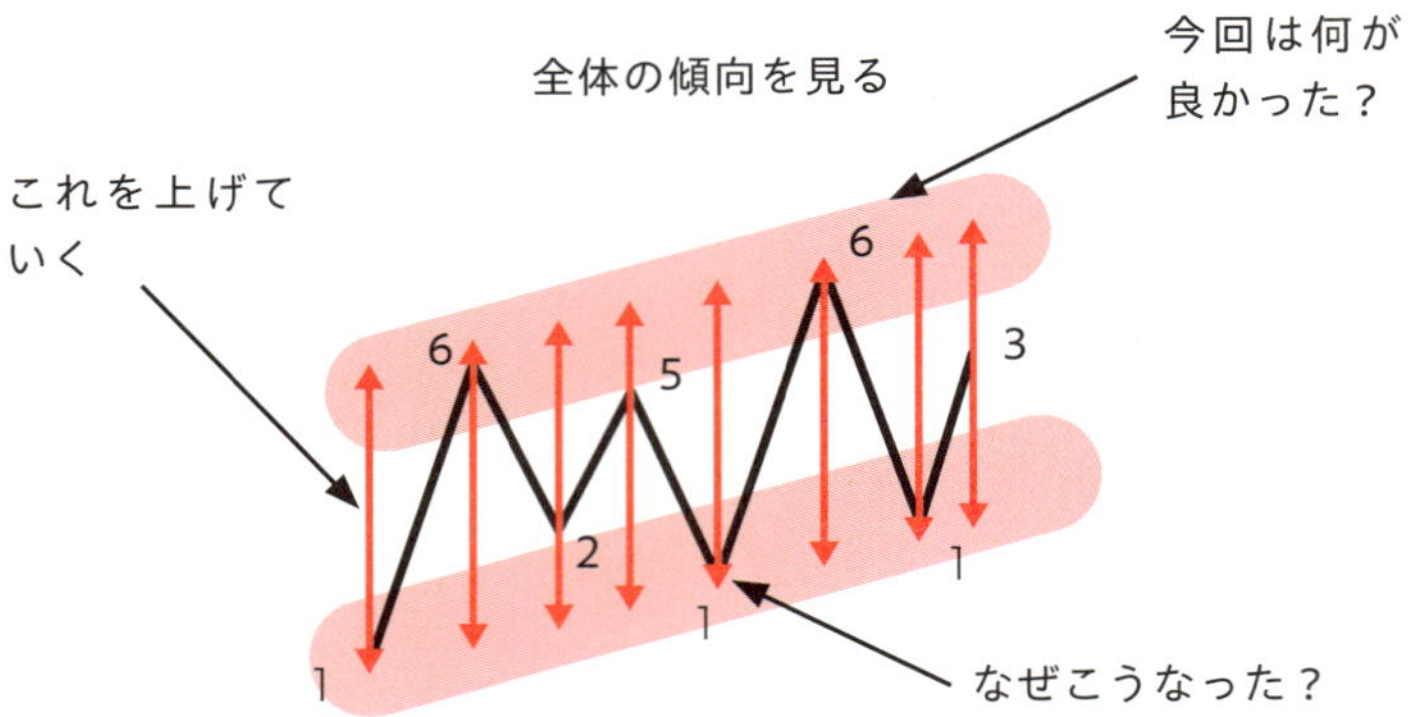

その中でどれほどの成果が出るかには運「も」絡む。大事なのは「❶モチベーションを一定に保つ」「❷全体の傾向を見る」「❸褒めるときも叱るときも具体的に原因を考える」ことだ。

5-7 文系の親が国語を、理系の親が算数を教え始めたら破滅の第一歩

×

親が自分の得意な科目をわが子に教えると、自分にとって簡単すぎて子どものわからないところがわからない。

BAD

「こんなこともできないのか！」と、わが子が「できないこと」ばかり気になってしまい不安につきまとわれる。

○

親が得意ではない科目を子どもと一緒に取り組む。子どもなりの成長や頑張りを見つけてあげる。

GOOD

自分もわからないので、子どもが勉強していることを純粋に褒めてあげられる。そうすることで家での勉強時間が楽しい時間になる。

親のあなたがかつて、自分の進学先を文系、理系、芸術系、体育系にした理由は何でしょうか？　おそらく「興味があったから」「得意だったから」という答えが思い浮かぶと思います。そうすると、「得意科目だから、自分で教えられる！」という発想をする方がいます。しかし、ここに落とし穴があります。この状態で子どもに教えると、衝突が起きることがあるのです。その理由は、**子どもがわからないことに対していら立ちを感じてしまう**からです。

例えば、文系の親御さんが文系の科目を指導する場合を考えてみましょう。国語が得意な方にとって、文章を読んで聞かれたことに答えることは当たり前のスキルだと感じているのではないでしょうか？　しかし子どもはまだ文章に慣れていないため、短文であっても内容を理解できない子はたくさんいます。

そして、わが子がそうだった場合、「なぜ読めないのか」を理解できず、焦りが生じてしまうのです。そして「こんなこともできないのか！」「これくらいはできてほしい」と、わが子であるがゆえに、つい強く当たってしまう可能性があります。社会の場合についても、親の視点で「覚えていて当然」と思っていることを、わが子が覚えていない場合、著しく知識不足であると感じ、焦ってしまうのです。

理系でも同様です。基本的な四則計算で子どもがつまずいているのを目の当たりにすると、同様に「こんなこともできないのか！」と、怒りや焦りが生じます。また、理系の方は、一元一次方程式を当たり前のように使いこなすことができますから、**方程式での解法を子どもに指導しがち**です。

しかし、方程式は抽象度が高いため、特に小学生は式を立てることができません。そのため、何をやっているのかが子どもには一切わからず、算数的な解法も身に付かず、数学的な解法も身に付かないということになってしまうのです。理科の場合も、社会と同様、**常識のハードルが子どもとかけ離れてしまう**ことがあります。

「自分が解ける、知っている」ことを、目の前の子どもができないと焦ってしまい、子どもに強く当たりがちです。でも、子どもの知識や経験が、親御さんより少ないのは当たり前です。**それを身につけるために勉強をしている**といってもいいかもしれませんね。なので、子どもが知らないことやできないことがあった場合は、**それを一緒に乗り越えるにはどうすればいいかを考える**ことが建設的な対応です。

☑塾に勉強を任せる、一緒に勉強する、子どもから習う

この落とし穴に落ちないようにする最もシンプルな方法は、専門家、すなわち学習塾に任せることです。

ただ、この本をお読みの方の中には、子どもの成長を親が自分でサポートしてあげたいという方もおられるでしょう。そういった方は、**子どもと一緒に、自分が得意ではない科目や苦手な科目に取り組む**のがお勧めです。

国語や社会が苦手であれば、漢字検定に申し込んで一緒に漢字を勉強したり、社会の問題集を一緒に解いてみたりしてください。自分が得意ではない科目、苦手な科目をやることで、「こんなことを覚えているのか」「自分なりに乗り越えようとしているな」と、子どものポジティブな部分に着目できるようになります。

以前、私のYouTubeチャンネルに出演してくださった東北大学の脳科学者・瀧靖之教授は、わが子と一緒にピアノを習い始めたとのことでした。「子どもの気持ちや子どもの努力、いかに大変かがよくわかります」とおっしゃっていました。

ある親御さんは、手が空いたタイミングで時間を計って、子どもと一緒に算数の問題集を解いているとおっしゃっていました。話を聞くと、算数や数学は苦手中の苦手だったと

のことですが、子どもが頑張っている様子を見て一緒に解きたくなった、とのことでした。「子どもに全然かなわないんですよ」『うちの子はこんなに難しいことをしているんですね」と笑いながらお話ししていました。その親御さんの子どもは最終的に、その問題集をほぼ完璧に仕上げ、チャレンジ校であった第一志望の中学校に合格しています。

「子どもから習う」のもお勧めです。人に教えることで子どもの中でも考えが整理されますし、説明に詰まれば、十分に理解していない部分も発見できます。そうなれば「また塾で先生に聞いてこようね」「もう1回塾の先生に聞いてきたら、また後で教えてね！」という話にすればよいのです。そして見事に「子ども先生」が家での説明に成功したら一緒に喜びましょう！

「親も自分の勉強をする」という手もあります。家庭での勉強時間が「子ども（親）と一緒に高め合う楽しい時間」に変わっていく効果もあります。ある親御さんは、子どもが勉強する様子を見て、ご自身も資格試験に本気を出し、一緒に勉強されていました。その結果、その子は志望校の合格を勝ち取り、親御さんも海外の会計士の資格に合格しました。

5-8

完璧主義であるほど完璧から遠ざかる

×

短期的な勉強の効率を追い求め、志望校という目標だけを見て、よその家と比べる。

BAD

子どもに必要以上のプレッシャーを与え、子どものやる気がそがれ、親も不安にさいなまれ、疲れ果てる。

○

長期的な視点で効率を求め、志望校ではなくわが子を見て、よその家と比べない。

GOOD

子どもに失敗を恐れぬ強い心が育まれ、子どもとの良好な関係が築け、親自身も子どもの中学受験を通じて成長できる。

❶効率を追い求めるほど完璧主義になり非効率になる

中学受験は、どうあってもその子にとって一度きりですし、制限時間からは逃れられない戦いです。そんな中で親としては「目標達成のために最善の手を打っていきたい」と考えるのは当然のことですよね。「模試の結果を分析して弱点を見つける」「効果的な教材や学習法を選ぶ」「時間を無駄にしない計画を立てる」――そうして進めた学習で、一番いい結果をつかみ取ってほしい……。これらは一見、正しい姿勢に思えます。

しかし、**効率を重視しすぎると、完璧主義に陥りやすい**ものです。「最短距離で目標を達成するには、こうしなければならない」といった考え方が強くなると、子ども自身の意欲や自主性が置き去りにされる危険があります。親が先回りして計画を立て、学習スケジュールを細かく管理することで、目標達成は一時的にスムーズになるかもしれません。しかし、子どもは指示待ちの受動的な姿勢になりがちです。このような状況では、**子どもの「自分で考える力」や「失敗から学ぶ力」が育ちにくくなる**のです。

例えば、親が「この教材が効率的だから、これだけを繰り返しなさい」と決めつけると、自分に合った学習法を子どもが自分で見つけるチャンスを失います。親と子で得意科目が違ったり、気分よく進められる学習法が違うかもしれない、という点が忘れ去られてしまっています。

また、親が計画を過度に管理すると、子どもは「自分の判断は信用されていない」「自分で考えても無駄」と感じ、学ぶ楽しさを見失ってしまうことがあります。学習は自分で工夫し、新しい知識を得ていくという楽しさがあるはずですが、これでは「厳しい上司が次々と要求してくる課題を、どうにか乗り越えないと」という気分にしかなれないですよね。

さらに、効率を重視する親の姿勢は、知らず知らずのうちに子どもにプレッシャーを与えることがあります。「時間がないからもっと頑張らなければならない」「この方法でやらないと遅れてしまう」といった焦りが、親子のストレスを増幅させてしまうのです。特に中学受験の後半戦では、このプレッシャーが積み重なり、子どもが疲弊してしまうことが少なくありません。

本当の「効率」とはなんだろう？

親御さんが効率を考えたくなる気持ちはわかります。ただ、何を目指したときの効率なのかをよく考えましょう。**短期的な成果だけでなく長期的な成長を目指す**とすれば、効率の意味はガラリと変わります。

目の前のテストで良い点数を取るためだけではなく、「自分で考える力」「失敗を克服する力」「達成感を味わう喜び」を学ぶことこそが受験の大きな価値です。

例えば、模試で思うような点数が出なかった場合でも「どこで工夫できたか」「次にどう挑戦するか」を子ども自身に考えさせる時間を設けることで、**効率的でありながらも深い学び**を得られます。そんな経験を経て成長した子は、**中学・高校での生活や、大学受験のときにも、自ら学んで成長していく姿**を見せてくれます。

一方、結果重視で親が最適な方法を押し付け続けて育ってきた子は、中学・高校の定期テストでも、大学受験の学びでも、親はヤキモキし続けることになります。「いつになったら手を離してよいんだろうか？」と感じながら6年間を過ごします。手を出し続けようとしても、中高生ともなると確固たる自我が育ってきますから、コントロールが難しくなっていきます。お子さんを、どちらの姿に導くのが本当に効率が良いことなのか、一目瞭然ではないでしょうか。

さらに、親が効率という言葉を使うときは、それが子どもにとっての効率なのか、自分にとっての効率なのかを意識することが重要です。例えば、「○○中に受かる子はこの教材を使っている」と選んだものが、子どもにとって理解しづらいものであれば、それは単なる押し付けにすぎません。

手っ取り早く見つかった正解に子どもを当てはめようとするのではなく、「子どもに合うものを探す」「子どもと一緒に考える」「子ども自身で考える過程を見守る」といった、親から見て遠回りな過程こそが、子どもの成長と発達にとっては効率的なものなのです。効率を追い求めるあまり、最終的に親も子どもも疲弊してしまっては本末転倒です。効率を考えるときこそ、子どものペースや気持ちを尊重し、「親の管理」ではなく「子どもの成長」を最優先にする視点を持つべきです。その結果、効率と主体性を両立した、より良い受験生活を築けるのです。

❷目標を見れば見るほど、目標から遠ざかる

中学受験という明確な目標がある場面では、親がその目標に集中するのは自然なことです。特に「○○中学に合格させたい」という思いが強いほど、親は子どもの進捗を数値や成果で測りがちです。

わが子より目標を見ると完璧主義になる

ですが、ここで「目標を見るか、わが子を見るか」という問いに注目しましょう。目標だけを見てしまうと、目の前の子どもの成長や努力を見逃してしまい、**知らず知らずのうちに親子関係や子どもの自己肯定感に悪影響**を及ぼしてしまうのです。

例えば、「この問題が解けないなら、○○中学は無理だよ」「○○中を目指すには、このクラスに入れる成績を取らなきゃ」「次の模試で偏差値を5上げないと志望校に届かない」といった言葉はよくありますよね。

こうした言葉は、親の焦りや不安からつい出てしまうものですが、子どもにとっては「で

も、どうすればいいの……？」「頑張りを否定された……」と感じられるものです。「どうせ頑張っても親には満足してもらえない」という思いが積み重なると、子どものやる気が削がれ、最悪の場合、学習そのものへの意欲を失ってしまうこともあります。

☑目標は「叱責の材料」ではなく「成長の道標」として使う

そもそも、「目標」とはなんでしょうか？　「標識」という熟語からもわかるように「標」とは「しるし」「目印」のことですね。たどり着きたい方向に近づいているかを確認するためのものです。目標をひとつ達成し、正しい方向に進めたことを喜ぶ……これを繰り返すことで、努力を続けていけます。

目標に向かう過程での努力を認め、成長を共有することは、子どもにとって大きな励みとなります。「昨日できなかった問題が、今日は少し解けるようになったね」「ここ、すごく工夫して取り組んでいるね」という声掛けは、子どもの自信を育て、学び続ける意欲を引き出します。**たとえ合格ラインに達していなくても、少しでも前進している部分を見つけて褒めることが、子どものポジティブな姿勢を支える**のです。

目標は「叱責の材料」ではなく「成長の道標」として扱ってください。親の「目標をどのように扱うか」という姿勢によって、子どもの学びへの意欲が大きく変わってきます。**目標は子どもを追い詰める道具ではなく、成長を支えるための指針**であるべきです。

目標よりわが子を見ることの勧め

「目標を見るか、わが子を見るか」。改めて、この問いに戻ります。目標を優先しすぎると、親は「間に合うだろうか」「合格できなかったらどうしよう」「このやり方で本当に大丈夫なのか」といった不安にさいなまれてしまいます。しかし、「わが子の成長を見守る」ことを優先すると、**小さな変化や努力に気づけるようになり、親自身が安心感を得られる**ようになります。

さらに、**「わが子を見る」姿勢は、親と子どもとの信頼関係を深める鍵**でもあります。受験生活の中で、子どもは親に「見てもらえている」という安心感を求めています。模試の結果が振るわなかったときでも、「ここはすごく努力した部分だよね」「次はどんなふうに取り組もうか？」といった声掛けをすることで、子どもは「親が自分を理解してくれている」と感じられます。**この信頼感が、子どものさらなる努力を後押しする**のです。

最後に、「わが子を見る」という姿勢を持つことは、受験が終わった後の子どもの成長にも大きな影響を与えます。**受験は通過点であり、その過程で得た経験や教訓が、将来の子どもの人生に役立つ**ものとなります。目標に執着しすぎると、その過程で得られる学びを見落としがちです。「合格だけがすべてではなく、この経験が子どもをどう成長させるか」を意識することで、受験生活そのものが親子にとって豊かなものになるでしょう。

❸よその家と比べるほど「負け」が込む

「親は、子どもを水平比較ではなく、垂直比較で見なさい」。これは日本を代表する教育者である、開成学園元校長の柳沢幸雄先生がよくおっしゃっていた言葉です。

☑水平比較が生む完璧主義

水平比較は、子どもを他の子どもや兄弟姉妹と比較することです。例えば、兄弟姉妹やお友達と比べて「お兄ちゃんはもっと早くできたのに」「兄弟の中で、この子だけが算数が苦手で……」「クラスの中でも算数苦手だもんね」などと言うことです。

こうした他者比較をされると、「自分はできていない」「親に認められていない」という劣等感を植え付けられます。言っている側としては、奮起することや、ちゃんとできている人を真似して成長することを期待しているのでしょう。しかし、こうしたセリフを聞かされて発奮する子はまれで、たいていの場合、子どものやる気を削いでしまうだけの結果に終わります。

能力の優劣で評価されることは、ありのままの自分を受け入れてもらえないということです。それは自己肯定感を低下させる原因となります。できる限り避けましょう。

これに対して、**垂直比較**とは、他人と比べるのではなく、その子の過去と現在を比較することです。水平比較の呪縛から抜け出すためには、この垂直比較を意識することが鍵となります。

例えば、「昨日できなかった問題が今日は解けるようになったね」「1か月前に比べて集中力が続くようになった」といったポジティブな変化に注目するのです。この視点を持つことで、子どもは自分の成長を実感しやすくなりますし、親もまた「わが子は着実に成長している」という安心感を得られます。

垂直比較で、親子の関係は良好に保たれますし、子どもの自己肯定感も育ちます。ぜひ、「昨日より少しでも成長した部分を見つける」練習をしましょう。**親が成長を見つける声**

かけをすることで、子どもは努力が認められる喜びを感じ、それがさらに次の頑張りへとつながります。

ただ、水平比較を完全に避けることが難しいのは事実です。特に、模試やクラス内での順位が明確に出る環境では、どうしても他人との比較が生まれてしまいます。このような場合でも、親は比較の結果を直接的に子どもにぶつけるのではなく、「今の状況を踏まえて次にどうするか」を一緒に考える姿勢を持つことが大切です。

例えば、「この模試ではみんなよりこの分野が苦手だったみたいだから、次はここを少しずつ克服していこう。次、この分野で少しでも点が上がっていたらうれしいよね」というセリフは、結果の水平比較（みんなより苦手だった）から始まってはいますが、結論を垂直比較（点が上がっていたらうれしい）の目標に置き換えています。垂直比較を通じて、子どもの成長をていねいに見守り、その努力を認める姿勢を持つ――これが、水平比較の「呪い」から親子を解放し、健全な受験生活を支える鍵です。

親も水平比較をやめる。完璧でなくていい

水平比較は親自身にも悪影響を及ぼします。中学受験について調べていると、「子どもの勉強のサポートまですることが当たり前」という情報が、いたるところから舞い込んできます。「模擬試験の結果から弱点単元を見つけて、解かせたらうまくいった！」「学校の出題傾向を完全に把握して、これまでのテキストから解くべき教材を見つけて解かせました！」「いつ何の宿題をするのか決めて、Ｅｘｃｅｌで管理した！」「中受を経験した親が勉強をつきっきりで見てあげたり、ときには解法やテクニックを教えてあげた！」「大逆転合格！」……。

昨今のＳＮＳには、こういった「うちは、こういう声掛けをしてうまくいった！」「絶対にこれをやっておいたほうがいい！」といった情報にあふれています。そのような情報に触れると「自分もやらなければいけないのではないか？」「隣の家庭ではこんなに完璧にやっているのに、うちは……」と、不安や焦りを抱えてしまいますよね。

ほかの家庭ができていると思うと、**それができていないことで子どもに対して申し訳なさを感じてしまい、自身を責めてしまう**ようにもなってしまいます。

しかし当然ながら、このようなサポートはすべての親ができるものではありません。いざ伴走を始めてみたはいいものの、日常の育児や家事、仕事があり、なかなか思うようなサポートはできない……それは当然のことです。

わが子はよその子に比べて全然ダメ。そんなダメな子の親の私も全然ダメ……そんな思考に陥ってしまったら、誰も幸せになれません。情報を調べるうちに、無意識に自分の家庭とよその家庭を水平比較してしまっているのがそもそもの原因です。

ネットにあふれる情報たちは、「こうやったらうまくいった！」という成功をアピールするものがほとんどです。「うまくいかなかった……」体験談をわざわざ開示してくれる人は少ないでしょう。そんなものばかり見て悲しくなるのは、プロスポーツ選手の活躍を見て「自分は下手だ」とがっかりするようなものです。気にしすぎても仕方ありません。誰でも「子育て界の大谷翔平や藤井聡太」になれるわけではありませんから。

受験期間中、親もまた試行錯誤を通じて学び、成長していきます。模試の結果や日々の取り組みを見ながら「どのように声をかければいいか」を考え、うまくいかなければ改善していく……このプロセスは子どもが苦手な分野を克服し、新たな課題に挑む過程と同じです。

そこで特に重要なのは、親も常に完璧である必要はないという姿勢です。親自身が失敗を恐れず、それを学びに変える姿を見せることで、子どもに失敗を前向きに捉える力を伝えられます。ときには、「昨日は結果ばかりに目が向いて、君の努力を認めていなかったね」と自らの過ちを認めることで、やり直しが可能であると示すことも必要でしょう。こうした親の態度が子どもの自己肯定感を育み、チャレンジする勇気を与えるのです。

中学受験は、子どもだけでなく親も共に成長する機会です。模試の成績や取り組みがうまくいかなかった日でも、改善点を話し合い、小さな成功を一緒に喜び合うことで、受験生活が親子の絆を強める貴重な時間になります。受験を機に親子関係が深まるかどうかは、まさに完璧主義を脱することができるかにかかっているのです。

5-9 読書は音読したほうがいい？ その理由は？

×

読書は黙読しかしない。

BAD

読書しないよりはいいが、音読することで得られるさまざまな効果を得られないのでもったいない。

○

読書するときに音読する。

GOOD

読んだ内容が記憶に残りやすくなり、語彙力、読解力、表現力の向上に直結する。適度な負荷が脳にかかり脳トレにもなる。

子どもの学力は、読書することで上がると解説しました（１－６）が、読書するとき音読するのはさらに効果が高まります。音読にはすばらしい効果があるのをご存じでしょうか？

まず、声に出して読むことで、読んだ内容が記憶に残りやすくなります。言葉を習得していく過程にある小さな子どもであれば、それはすなわち、語彙力、読解力、表現力の向上に直結します。

また、受験勉強が本格化してきた小学校高学年の子であれば、理科や社会のテキストを、黙読ではなく音読することで、よりたくさんのことをすばやく覚えられるようになります。もちろん英語の学習で、英単語や英文法を習得するときにも音読は効果的です。

さらに、音読は学力アップの直接的な効果があるだけではありません。音読するには、文章を見るだけでなく、「声に出す」「読んだ声を聞く」といったことを同時に作業する必要があります。これらを同時にうまく作業しようとすると、適度な負荷が脳にかかります。つまり、**音読は子どもの脳トレ**になるのです。

音読により、人間の思考や行動をコントロールする前頭前野が鍛えられ、集中力も高まります。記憶力アップ、それによる知識の定着、さらに集中力の向上……こうした効果があれば、音読によってあらゆる教科の力が伸びる、というのも納得ではないでしょうか？

☑音読の効果をより高める三つの秘訣

音読の効果をより高めるために、親御さんができるサポートがあります。三つ紹介しましょう。

お勧め音読サポート❶

ひとつ目は、子どもの音読を親が聞いてあげることです。音読は1人でするよりも、人に向かってするほうが効果的であることが知られています。モントリオール大学（カナダ）の研究者らが行った実験（※）では「黙読」「唇だけ動かす」「1人で声に出して音読する」「人に向かって音読する」と練習法のパターンを変えて単語を暗記してもらったところ、「人に向かって音読する」というやり方がテストで格段に高成績となりました。

小学校などでは「音読をお父さんやお母さんに聞いてもらう」という宿題が出ることがありますが、こうした宿題が出ることにはちゃんと理由があるのですね。

なお、人に向かって音読をすることによる学習効果は、たとえ相手が本当は聞いていいな

くても変わらないそうです。「聞いてもらっていること」「聞かせようとすること」自体に学習効果アップの理由があるようです。ですからもし忙しくて、どうしても子どもの音読を聞くためだけの時間が取れないようでしたら、料理しながらとか、洗濯物をたたみながらとか、家事をしながらでもいいので、聞いてあげるとよいでしょう。

お勧め音読サポート❷

２つ目は、子どもの**音読を聞いて褒めてあげる**ことです。声の大きさ、抑揚、難しい字が読めたこと、改行のとき引っかからずスムーズに読めたこと、繰り返すことで上手に読めるようになったところ……など、何でも構いません。具体的に「こういうところが良かった」と褒めてあげられると、お子さんのモチベーションが高まります。

やってはいけないのが、これとは反対に、音読を聞いてうまくできなかったところを叱ることです。音読を聞いていて、字の読み飛ばしや、読み間違いなどに気がつくこともあるでしょう。よかれと思って指摘して直したくなることでしょう。しかし、**子どもの学力アップのためには、間違いを指摘しないほうがいい**のです。

間違えたところの指摘ばかりされれば、子どもは「音読をすると叱られる」と学習して、音読を避けるようになってしまいます。そうなったら、音読の恩恵を受けられなくなってしまいます。もったいないですよね？

音読は、継続していけば徐々に上手に読めるようになっていきます。**読み飛ばしなどはあまり気にせず、見守る**ようにしましょう。読み方を間違えている漢字があったりして、正しい読み方を教える場合にも、先に良かったところをたくさん褒めたうえで、「ここを直したらもっと良くなるね」と、ついでのように伝えるようにしてみてください。

お勧め音読サポート❸

3つ目は、**音読した内容について質問する**ことです。例えば、子どもが理科や社会のテキストを音読したのを聞いた後で、「季節によって昼の長さが変わるのってなんでだろう？」「『〇〇の乱』って誰と誰が戦ったの？」「〇〇の乱はなんで起こったんだっけ？」などと問いかけてみてください。そうすることで、**子どもが内容を理解し、覚えているかを確認**できます。わからなかったことについては、もう一度、覚え直したり、一緒に考えてみたりすることで、理解をより深められます。

ここでも、**子どものモチベーションがどうすれば上がるか**を考えることが大事です。例えば、クイズのような楽しい雰囲気でやること、正解できたらとにかく褒めること、わからなくても、間違えても叱らないこと、といった点を意識してみてください。他にも、お子さんの性格に合わせて、楽しくやるための工夫をしてくださいね。

お勧め音読サポート❷と❸は、親に時間の余裕がないと難しいと思いますが、できるときに日々少しずつでも実践して積み重ねていくと、気がついたときには大きな成長につながっています。子どもに本を読み聞かせているご家庭でしたら、子どもの成長に合わせて、**読み聞かせの時間から親が子どもの音読を聞く時間**に変えてみてくださいね。

※：The ecology of self-monitoring effects on memory of verbal productions: Does speaking to someone make a difference?
https://www.sciencedirect.com/science/article/abs/pii/S1053810015001518

5-10 子どもの課題に「土足」で踏み入ると親子関係が壊れる

×

子どもに頼まれていないのに、先回りして「ああだ、こうだ」言う。

BAD

子どもは親からの「押しつけ」だ、と感じてしまい反発する。

○

子どもから「教えてほしい」「助けてほしい」と言われてから手を貸す。

GOOD

子どもが「必要だ」と感じたときに手を貸すので、感謝される。

中学受験を親子二人三脚で乗り越え、親子の結束や信頼関係がより強まるご家庭と、けんかが絶えずに関係性が壊れてしまうご家庭と、その違いはどこにあるのでしょうか？　それはアドラー心理学でいう課題の分離ができているかどうかです。

受験勉強に限った話ではなく、何事においても、その課題は「自分が解決すべき課題」なのか、それとも「他者が解決すべき課題」なのかをしっかり区別して、**「他者が解決すべき課題」については、その他者にゆだねることが大事**です。

この課題の線引きができておらず、「他者が解決すべき課題」に対して「土足」で入っていくようなことをすると、その他者との関係性が悪化していきます。

他者が自分の課題に「土足」で踏み入ってくることが、いかに不快なものであるかを理解するために、例えばこんなセリフを想像してみてください。

「孫はまだなの？　子どもを産むのは嫁の仕事よ？」

「子どもは１人じゃかわいそう。２人目３人目を産まなきゃ」

「子どもがたくさんいるのが夫婦の幸せなのよ」

「結婚したら仕事は辞めるか、控えるかしなきゃ。家庭を守るのが女の仕事なの」

「できあいのお惣菜を買ってくるなんて……ちゃんと料理を作らなきゃ」

「一家の大黒柱なんだから、もっと稼がないとね」

「いい年してゲームばっかりなんて、大人としてどうなの？」

「その服装、もっとちゃんとした格好したら？」

「男のくせに育児休暇を取るなんて、出世しなくていいの？」

「子どもとの遊びはママがやることじゃないの？」


上記のようなセリフは、だいたい皆さんイラッとするものばかりではないでしょうか？　**他者の課題に踏み込んでいくというのはこんなイメージ**だと思ってください。こんなセリフは、義理の両親はもちろん、実の親から言われたってうんざりしませんか？　言われ続けたら確実に親子関係が悪くなっていきそうだと想像がつきますよね。

現代社会では共働きが増えていますから、夫婦2人とも仕事が忙しく、家の掃除や片付けが思うようにできていなかったりすることもあるでしょう。

あなたがそうやって忙しくしていて、家が多少散らかっているとき、親が勝手に家にきて、「あなたがちゃんとできないんだったら、私がやる」と言い出し、掃除や片付けを始めたらどう思いますか？　「最悪!!」ですよね？　「ありがとう！　助かる！」と喜ぶ方は、そうはいらっしゃらないと思います。「ちゃんとやっていなかった自分が悪いんだ」と反省しますか？　やる気が出ますか？　そんなことありませんよね？

自分の課題に他者が「土足」で踏み込んでくることは不快なだけで、プラスの影響はないとイメージできるでしょう。

この**課題の分離が重要なのは、子どもの受験勉強においても同じ**です。勉強というのは子どもの課題です。そこに親が勝手に踏み込んでいけば、不快に思われるのは当然です。「いつになったら勉強するの」は「いつになったら孫の顔が見られるの？」と言われるようなものだと思ってください。「こっちには、こっちのタイミングがあるんだよ！」と言いたくなりますよね。「ちゃんと勉強して良い中学校に入り、良い大学に入るのがお前の将来の幸せのためなんだ」のようなセリフも、「子どもがいるのが夫婦の幸せだ」とか「家を守るのが女の務めだ」と言われているようなものです。

こうした**「勉強するのが子どもの仕事だ」**とか**「良い成績を取ることがお前の幸せにつながるんだ」**といった押し付けは、相手がわが子であったとしても、ひとりの人間として、**個人として尊重するのであれば、してはいけないこと**なのです。

☑「押しつけ」と「サポート」の違い

先ほどの例で、「家が片付いてないときに親が勝手にやってきて、掃除をしだしたら最悪ですよね」と言いました。では、こんな状況だったらどうでしょうか？

子どもが生まれてからというもの、幼い子どもの世話に追われる毎日。片付けたと思ったらすぐに部屋を子どもに散らかされる。一方では仕事も忙しく、時間的にも体力的にも、どうにもならない。そんなときダメもとで親に「本当に大変だから助けてほしい」と言ってサポートを求めたら、それに応えて助けてくれた。

先ほどとは正反対に「こんなにありがたいことはない」と感じるのではないでしょうか？「買い物に行く余裕がないから、買い物してきてくれないか」とか「睡眠もなかなか取れなくてちょっと寝たいから、子どもを見ていてくれないか」とか、頼んだときにサポートしてくれたらうれしいものですよね。

この違いは何かといえば「何をしているか」ではなく「相手が求めているかどうか」です。相手が求めていないのに「勝手に」掃除をしたら嫌がられる、相手が求めてきたことに「応えて」掃除をしたら喜ばれる――押しつけか、サポートかの違いはまさにここです。

子どもの勉強でも同じです。子どもは勉強で困っていることがたくさんあります。困っているからこそ、勉強が嫌いになっているのです。問題の解き方がわからなかったり、他の子との比較で成績の上下がつけられて劣等感を覚えてしまったりしています。あるいは、まだ子どもだからスケジュール管理がうまくできず、いつ宿題をやったらいいのかわからない、そして宿題をやらなかったら親や先生に怒られる、だから宿題なんかなければいいんだ……という発想になっていたりもします。

こうしたとき、子どもとよく話をして、子どもの悩みや嫌な気持ちに寄り添い、解決するよう一緒に手伝ってあげようという姿勢でのぞむことが大事なのです。

子どもが「こういうことで困っているから助けてほしい」と言ったとき、それに応えてサポートしてあげたり、「こうするとうまくいくよ」とアドバイスをしてあげたりすると、子どもはその悩みごとを解決していけます。その結果、自信がつき、達成感を覚え、やる気が上がっていきます。そして、サポートに感謝して、親子関係がより一層良くなっていきます。他者の課題に無許可で踏み込む「押しつけ」ではなく、相手の求めに応じて「サポート」してくださいね。

5-11 成績が「伸びる子」と「伸びない子」の考え方の違いとは？

×

テストの後に「もっと良い点を取るにはどうしたらいいと思う?」と聞かれたときの答えが、「計算ミスをしないように気をつける」「問題文を読み間違えないように気をつける」。

BAD

成績が伸びない子の答え。

○

テストの後に「もっと良い点を取るにはどうしたらいいと思う?」と聞かれたときの答えが、「計算問題を毎朝、練習する」「国語の長文問題を週に2問は解く」。

GOOD

成績が伸びる子の答え。

ここでは、**成績が伸びる子が持っている能力**についてお話しします。この話をする前に、あなたのお子さんに成績が伸びる能力がすでに備わっているか確認するため、お子さんに次の質問をしてみてください。口頭で答えるのであれば、3分もあれば十分です。なんなら1分で終わる子もいるでしょう。この問いかけに何と答えるかで、あなたのお子さんが伸びる子かどうか、かなり正確に予測できるでしょう。試してみてくださいね。

質問の内容は、テストの後に「もっと良い点を取るにはどうしたらいいと思う？」と問いかけてみることです。この問いに「計算ミスをしないように気をつける」「問題文を読み間違えないように気をつける」「時間配分に気をつける」といったことを言う子は、成績が伸びない子です。

一方、「計算問題を毎朝、練習する」「国語の長文問題を週に2問は解く」「社会の『四科のまとめ』で江戸時代の問題を解く」といったことを言う子は、成績が伸びる子です。**前者と後者の違い**がおわかりでしょうか？

「テストまでにすること」が大切

前者は「テストのときに」することで、後者は「テストまでにすること」です。成績を上げるために、そして受験で合格するために大事なことは、テストが始まってからあがくことよりも、テストが始まるまでにどんな準備をするかです。

もちろん、テストのときに計算ミスをしないように気をつけるのは大事なことです。しかし、入学試験が始まるときには、すでに力の差があり、誰が合格するのかだいたい決まっているものです。当落線上にいる子は、ミスの有無によって結果が変わりますが、余裕で合格の子はミスしたところで合格しますし、実力不足な子はミスがなかったとしても合格ラインに届きません。ですから、**受験で合格したければ、入試本番までに何を勉強しようか？　と考える思考回路が重要**なのです。

これは入試本番だけでなく、次の公開模試に向けて、次の組み分けテストに向けて……という場合にも同じです。もし、あなたのお子さんが「計算ミスをしないように気をつける」といった、テスト本番で気をつけることしか言えないようだったら、その考え方を変えていく必要があります。

☑ あなたのお子さんはどうでしたか？

おそらく、あなたのお子さんは「テスト本番」のことしか言えなかったのではないでしょうか。でも、それは普通のことなので安心してください。ちゃんと教えられていないと、8割方の子はそういう答えしか言えません。ですから、この問いかけで「今はまだ伸びない子の思考パターンだ」ということがわかったとしても落ち込む必要はありません。ここから教育して変えていけばよいことです。**これは教育することで身につけさせられる技術であり、能力**です。

伸学会でも、4年生で本科コースが始まり、月に1回ほどカリキュラムテストを行っていますが、その都度「1週間前に戻れるとしたらどんな準備をする？」「1か月前に戻れるとしたら何をしておけばいいと思う？」といったことを考えさせています。

そして、**次のテストでもっと良い点数を取るための作戦を表にまとめさせている**のですが、「テストまでにやること」と「テストのときに気をつけること」の枠を分けることで、**「テストまでに」を明確に意識できる**ようにさせています。

また、どんな内容を書いたらいいかわからない子も多いので、「テストのこの問題はテキストのこの問題と似ているね」「こっちの問題はテキストのここに説明が書いてあるね」といったことを一緒に確認して、「基本問題を練習しておけばテストのこの問題は解けたのか」といったことに気づけるようサポートしてあげたりもしています。そうすると、徐々に自分で考えられる子が増えていきます。

次の表は、実際に生徒が書いたものです。

良かったこと　　　　次のテストまでにやること

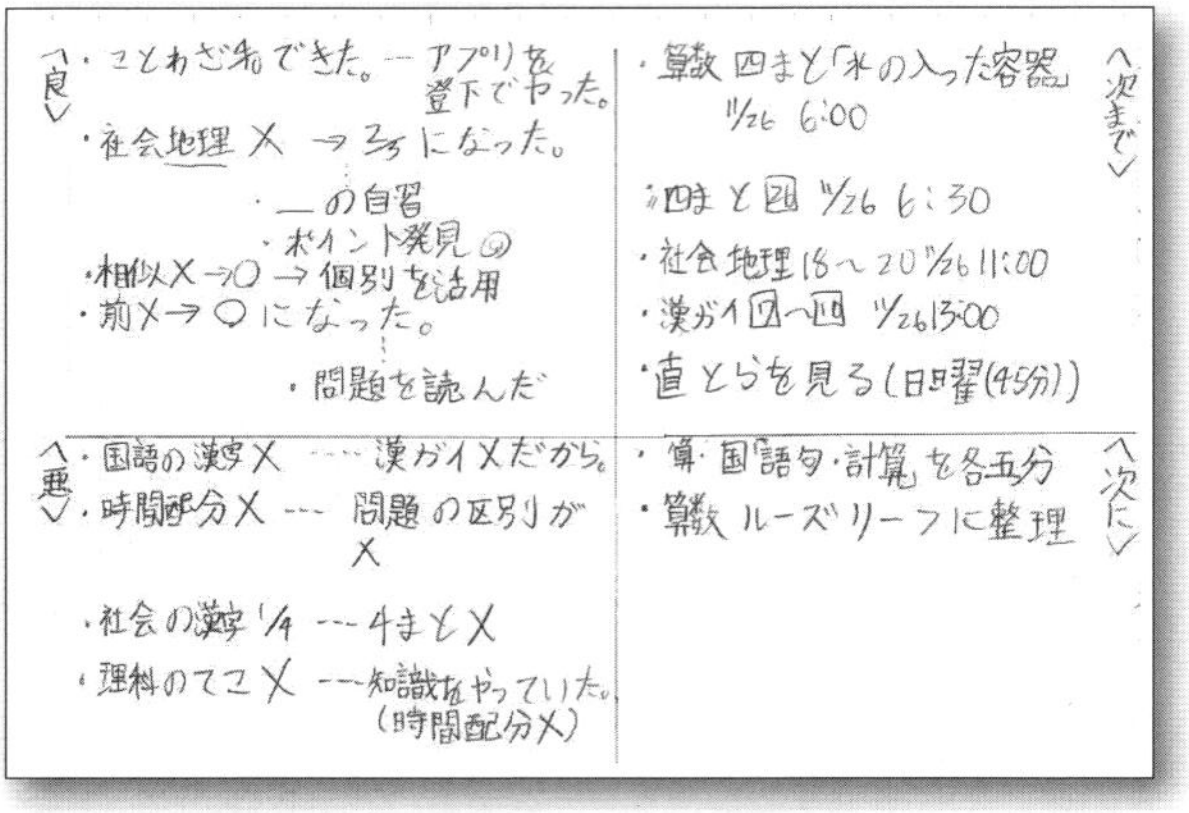

悪かったこと　　　　次のテストでやること

良かったこと　　　　次のテストまでにやること

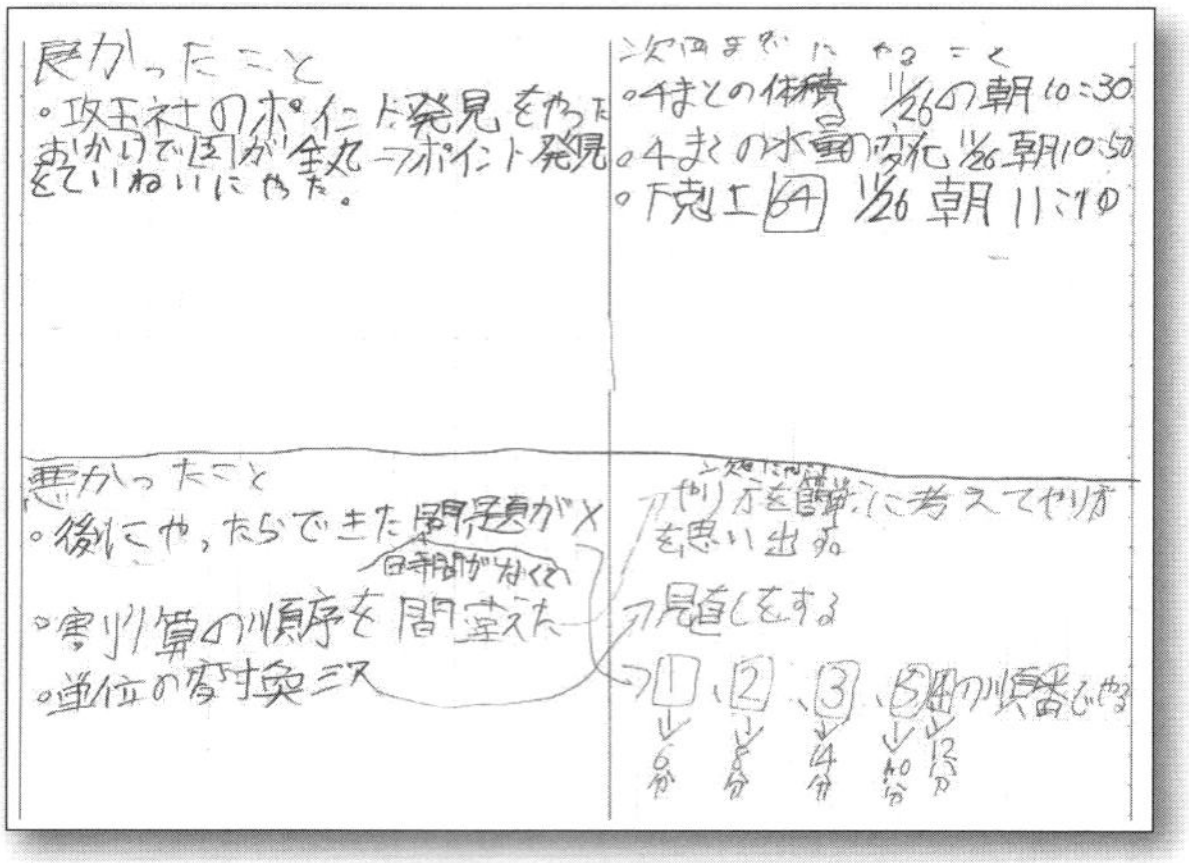

悪かったこと　　　　次のテストでやること

右下の「次に」の欄で、「時間配分」や「解く順番」などの作戦を考えつつ、右上の「次まで」の欄には、「いつ何の勉強をするのか」の計画を書いていますね。あなたのご家庭でも、ぜひやってみてください。

こうした次に向けた計画を自分で考えられるようになると、自分に必要な勉強をピンポイントで選んでやれるので効率が良くなりますし、自分で決めたことなので意欲も高まり、たくさん勉強できるようになります。

これは6年生になったときに急に「やれ」と言っても自分ではできない子が多いです。もしお子さんが6年生でしたら、一緒にやってあげるようにしてください。けんかにならないようにご注意を！　もしまだ4～5年生でしたら、今のうちから早めに取り組んで、少しずつ身に付けさせてあげてください。習い事の試合や発表会などの機会を使えば、もっと低学年のうちから身に付けさせることもできます。

可能な限り早いうちから取り組めば、お子さんの成長力が変わってきますよ。人より効率良く、人よりたくさん勉強して、グッと成績を上げて合格をつかみ取る子に育ててあげてくださいね。

5-12 今から受験勉強を始める子に「いの一番に」教えたいこと

×

変化を恐れ、自分のやり方にこだわり、塾の先生からのアドバイスなどを受け入れない。

BAD

効率的に勉強できないので、周りの子に追い抜かされていく。

○

変化を恐れず、人から言われたらいったんは試してみる。効果的な勉強方法をどんどん導入する。

GOOD

効率的に勉強できるようになっていくので、成績がどんどん上がっていく。

　昔、教え子に2人の4年生がいました。彼女たちはとてもよく似ていました。同じくらいの成績で、国語が好きだけど算数はちょっと苦手。そして、2人とも小さいころからピアノをやっていて、そのためか、家でも練習するのが当たり前という意識が、4年生のスタートの時点ですでにありました。

　2年が経ち、6年生になったとき、相変わらず彼女たちはよく似ていました。志望校に合格したいという強い熱意を持ち、そのためにコツコツ勉強に取り組んでいました。出された課題も本当に真面目にこなしていました。

　しかし、**彼女たちには大きな違い**もありました。1人は4年生のころから大きく成績を伸ばしていましたが、もう1人の成績は4年生のころとあまり変わっていませんでした。

　何がその違いをつくったのでしょうか？　あなたは、彼女たちの間に違いをつくったものはなんだったか、想像がつきますか？

「我流」にこだわると伸び悩む

　こういった違いは、持って生まれた賢さや、はたまた懸命な努力によって生じるとは限りません。片方が高い目標を持ち、もう片方はそこそこな目標しか持たなかったわけでもありません。彼女たちの違いは「勉強のやり方を変えられたか」から生じました。

成績があまり伸びなかった子は、一言で言えば頑固な子でした。お父さんやお母さん、あるいは私たち先生からの「こうした方がいいよ」というアドバイスに素直に従えなかったのです。あなたのお子さんにはそんなところはありませんか？

「私には私のやり方がある」。そう信じてやり方を変えなかったその子は、残念ながらあまり効率が良いとはいえない勉強をしてしまっていました。例えば、ノートをきれいにまとめるのに過剰な時間を使ってしまったり。あるいは、一発で良い点を取ることを重視して、テスト前のインプットにも過剰に時間を使ってしまったり。

さらには、終わったテストの復習はそっちのけで、次のテストに向けた勉強にばかり意識が向かってしまったり……行動を変えなければ、同じ結果が繰り返されるのが道理というものです。

確かに彼女なりに、努力の量は増えていきました。学年が上がるにつれて、勉強時間は長くなりました。でも、それは周りの受験生たちだって同じこと。彼女が他の子たちを追い抜き、順位や偏差値を上げることにはなかなかつながりませんでした。

その結果、彼女の中にさらに悪いものが生まれてしまいました。「自分の力はこのくらいだ」という固定的な考え方です。

☑「努力で能力は高められる」ことを理解する

人の能力は、知能も含めて生まれつきの才能によって決まるものではないということが、さまざまな研究によりはっきりとわかってきています。もちろん、遺伝的な要素がまったく関係していないわけではありませんが、**人の脳には我々の想像以上の適応力があるそうで、能力は訓練で信じられないほど伸びる**のです。

努力による成長に比べれば、才能などは小さな差に過ぎないそうです。つまり、**人の能力は、成績は、努力の量と質によって決まります。**

ところが、生まれついた性格や周囲の環境によって、子どもは「能力は努力をしても変わらない」という固定的な認識を持ってしまうことがあります。これは無意識であったとしても、子どもの行動に影響を与えます。能力が努力しても変えられないものと考えると、彼らにとって勉強やテストは「能力を高めるため」ではなく「能力の高さを証明するため」のものになります。だから、できそうにない難しい課題にチャレンジすることを避けようとする傾向が生まれます。その結果、努力の質が低下し、「能力は変わらない」ということが本人の認識通り実現されます。

逆に、「能力は高められる」という認識を持つ子どもは、苦手な科目を積極的に受講する傾向があることがわかっています。成績が伸びた子のほうは、実際にそうやって自分にとって難しい課題にチャレンジし、**努力によって能力を高めていきました。**

以前の私は、そういった違いが生まれてしまうことはわかっていても、その元となっている頑固さを変えていくことができませんでした。そこを変えてあげなければ、どんなにわかりやすくておもしろい授業をしていても意味がないのに……。そういった悩みが、伸学会に**ホームルーム**という授業が生まれた理由のひとつです。そして、試行錯誤の結果、子どもたちの頑固さを変えることができるようになりました。

私が、受験勉強を始める子にまず教えたいことは、**やり方を変えれば結果が変わるとい**

う事実です。仲学会では、それがわかるような生徒参加型の実験を授業で行い、違いを体感してもらいます。例えば、「分散学習の実験」です。この実験を以前、目黒校の６年生で行ったときはこんな条件設定で行いました。

分散学習の実験の例

１００点満点の算数のテストを２種類（ＡとＢ）用意する。テストＡでは、答え合わせをして解説した後、翌週、再テストしてもう一度解説する。そしてさらに翌週（初回テストの２週間後）に効果測定テストを行う。テストＢでは答え合わせをして解説をした後、再テストは行わない。そして初回テストの２週間後に効果測定テストを行う。

結果は、以下の通りです。

●分散学習の実験の結果

テストA

1回目：平均 16.25
2回目：平均 33.75（＋ 17.50）
効果測定テスト：平均 58.75（＋ 42.50）

テストB

1回目：平均 30.00
効果測定テスト：平均 27.50（－ 2.50）

なんと、テストBでは解説を聞いてわかったつもりになっても、2週間後には何も残っていなかったのです。それどころか、1回目よりも点数が下がる始末です。初回はしなかった計算ミスを2回目のときにはした子がいたのでしょうね。他のクラスでも、それぞれ問題の種類やタイミングを変えて実験をしましたが、だいたい似たような結果でした。他のクラスのものも含めてこういった結果を共有し、**どういう勉強のやり方をしたほうが「お得」なのか**をみんなでディスカッションさせました。

多くの子どもたちは**解き直しが嫌い**です。「疲れるから」「遊ぶ時間が減る」からというのももちろんありますが、「もうわかったのに、もう一度やるのは意味がない」と思っているのも大きな理由のひとつです。

人間には「今わかっていることは、ずっとわかったままだ」と思ってしまう性質があるのです。これは心理学で流暢性の幻想といわれます。誰もがそう感じる自然なことなので、そう思う子が怠け者というわけではないのです。人間は忘れてしまう生き物だから、解き直しが必要。そういった話は、学校の先生や他の塾の先生なども、生徒たちに話して聞かせているかもしれません。あなたもこのような勉強のやり方を、お子さんにアドバイスしたことは、きっとありますよね？

でも、子どもたちの心にはなかなか届きません。言われて素直に「わかった！」と言って解き直しをするようになってくれたら、こんなに楽なことはありません。そうではない子がほとんどです。ですから、こうやって実験に巻き込んで参加させて、違いを体感してもらうことが大事なのです。ほかにもさまざまなパターンで勉強のやり方を比較し、良いやり方を学んでいってもらいます。だから、時間がかかる子はもちろんいますが、徐々に行動が変わっていく子が多いのです。

あなたのご家庭でも、「ああしろ、こうしろ」と指示や命令を出すのではなく、実際に試してみて、子どもの納得感をつくるようにしてはいかがでしょうか？

Column4

中学受験体験記③
~中学受験「残酷」物語

これは、現在、伸学会の講師を務める笹川先生の中学受験の記録です。笹川先生が中学受験を経験してから、すでに20年以上が経過しています。しかし、中学受験でできた彼の心の傷は、20年以上たった今でも残っているのです……。

大人になった今でも遊ぶことに罪悪感

私の親は、「勉強ができるようになってほしい」「少しでもいい学校に入れたい」と思ったのであろう。忙しい中、「偏差値の高い学校に入るのが正義」のように塾からもいわれ、それを信じてしまったのだろう。それが子どものためであると信じ、本気で取り組んだに違いない、それがわが子の幸せなのだと信じて……。

結果的には開成中学校に合格できた。偏差値が高い学校に入ることが目標だとしたら、中学受験として大成功なのだろう。しかし、家族関係は犠牲になった。遊ぶことに後ろめたさを感じるように刷り込まれた結果、休みの日に遊びに行っても、罪悪感があって本気で楽しめない。これは大人になった現在まで続いている。

私の受験は、本当に成功といえるのだろうか？　私に暴言を浴びせ、体罰を加え、睡眠時間を削って勉強させて……。その行為は成績を上げることに本当に役立っていたのだろうか？

☑中学受験の前は幸せだった

小さいころから本を読むのは好きだった。小さいころから母は読み聞かせをしてくれた。自分で本が読めるようになると図書館へ連れていってくれたり、図書館で毎週本を借りてくれたり、新しい本や図鑑も買ってくれたりと、いつも本がある生活だった。科学館、動物園、博物館なども毎月のように連れていってくれ、キャンプや釣りなどの自然体験も多くさせてもらった。

いわゆる勉強をしていたわけではなかったが、本で知識を得て、実際に体験することでそれが身に付いた。楽しい体験をして、さらに新しい知識が欲しくなり本を読んで……と、良いサイクルができていたのだろう。この体験が開成中に合格するための力の源になっていたと今では思えるし、熱心に子どものためを思い、いろいろやってくれていたのだろう。

☑ゲームと引き換えに受けた「入塾テスト」

きっかけは、某塾の無料全国テストを受けたことだった。小学校のママ友が勧めてきたそうだ。「ゆとり教育が始まるから小学校の勉強だけだとダメになってしまう。中学受験したほうがいいかもしれない」と言われ、とりあえずテストだけでも受けさせてみようと思ったらしい。

当時、私はテストなど受けたくなかったが、テストには景品があり、成績上位に入るとゲームソフトがもらえるとあった。もし、そのゲームソフト（中学受験算数のゲーム）を獲得できたら、それで遊ぶための「ゲームボーイ」本体を買ってあげると言われ、「もしかしたらポケモンも買ってもらえるかも」と思いテストを受けたのだ（当時、周りがみんなポケモンをやっている中、私はゲームを一切買ってもらえなかった）。

テスト結果の順位は覚えていないが、景品を手に入れられる順位を取り、ゲームボーイも手に入れた（ポケモンは買ってもらえなかったが……）。それまで、ゲームを一切できなかったことや、もともと勉強に対して楽しいイメージがあったこともあり、その中学受験算数のゲームに夢中となった。

特殊算など、何もわからなかったが、ゲームについてきた簡単な説明を読みながらある程度進め、それでもわからないニュートン算などは中学受験用の参考書を買ってもらって読み、何とか解き進めた。制限時間があったので、基本的に整数範囲なら最終的には紙を使わなくても特殊算を解ける状態になり、すべてクリアできたのだ。確か４年生の夏休みだったと思う。すべてクリアしたことを母に話したら、某塾の入塾テストを受けることになり、一番上のクラスで合格となった。ここから私の中学受験が始まった。

親のスパルタで心を病み受験勉強を中断

４年生のころは楽しい思い出も多かった。席順が成績で決まるのだが、１位の席である最前列の左前を目指して頑張っていた。最初のころは「カリキュラムテスト」で毎回ほぼ満点を取っていたらしい。だが、ここで親は「カリキュラムテストは満点を取るもの」と勘違いしたのかもしれない……。

塾での授業は知っていることが多く、暇な時間も多かった。算数の授業は話を聞いていないように見えるが、当てられれば答えられたので、先生からは生意気な子のように見えたのだろう。面談で塾の先生から「まじめに受ければもっと成績も上がるだろうに」と言われていたようだ。

それもあってか、10段階あるカリキュラムテストで10か9を取れないと親に怒られた。公開模試では「同じ校舎の〇〇君は全体で1位、〇〇さんは10位なのに、あなたは30位以内に入れないなんて恥ずかしい」と言われた。100位以内に入れなかったときは、「せっかく塾に入れてるのにまじめに勉強しないなんて、生きている意味がない。次に計算ミスをして100位に入れなかったら殺すからな」と脅された。

暴力も日常茶飯事で、布団に隠れたり、トイレにこもったりして身を守った。塾から「できるところまでやれるといいね」と言われていた宿題は、すべて終わらないと寝かせてもらえなかった。

そんな生活が続き、確か6年生の夏期講習前、夜、眠ると「終わらない勉強をさせられる夢」を毎日のようにみて、涙が止まらなくなった。塾にも遊びにも行きたくなくなり、毎日お腹が痛い——そんな状態になった。

親に病院へ連れていかれ、そこで心療内科を紹介された。これまでの経緯を心療内科の医師に話したところ「小学生がする勉強量ではない」と言われ、ドクターストップがかかり、ようやく勉強から解放された。

自らの意思で受験勉強を再開する

６年生の夏休みは一切勉強をせず、これまで買ってもらえなかったポケモンを買ってもらい、ゲームに明け暮れていた。しかし、結局すぐに飽きてしまったし、勉強をまったくできないのも、それはそれで楽しくない。「勉強自体は楽しかったな」と思えた。今まで頑張ってきたことが無駄になるのももったいなかった。

そこで、夏休みが終わったころ、別の塾に移り、中学受験を再開することにした。新しい塾に入って最初のテストでは偏差値をかなり下げ、「城北埼玉が適正校かな」というくらいの点数。６年生の夏休みに勉強していなかったのだから当たり前だが、「開成を目指して勉強してきていたのに……」と悔しかった。これがきっかけで塾に入りびたりになり、勉強を再開。１か月も経つと、開成中を目指せるくらいには学力を取り戻せた。

ここからは毎日、過去問を2科目解き、間違えたところを確認した。小学校が終わったらすぐ塾に行き、22時前ぐらいまで勉強、帰宅したらすぐ寝る生活を続けた。この時期の勉強は、親にやらされていたのではなく、自らの意思だった。もし、親に強制されていたら勉強を続けられず、開成中に合格することはなかっただろう。

中学入学後はまた勉強嫌いに……

開成中に入学後、母はまたしても成績に口うるさくなった。学年300人中200番くらいの成績を見て、「勉強ができない」だの「怠けているからだ」といった罵声を浴びせてくることが多かった。反抗期でもあり家に帰りたくなくなり、寝過ごしたことにして外で時間をつぶすことが多くなり、成績が悪いと怒られるので成績表を改ざんした。またもや、勉強が嫌いになり、「楽しく勉強する」ことがまったくできなくなっていた。

中学受験は何のためにするのだろうか？　「小学生のうちから目標に向かって頑張る経験ができる」「頑張ることで成績が上がり、新しい知識が身に付く」「わかることが広がる勉強の楽しさを味わえる」「公立中ではできない体験を中高一貫校で体験できる」――そんなふうに、多くのプラスを得られるのが中学受験だろうと私は考えている。

しかし、親が一歩間違えて熱くなりすぎ、虐待を始めると、子どもは勉強が嫌いになる。勉強が嫌いになれば、勉強ができなくなる。親子関係も取り返しのつかないほど悪化する。私は今でも、調子が悪いと親に怒られ、叩かれる夢を見る。そうした大きな危険もはらんでいる。

どの家庭も「幸せになるため」に中学受験を始めたはずである。そのことを忘れないでほしい。「わが家の中学受験は、幸せな方向に向かっているだろうか?」と、いつも自問してほしい。この本を手に取った皆さんが、幸せな中学受験をできますように……。

第6章

無理なく無駄なく進む 合格までのスケジュールの立て方

中学受験って小3の2月から始めるとなると長丁場ね…
小学校時代の後半3年間を受験勉強に費やすわけだし
途中で息切れしたり受験が近づくと不安にかられそう…
6年生になって受験が近くなったらどういう気持ちになってるのかしら…
やっぱり焦っちゃうのかな…？
わが子の中学受験初めての体験ですし知らないことだらけで不安ですよね
この機にそれぞれの時期のポイントをお伝えします！
『この時期は不安になりやすい』などと先に知っておけると多少身構えられますよね！
塾に通う時間も学年が上がるにつれて増えるんですよね
生活リズムは大丈夫だろうか…

毎週、同じ生活を健康的に繰り返せるようスケジュールを作れるとよいですね！
この時間はこれをするというのをルーティンとして習慣にしていきましょう！
ならこの機にコウヘイの宿題タイムと合わせて僕も資格試験の勉強を始めようかな…！
いいですねみんなで一緒に学んで賢くなることを楽しみましょう！
中学受験は親だけ頑張っても、子どもだけ頑張ってもダメなんです
家族一丸となって突破した結果きずなが強まるご家庭もたくさんあるんですよ
中学受験
中学受験ってネガティブなイメージも多いけど一家でひとつの目標に向かうって、悪いことじゃないわよね！
その通りです！

6-1 成績優秀な子に育つ1～3年生のうちの地頭づくり

×

早ければ早いほどいいと早期教育、先取り教育で詰め込む。

BAD

低学年のうちから、子どもが勉強を嫌いになってしまう。

○

日常生活の中から各教科に通じる学びの材料を見つけ出し、自然と興味を持つように提示、誘導する。

GOOD

自然と関心を持ち、自分から学んだり、調べたりするようになる。受験勉強を始めるころにはしっかりした学びの土台ができている。

中学受験を見据えた家庭学習は、小学校1年生から3年生までの低学年期において、**学びと遊びのバランスを取りながら進めることが重要**です。この時期は、勉強に対する抵抗感を与えず、**学びの基礎を自然に育む絶好の機会**です。ここでは、国語、算数、理科、社会の教科ごとに、**家庭で取り組める実践的な方法**を紹介します。**子どもが「楽しい」と感じる体験**を通じて、地頭を育てていってください。

国語：言葉の力を育てる基礎づくり

国語力は、すべての教科の土台であり、低学年期においては語彙力、読解力、表現力を自然な形で伸ばしていくことが重要です。この時期の取り組みが、中学受験のみならず、生涯にわたる学びの基盤を築くと言っても過言ではありません。ここでは、**家庭で実践できる国語力向上のための具体的な方法**をお伝えします。

第一にお勧めの取り組みは**本の読み聞かせ**です。読み聞かせは、親子で楽しい時間を共有しながら、子どもの言語能力を育てられる絶好の方法です。読み聞かせを通じて、子どもは新しい語彙を学び、物語の流れを理解し、想像力を広げていきます。

例えば、物語の途中で「次はどうなると思う？」と問いかけたり、読み終わった後に「一番好きなキャラクターは誰？」と感想を聞いたりすることで、ストーリーの理解を深められます。このように**親子で対話しながら本に触れる時間は、単なる学習を超え、心の絆を強める場ともなる**のです。

日常の親子の会話もまた、国語力を育てる貴重な機会です。

例えば、学校での出来事や休日の過ごし方について話し、「今日は何が一番楽しかった？」と問いかけてみましょう。このとき「どうしてそう思ったの？」とさらに深掘りする質問をすることで、子どもの考えを引き出し、表現力を育てられます。こうした会話は、親が子どもの話をしっかり聞き、興味を持つ姿勢を見せることで成り立ちます。**「否定しない」「共感を示す」姿勢を心がけることで、子どもは話すことが「楽しい」と感じ、語彙力や表現力を自然に伸ばしていける**でしょう。

また、テレビやYouTube、マンガなどを活用して国語力を伸ばすことも可能です。

子どもが視聴するコンテンツについて一緒に話をする時間を設け、「このキャラクターはどうしてこうしたと思う？」や「一番おもしろかった場面はどこ？」と質問を投げかけることで、子どもの好奇心を育てられます。例えば、**動画やマンガで触れた新しい言葉を親子で話題にすることで、子どもは自然と語彙を増やし、内容を理解する力を鍛えられます。**

低学年のうちから**書く力**を育てることも大切です。ただし、無理に作文を書かせるのではなく、**遊び感覚で書くことを取り入れる工夫が必要**です。例えば、簡単な日記をつける習慣を始めてみましょう。「今日は○○をして楽しかった」というような1行程度の内容で十分です。親がコメントを書き添えることで、子どもはうれしさを感じ、楽しんで続けられるでしょう。祖父母や親へ、感謝のカードや誕生日メッセージを書く活動も、表現力を育てる良い機会です。

子どもが興味を持つ本を選ぶことも、読書習慣を定着させるのに欠かせません。恐竜や動物、宇宙、歴史といったテーマの本を選ぶと、子どもは楽しみながら知識を広げられます。年齢より少し難しい本に挑戦することで、語彙力や読解力をさらに引き上げられます。本を読み終えたら感想を聞き、「どんなところがおもしろかった？」と尋ねることで、**読**

解力を深める手助けをしましょう。

国語力を育てる取り組みは、決して特別な環境や高価な教材を必要とするものではありません。親子のふれあいの中で、楽しく、自然に進めることができるものばかりです。**国語力が伸びることで、子どもの表現力や理解力が向上し、他の教科にも良い影響を及ぼします。**日々の会話や読み聞かせ、子どもの興味を活かした活動を通じて、言葉の力をしっかりと育んでいきましょう。

算数：感覚を育む遊びの工夫

算数は、中学受験で重要な教科であると同時に、日常生活にも深くかかわる力です。小学校低学年の時期に**算数の基礎となる感覚を育てることは、後々の学習へのスムーズな移行に大きく影響**します。この時期に無理なく楽しく取り組むことで、子どもが算数を好きになるきっかけをつくれます。ここでは、家庭でできる具体的な算数教育の方法をご紹介します。

まず、算数の感覚を養ううえで特に重要なのが、**空間認識力の刺激**です。空間認識力は、図形や空間を理解する基礎となるもので、パズルやレゴブロック、折り紙といった遊びを通じて自然に育てられます。

例えば、折り紙を使って「この形を裏返したらどうなるかな？」と子どもに問いかけたり、レゴブロックで作った形の反対側を想像させたりすることで、空間的な思考を引き出せます。こうした遊びは子どもが楽しみながら取り組めるだけでなく、算数の基礎を築く良い機会にもなります。

単位換算もまた、低学年のうちに体験を通じて覚えておくとのちのち楽になる分野です。体重を使い、「今日は何kgだった？　それをgにするとどれくらい？」といった簡単な質問を日常生活に取り入れることで、子どもは自然に単位の感覚を身につけられます。また、計量カップやスケールを使ってジュースや水の量を量る遊びも、楽しく学ぶきっかけになります。こうした体感型の学びは、繰り返すことで定着しやすくなるため、日々の生活の中で何度も試すとよいでしょう。

比や割合の感覚を育てるには、子どもが興味を持ちやすいお菓子やお金を使った実践的

な活動が効果的です。例えば、「このお菓子をみんなで分けると、1人いくつになるかな？」といった質問を投げかけることで、割り算の基礎的な感覚を育てられます。また、スーパーで「1個あたりの値段はどれくらいだろう？」と考えさせることで、比や割合を日常生活と結びつけて理解させることができます。**こうした具体例を通じて、算数が生活の中で役立つツールであることを実感させることが大切**です。

さらに、親御さんが抵抗を感じるゲームも、実は算数力を伸ばすのに一役買っています。例えば『桃太郎電鉄』は物件の収益率を計算することが必要なので、多くの子が苦手とする**割合・売買損益の学習**につながります。また『マリオ』や『マインクラフト』などは、**空間認識力を高める**のに役立ちます。意外に感じるのではないでしょうか？ もちろん、やりすぎは禁物です。スクリーンタイムは1日1時間以内を目安にし、他の活動とのバランスを取ることが重要です。

算数教育の基本は、子どもが「楽しい」と感じる体験を通じて、自然に学びの基礎を築くことです。この時期に無理やり、詰め込み学習や先取り学習をさせるのではなく、遊びの中で算数のセンスを鍛えていきましょう。こうして育った基礎力は、中学受験を迎えるころに大きなアドバンテージとなるでしょう。**家庭でのなにげない日常が、算数の感覚を育てる宝庫**であることを意識しながら、親子で楽しんで取り組んでみてください。

理科：体験を通じて興味を引き出す学び

理科は、自然現象や科学的な考え方を理解する教科であり、実際の生活や体験と結びつけて学ぶことで、子どもにとって親しみやすいものになります。小学校低学年の時期は、理科に対する好奇心を育て、楽しい体験を通じて学びの基礎を築く絶好のチャンスです。ここでは、家庭で取り組める具体的な方法をご紹介します。

まず、理科の学びで欠かせないのが**自然観察**です。身近な環境に目を向け、植物や動物、季節の変化などを観察する習慣をつけることは、科学的な視点を育てる第一歩です。例えば、散歩の途中で「この花は何ていう名前かな？」と問いかけたり、季節ごとに葉の色や形が変わる様子を記録したりするのがお勧めです。こうした観察は、子どもが自然に目を向ける習慣を身に付けるだけでなく、記録することで記憶にも定着しやすくなります。

さらに、**簡単な実験**を家庭で行うことも理科への興味を引き出す効果的な方法です。市販の実験キットを使えば、豆電球を使った回路作りやソーラーカーの組み立てといった活動が簡単に楽しめます。これらの体験は、子どもに「なぜこうなるのだろう？」という疑問を抱かせ、科学への興味を刺激します。実験の結果を予測してみたり、結果を元に考察してみたりすることで、理科の基礎的な思考力を育むことができます。**親自身が実験に楽しそうに取り組む姿を見せることで、子どもも自然と興味を持つ**ようになります。

また、科学館や博物館への訪問も、子どもの理科への興味を引き出すうえで非常に効果的です。例えば、プラネタリウムで星空を体験したり、恐竜の化石を見たりすることで、**学校の教科書では得られない実感をともなった学びが可能**になります。

訪問前に、見どころや展示内容について簡単に予習しておくと、現地での体験がより充実したものになります。こうした訪問を通じて得た知識は、子どもの中で「おもしろい」という感情と結びつき、長く記憶に残りやすくなります。

理科の学びを深めるもうひとつの方法として、**子どもが抱く「なぜ？」という疑問を大**

切にすることが挙げられます。親がすぐに答えを教えるのではなく、一緒に調べる姿勢を見せることで、子どもに問題解決のプロセスを体験させることができます。紙の図鑑や辞書を使い、デジタル情報に頼りすぎない工夫をすることで、調べた内容が記憶に残りやすくなります。また、**「調べたことを覚える」習慣を身に付けさせるために、ノートに記録したり、親に説明させたりする活動**を取り入れるとよいでしょう。

低学年のうちに、理科を遊びや日常生活に結びつけて学ぶことで、子どもは自然と科学への興味を持つようになります。重要なのは、**親が子どもの「なぜ?」に寄り添い、学びのプロセスを一緒に楽しむ**ことです。こうして育った興味と知識は、中学受験だけでなく、その後の学びや成長にも大きな影響を与えるでしょう。理科の学びは、自然の中や家庭でのささやかな体験の中に無限の可能性を秘めています。親子で楽しみながら、科学の世界に触れるきっかけを、ぜひつくってみてください。

☑ 社会：実体験と遊びを通じて興味を引き出す学び

社会は、地理や歴史、政治など幅広い分野を学ぶ教科であり、覚えるべき知識が多い一方、実体験や日常生活との結びつきが強い教科でもあります。小学校低学年の段階では、社会への興味を引き出すことが最も重要です。この時期に楽しみながら学べる工夫を取り入れることで、将来の学習への土台を築くことができます。ここでは、家庭で取り組める具体的な方法をご紹介します。

まず、社会への興味を育てるために、**地理**に親しむ機会をつくることが大切です。家族旅行や物産展の訪問を通じて、各地の特産品や文化に触れる体験は、子どもの記憶に強く残ります。例えば、旅行先でその地域の名産品を実際に見たり食べたりしながら、「この土地では、どうしてこういうものが作られるんだろう？」と問いかけることで、地理や文化への理解が深まります。旅行が難しい場合は、地域ごとの特産品が並ぶ物産展やアンテナショップを訪れるのも効果的です。こうした体験は、**「知っている場所」が増えることで地図を見るのが楽しくなり、地理への興味を高める第一歩**となります。

日常生活の中でも、**地図や地名に触れる機会**を意識的に増やせます。テレビやYouTubeで知らない地名が出てきたとき、「どこにあるのかな?」と一緒に地図で調べてみる習慣をつけるとよいでしょう。壁に大きな地図を張ったり、リビングに地図帳を置いておいたりするだけでも、子どもの興味を引き出すきっかけになります。また、旅行ガイドブックは意外な学習素材です。旅行の予定がなくても、「どんな場所があるのかな?」と親子でページをめくるだけで、新しい地名や名所を楽しく学べます。

社会科の中でも、**都道府県を覚える**ことは低学年期における大きなチャレンジのひとつです。これを楽しく学ぶ方法として、都道府県パズルやアプリを活用するのがお勧めです。パズルで遊びながら都道府県の形や位置を覚えることができるほか、「この県の隣はどこ?」といったクイズ形式のやりとりを加えると、学びが深まります。4年生以降に地理を本格的に学び始めたとき、この基礎知識があるとスムーズに学習を進められるだけでなく、「できる」という自信にもつながります。

歴史への興味を育てるには、**遊びや物語を活用することが効果的**です。歴史上の人物のカルタやトランプを使って、遊び感覚でそれらの人物や出来事に触れることで、無理なく知識を増やせます。ストーリー性のある伝記マンガを読むことで、子どもたちは人物の背景やエピソードに親しみを持つようになり、より深く理解できます。歴史に興味が湧いた子どもは、自発的にもっと学びたいと思うようになり、自然と学習に向かう態度が育まれます。

社会科の学びは、押しつけるのではなく、子どもが「楽しい」と思える形で提供することが大切です。学びと遊びの境界線をなくし、日常生活にある小さな体験を積み重ねることで、自然と知識が増えていきます。このようにして低学年のうちに社会科への親しみを育てることで、中学受験を迎えるころには、学ぶ意欲が高まり、効率よく学習を進められるようになるでしょう。親子で楽しみながら、社会への扉を開いてみてください。

6-2 中学受験「時期別」の注意点をまとめてみた

❶ ４年生でしておきたいこと

〜「学校＋塾＋宿題」の生活に慣れよう

まずは、１週間の流れをある程度、自分自身で把握できるようになってもらうことを目指しましょう。カレンダーに塾の曜日を書いて見やすくし、「明日は◯曜日だから塾がある！」と言えるようになるような手伝いができるとよいです。「塾がある曜日がわかる」➡「間に合うように宿題をやろうとする」➡「間に合わない……」という経験をしながら、「より早く着手しようと試行錯誤する」という順に行動力を身につけていきます。

ここで、親がすべてスケジュールを設定して「この曜日のここでこの課題を」と決めてあげることもできます。ただし、その場合は、本人がまるでフルコースを食べるお客さんのように、「考えなくても次の料理（課題）がくる」という状態にしないことが大事です。

親が作った完璧な計画を与えるのではなく、本人が「自分で決めた」と感じられるように、

本人の意見を聞く形で相談しながらスケジュールを決めていきましょう。

●4年生こそ失敗できる！

今、どの時間が空いていて、いつなら宿題ができるのか――子ども本人は、多くの場合、正しくスケジュールを把握できていなかったり、課題にかかる時間の感覚が正しくなかったりするでしょう。こうして「立てた予定がうまくいかない」という事態に何度も直面します。

そうなると、親としては「やはり全部、大人が作ったほうがいいんじゃないか？」と思うでしょう。「子どもに任せたら失敗するのでは？」「失敗続きでいいんですか？」とおっしゃる親御さんもいらっしゃいます。

ただ、実際の状況は逆です。4年生だからこそ失敗できるのです。お子さんには、最終的には、**自分でスケジュールを立てて、自力で実行する力を持ってほしい**ですよね。そのために、**自分で試行錯誤しながら学ぶ経験はどうあっても必要**です。

しかし、この試行錯誤を6年生の後半になってから始めることはできません。一番余裕がある4年生だからこそ、ここでしっかり練習できるのです。また「失敗から学ぶ姿勢」

を身に付けるにも、この時期の試行錯誤が大事です。

「親が作った完璧な計画を守ることに必死な日々。守れなかったら怒られる」という進め方では、仮に4年生のときはうまくいっていたとしても、あとで多くの弊害が現れます。

例えば、

- 終わっていない宿題をどうにか取り繕おうとする
- 言い訳をして早めに諦めようとする
- 結果が悪いテストを隠そうとする
- カンニングしてでも点数を上げようとする
- 答えを見ながら宿題をして、全問正解のノートを作り上げようとする

失敗を恐れるマインドセットが身についてしまうのです。皆さんは、お子さんに失敗から学ぶマインドセットこそ身につけてほしいですよね。だからこそ、一緒に失敗から学ぶ経験をしてほしいのです。

「宿題うまくいかなかったね。来週はどうする？　いつやればうまくいくかな？」と好奇心と試行錯誤の気持ちを持って接する1年間にしましょう。

父親と母親の方針が一致していないと子どもが苦しくなる

ここで**ご両親の方針が一致していることが重要**になってきます。試行錯誤に付き合うことを決めた母と、完璧な計画を作成したい父が並んだら、うまくいかないことは想像がつきますよね。「計画をどう立てて日々を過ごすか」の話だけに限らず、「志望校選びの基準」「他の習い事との兼ね合い」など、意見が割れると調整が難しいものです。

父親と母親は夫婦とはいえ、同じ人間ではないので、中学受験に向けての考え方や方針を完全に一致させるのは難しいかもしれません。そこで、**お互いにどこまでだったら許容できるかというラインを話して決めておく**ことが大切です。場合によっては、通っている塾の先生との面談に両親で参加し、第三者の目を通して意見を揃える手段もあります。

中学受験の方針を揃えるのは早めがいいでしょう。受験直前、最終盤になって「前から思ってたんだけど……！」などという話になってしまうと、その後、よい流れになることはまずありません。

❷5年生の1学期にしておきたいこと

～ペースアップするからこそ「作戦会議」を

5年生になると、4年生よりも塾に通う日数や滞在時間が増えて、一気に負担が増します。他の習い事との調整も必要になってくるかもしれませんね。まず、体力面で慣れるまでに時間がかかることは念頭に置いておきましょう。塾での滞在時間が延びた結果、授業の後半で眠くなってしまう子もいます。どうあっても多少は夜型に生活リズムが引っ張られてしまうので、調整が必要になります。**子どもの睡眠時間は成長に不可欠なので、毎日一定のペースで十分な睡眠時間を取れるよう、生活リズムを確認**しましょう。

5年生になると宿題も増えます。そのため「宿題が間に合わない……！」と苦しい思いをする場面も増えます。「はかどっていないなぁ……」と本人も親も不安になります。この時期、どのご家庭、どの子も大変です。あせらずに大きく構えましょう。そういう時期だと理解して、ある程度、割り切って考えましょう。

慣れるまでは時間がかかりますから、まずは**ゴールデンウィークまでに1週間のペース**

をつかめるようにしたいですね。「○曜日のこの時間は、この勉強、宿題をする」というのがお子さんの中で決まり、うまく流れ出したら、そのあとは基本的に1年間、同じ流れで進んでいけます。4年生のときと同じように、試行錯誤しながら1週間のペースをつかむことを目指しましょう。

●本格的に「学校選び」を始める

学校見学は、行けるタイミングでどんどん行きましょう。第3章でお伝えしたとおり、幅広く見る経験をして、それぞれの学校の良さを見つけられるとよいです。興味がある学校の文化祭や体育祭があれば、ぜひ足を運びましょう。「文化祭が楽しかったから！」という理由で、行きたい学校が見つかる生徒も多いです。

何にアンテナを張っているかはその子次第です。制服を見ている子もいれば、グラウンドや体育館を駆け回りたい子もいますし、古本市の本を吟味して学校を気に入る子もいます。わが子が何に目を輝かせているのか、ぜひ見に行って、確かめてみてください。

ただ、文化祭などの行事はハレの日のイベントなので、生徒の活発な姿を見ることができる一方、普段の学校生活を表すものではないのも確かです。気になる場合は、学校の保護者対象説明会で、教室を回って見学する機会を見つけ、それに参加できれば確認できます。

❸ 5年生の夏休みにしておきたいこと～勝負の夏！　受験の天王山！

「勝負の夏！」「受験の天王山！」――などといわれることもありますね。学校がない夏休み。この大きな時間の「塊」をどこまで学習にあてられるか、人により大きな差が出る！……のは確かです。確かにそうなんですが、注意点があります。

ここで、「夏休み、たくさん勉強してたくさん成績を上げたい！」と期待しているのは誰でしょうか？　本人？　それとも親？

ここは本人であってほしいです。本人でなくてはなりません。「よっしゃ、ここで時間がたくさんあるから、あれもこれもやりたいぞ！」と本人に思ってほしいのです。しかし、周囲の大人が「ここで一気にたくさん頑張らないと！」と先行すると、子ども本人からすれば「気が重い夏休みの宿題が増えた」ように感じられるだけです。

ときおり、「この夏が大事ですよね！　何をすれば!?」と本人の頭越しに相談してくれる保護者の方がいらっしゃいますが、このパターンに陥ると、後々になって本人が息切れしてしまいます。

5年生の夏休みは、ものすごく勉強量の多い1日を作ることより、**ペースを崩さないようにすることが大事**です。夏は、あまりにも時間が長いです。1日も長い上に、日数も長い。そして外の暑さとクーラーの寒さで体調を崩しやすいです。

「思いっきり勉強時間を増やすぞ！」とするよりも、**明日も同じペースでできるようにすること、常に同じペースで走り続けることが大事**です。無理のない範囲で頑張りましょう。学校がないので、同じ時間に起きて寝るという規則的な生活が乱れやすくなりますから、生活リズムを維持することも大事にしましょう。

●授業で習った場所に行ってみよう！

塾での勉強も大切ですが、普段できない体験をする貴重な機会が夏休みです。休みの日にリフレッシュできるよう、息抜きの機会を用意するのも必要なことです。

学力には普段の経験が大きくかかわっていることもわかっています。百聞は一見に如かず。テキストで習ったどんな物事よりも、実際に見たときのインパクトのほうが記憶に強く残ります。

地図帳を片手に家族旅行、博物館や美術館に行ってみる、など、ぜひ普段できないことをやってみる計画を立てることをお勧めします。5年生にもなれば、社会で地理の学習も進んでいるはず。習った知識をもとにして旅行先を考えても楽しそうですね。史跡を巡って、歴史の学習に備えてもいいでしょう。

●夏に過大な期待をしすぎない！

結局、5年生の夏は、全員頑張っています。そのため、「夏に頑張ったのだから、秋の模試で成績が上がるはず……！」という保護者の期待はたいてい裏切られます。本人には良い結果を目指して頑張ってもらいつつ、親御さんは焦らず大きく構えておきましょう。夏の頑張りが結果に表れるのは、もっと先のことです。短期的に、「次の模試で結果が出てくれ！」と焦って一喜一憂しても、疲れるだけです。大事なのは「無理なく頑張る」というバランスを崩さないことなのです。

❹5年生の2学期から冬期にしておきたいこと

～5年生の前半と5年生の後半で変わる難易度にあわてない

5年生の後半に入ると、あらゆる塾、あらゆるテキストの難易度が明らかに上がっていきます。算数では比の概念が入ってくると、割合や数量でこれまでも苦戦していた子どもは、さらに厳しい戦いを続けることになります。「上巻ではテキストの問題をここまで解けていたのに、下巻に入ったらそこまで解けなくなってきてしまった……」ということもあるでしょう。社会も、4年生のときから続けてきた地理が歴史に変わります。「地理は楽しかったのに歴史はちょっと……」という子も現れます。

こういう状況にあわてて「同じだけ、同じように続けないと！」と子どもにプレッシャーをかける前に、いったん落ち着いて状況を見ましょう。

算数は比が入って、抽象化していきます。ここで困り始めてきた子に、その範囲の難問を無理に考えさせても、苦しい経験をするばかりで、苦手意識も増すばかりです。テキストの難問はいったん置いておき、基礎範囲の徹底に集中したり、5年生前半で苦手な範囲を確認したほうが実力アップにつながることも多いです。

●ネガティブな理由で中学受験するのは避ける

勉強の内容が難しくなってきて「宿題が終わらない」「なかなかできない」という状況になったとき、一番困っているのは本人です。そんな状況で、公立中に進む友人たちは遊んでいるのに、なぜ自分は中学受験をしないといけないのか……と悩んでいるかもしれません。ここで「以前は宿題を全部やり切れていたのに、今はどうしたの!!」などと親の焦りをぶつけようものなら、一気に諦めたくもなります。

まずは、子どもが大変だと感じていることに共感してあげながら、あらためて「中学受験をするのか、しないのか」の決断をうながしてあげてください。

なぜ、中学受験をするのでしょうか？　ここで中学受験をする理由として、「高校受験が大変だから今のうちに……」とか「高校受験では内申点が重要だけど取れそうにないから……」といった、**ネガティブな状況を回避するためにするといった話はＮＧ**です。

ネガティブな状況を回避するために中学受験するといっている子で、前向きに勉強し、成績が上がっていった子は皆無です。そうした話は「受験とはそもそもつらい苦行で、勉強とはできるならやりたくない嫌なものだ」というイメージを子どもに刷り込みます。そしてどんどん勉強を嫌いにさせていきます。

中学受験をする理由はポジティブなものを探しましょう。中学や高校でどんな生活を送りたいのか、どんな部活に入りたいのか、どんな授業を受けたいのか……。未来で待っている楽しいことに注目しながら、本音を聞いてあげてください。

●5年生の秋は「学校見学」にもってこいの時期！

中学生活のビジョンをつくるためにも学校を探しましょう。秋は**文化祭**のシーズンです。文化祭が多いのは9月から11月です。ぜひこのタイミングで、できるだけ多くの学校に足を運んでおきたいです。**6年生の秋は忙しいからこそ、5年生の秋に文化祭を見学**しましょう！

6年生になるとこの時期は、土日にも塾の講座が入ったり、模試の日程が入ったりして、だいぶ忙しくなります。見て回る時間的な余裕が、6年生にはありません。6年生の秋冬は、先生や親から偏差値についてもとやかく言われ、これまで以上に「自分の偏差値が上がったか、下がったか」が気になりやすい時期です。まるで「偏差値＝自分の価値」といわれているような気分になってしまいがちです。

そうした状況下で、「偏差値が低い自分はダメな自分だ」という意識を持たされていると、「偏差値が低い学校はダメな学校だ」という目線で見てしまいます。同じ学校を見ても、「こんなに良い学校が偏差値40なの……!?　お買い得！」ではなく、「偏差値が40なんでしょ……？　どうせよい学校じゃないよ……」というように、まず偏差値ありきの見方をしてしまうのです。ですから、そうした先入観や偏見がまだあまりない5年生のうちに学校を見学しておきましょう。

第3章でもお話ししましたが、偏差値の高い学校から低い学校まで幅広く見て、「お気に入りの学校」を見つけるのが大切です。「どこが良かった？」「何が気に入った？」などと話していけば、中学生活を具体的にイメージできるはずです。

❺6年生の1学期にしておきたいこと

～親子の認識がこの「一区切り」のタイミングでズレる

「もうすぐ6年生になる2月」は、まさに一区切りで「受験生になる！」という感じがしますね。親御さんは、「そろそろ、ギアが一段上がって当然だろう」と思いがちです。

しかし、「受験まで残り一年になったからもっと頑張るよね！」と思っている大人と、一年をあまり短いとは思えない子どもの感覚は、だいぶ大きなズレがあります。小学生にとっての一年は、ほぼ「永遠」に近い長さがあります。

こうした時間感覚の差が、「学年が上がって受験生になったのにやる気がない」「過去問も始まって、最後のクライマックスに入ったのにどうして……」と親御さんが焦ってしまう原因になります。

一度焦ると、「やる気がない」「先を考えられていない」と思えるところばかりが目に付きます。そしてそれを指摘すると子どもは反発します。こうして悪循環が始まってしまうのです。「一区切りだけど、一気に変わるわけではない。少しずつその気になっていければいい」。これくらいの意識でいきましょう。一気に温度が変わると風邪をひきやすくなります。

●多くの子にとって「難しさのピーク」は6年生の1学期

多くの塾で、6年生の夏以降は、総復習・問題演習に入ります。つまり、**この6年生の1学期が、新しいことを習う最後の期間**です。この時期の授業では、4年生、5年生、6年生と積み上げてきた集大成のような単元が次々と降り注ぎます。「速さも比も図形も習った。だから、それらを組み合わせた単元も解けるはずだ！」とばかりに、応用・発展的な問題に取り組むことになるのです。

そんなときに、そもそも速さの理解が怪しかったり、比を使うことに慣れていなかったりすると、とても苦しい思いをします。板書を頑張って写したところで意味はわからず、何のために授業に行っているのか……という状態になってしまうかもしれません。

6年生になって習う内容は、どれも5年生で習ったことの延長線上にあります。内容がわからないときは、5年生で習った内容の理解が不十分ということです。そういうときは、必死に授業を追いかけるよりも、まずは戻って、前提になる基礎をやり直す方が遠回りなようで近道です。先ほどの例だと、速さの単元や比の単元を、いったん5年生のテキストに戻って確認するということですね。

実際、算数の入試問題でも、多くの問題は5年生までに習った範囲で解けます。学校によっては、5年生までで習った範囲で、十分合格点に到達できることもあります。逆に、ここをおろそかにしていると、6年生になってからの授業に追いつけないどころか、入試での得点力も落ちてしまいます。算数は、下から積み上げる科目です。理解が怪しい、授業の内容がわからないと思ったら、とにかく前に戻ることを大事にしましょう。

❻6年生の夏休みにしておきたいこと

〜「天王山」と思うかもしれないが……！

「5年生の夏」のところで「夏に期待しているのは親か本人か」「ペースを闇雲に上げるのではなく、一定のペースを保つのが大事」「夏に過度に期待しすぎない」と述べましたが、6年生でも同じです。6年生の夏のほうが、「ここが最後の勝負所！」「ここで頑張って成績を上げないと！」とさらに期待をかける時期になります。

ですが、期待値が高いからこそ要注意です。親御さんが「中学受験最後の夏」にかける期待はたいていの場合、高すぎます。「ここで一気に偏差値を上げよう！」と言ったところで、みんな同じことを思って頑張っているので、そう簡単に結果には表れません。それなのに「なんで成績が上がらないんだ！　頑張ってないんじゃないか！」などと言ってしまえば、そこでわが子の心を折ってしまい、ひどい気分で2学期をスタートさせてしまうことになります。

6年生の夏は「特別な時期」というより、**「2学期以降の学習スタイル」「ペースをつかむための準備期間」としての側面のほうが強い**のです。なぜかというと、6年生の夏から、学習の中身・目的ががらりと変わるからです。その変化についていく必要があるのです。

● 「新しい内容を習って理解する、覚える」から「いつでも思い出せるようにする」へ

これまでは、新しい単元を学び、その授業内容を理解したか問うカリキュラムテストで、成果を確認する学習を続けてきたはずです。6年生の夏休みからは、**全範囲の総復習と、全範囲の模試、全範囲の過去問、全範囲の入試問題へと転換**していきます。

これまで、5年生後半、6年生前半と難易度が上がってくる中で苦しんでいた子にとっては、ここが仕切り直しのチャンスです。裏で基礎を固める練習ができていれば、ここで改めて内容を理解し直すことができるからです。

一方、カリキュラムテストで高得点だったのに、全範囲の模試となると途端にスコアを落とす子がいます。原因は2つ考えられます。

(1)忘れている

単純ですが、よくあることです。自分が忘れていることに気がつくのは悲しいことですが、これは同時にチャンスでもあります。「人間は忘れる生き物だと実感したのだから、次は忘れないようにやろう。いつ、どのように復習したら忘れないだろうか?」という試行錯誤を始めることができます。本人の実感があれば、なおさら意識を持って取り組めるはずです。

しかし、ここで「なんで忘れてるの!」などと子どもを責めてしまうと、チャンスを逃すことになります。子どもはこうした叱責を「攻撃された」と受け止めます。攻撃をされたときの反応は「反撃する（親子げんか）」か「防御する（言い訳）」か「逃げる（勉強嫌い）」のどれかで、いずれも良い未来にはつながりません。より良い勉強のやり方を身につける機会にするには、忘れてしまったという出来事を、教訓を取り出すためのポジティブなものと評価することが大切です。

(2)解法は覚えているのに適切なタイミングで思い出して使えない

これまで、単元別学習（ブロック学習）ばかりやってきたため、例えば「今回の単元はつるかめ算だから、面積図を使えば解けるんでしょ」といった先入観がある状態で問題を解いてきました。そうすると「こうやって図を描けばいい」といった解法の練習はできている一方、「この問題は何算だろう？　どうやって解くんだろう？」と見破る練習ができていないことがあります。その結果、解法は知っているのに、適切なときに使えない子になります。

「今回の単元はつるかめ算だ」とわかっていれば、そのページの問題を解くのにつるかめ算の解法を使うのは当たり前です。しかし、本当に必要な力は、問題を見たときに「つるかめ算だ」と自分で気がついて、それを解く力なのです。

そういう子には、ランダム学習ができるような――つまりどの問題がどの単元なのか一見してわからないようなテスト・教材を使って練習し、その上で「これは○○算だったね。

どういうところから〇〇算だって気づけるんだろう?」といったところを練習できるとよいでしょう。

❼６年生の２学期〜冬期にやっておきたいこと

〜模試、過去問、何をやっても不安……！

「模試で偏差値が〇〇以上いかないです。どうしましょう?」
「過去問で受験者平均点も超えないです。どうしましょう?」

この時期、このような相談を親御さんから受けることがよくあります。親御さんの側は、不安な気持ちや焦りを抱えているのに、子どもにそんな様子は見られない、そうおっしゃるのです。……しかし、本当にそうでしょうか?

確かに、「うちの子は、まだ全然焦っている様子がない」「不安そうに見えない」という方もいらっしゃるかもしれません。しかし、長年多くの子を目の前で指導してきて思うのは、それは**不安な気持ちや焦りをうまく表現できないだけ**だということです。

夏期講習も終わり、入試まで残り半年を切り、１００日を切り、徐々に「いよいよ直前！」

という状況になってくると、どんな子どもも、不安な気持ちを抱きます。その不安がどんな行動につながるか？　もちろん、勉強する子もいます。一方、かえってテレビやゲーム、タブレットといった誘惑に向かってしまうこともあります。危機的な状況で誘惑に向かってしまうのは、不安や焦りがないからではなく、**不安や焦りからくる逃避行動**なのです。

そんなときに「受験が近いっていうのに、いつまでもだらだらして、危機感がないの⁉」とばかりに、子どもの焦りや不安をさらにかき立てたら逆効果です。「そんなんじゃ成績上がらないよ」とか「それで合格するつもり？」などの言葉も、今までだったら笑って流せていたかもしれませんが、この時期になると子どもの心に大きなダメージを与えることがあります。そうすると、逃避行動をますます激しくさせます。

中学受験直前期の子どもが本当に必要としているのは応援です。親御さんも毎回の模試の結果や過去問を解いたときの点数を見て、不安になるかもしれませんが、その不安をグッと抑えましょう。「どんな結果でも、どんな点数でも、応援しているよ」という気持ちが子どもに伝わると、不安や焦りを減らせます。

難しいかもしれませんが、親御さんは不安になる気持ちを抑えて、どんと構えて子どもに接することを意識していきたいですね。

●必要なのは合格点。満点でなくてもいい

過去問で点数がうまくとれなくても、それに正しく向き合えれば大丈夫です。そもそも、この時期（6年生の2学期〜冬期）に過去問で合格点を取るのは難しいです。2月の本番まで最後の追い込みをかけた子どもたちが出した合格点を、その前の秋の段階で超えられるなら、だいぶ余裕があります。ですから、**合格点に届いていないことを恐れ過ぎたり、諦める材料にする前に、淡々と原因を分析**しましょう。過去問での失点は、大まかに三つに分類できます。

（1）うっかりミスでできなかったもの
（2）解説を読んだらできそうなもの
（3）解説を読んでも解けそうにないもの

まずは（1）と（2）の失点がどれくらいあるのかを算出してみましょう。合格者最低

点までの点数が（1）と（2）で埋まるのであれば、十分勝負は狙えます。（1）（うっかりミスでできなかったもの）を減らし、（2）（解説を読んだらできそうなもの）をしっかり取り切れるよう、練習を重ねていきましょう。具体的には、**これまでのテキストから同じ単元の問題を引っ張ってきて復習するといった学習**を進められるとよいです。（3）（解説を読んでも解けそうにないもの）が多くても、焦ってはいけません。（2）を取れるように練習を重ねれば、いずれ（3）から（2）に変わります。

● この時期に参考書や問題集を増やすんですか!?

「中学受験直前期、もう間に合わない！」。この不安の中でやってしまいがちな選択が「テキストを増やす」です。あまりお勧めはしません。塾に通って普通にカリキュラム通り学習を進めていれば、基礎固めのためのテキストも、演習経験を積むためのテキストも、すでに全科目分手元にあるはずです。

そこで、焦るような状況になっている、現状の成績に不安があるのなら、それは**現状持っているテキストの完成度が不十分**ということです。ここで新たなテキストを買うと、完成度が不十分なテキストを増やすだけです。

社会の歴史で考えてみるとわかりやすいです。「歴史が全然わかっていない、だから新たにテキストを買って復習しよう。ええっと、旧石器時代は岩宿遺跡……」。毎度、歴史の始まりだけを復習する形になってしまうのではないでしょうか？　逆に、**どういう状況なら新しいテキストを導入すべきなのか**というと、

❶すでに使っているテキストは簡単すぎて不要。同じ問題を解きすぎて答えを覚えた。
❷使う範囲が明確で、新たに買ったとしても１冊全部やりきろうとは思っていない。

の２点が揃っている場合です。でも、これは結構特殊な状況です。例を挙げて考えてみましょう。

「今まで、四谷大塚の『四科のまとめ』でやってきた。江戸時代について答えは全部覚えた。それでも江戸時代の練習を進めたいので、ＳＡＰＩＸの『コアプラス』をやろう」

でもこういう状況って、考えにくい気がしませんか……？　四谷大塚の『四科のまとめ』

を全部完璧にしているなら、SAPIXの『コアプラス』はむしろ不要でしょう。

「海城中を受験したい。でも、社会の記述が長くて、知識だけでなく読み取りや整理も求められる。今まで、四谷大塚の『四科のまとめ』でやってきたけれど、『四科のまとめ』の記述は数行程度のもの。正直どれも答えを覚えてしまった。記述対策を進めるために、社会の記述教材も買おう」

……これならありそうですね。改めて、それなりに特殊な状況であることがわかっていただけたかと思います。教材を追加するときは「そもそも、今、持っている教材を、しっかりやり切れているだろうか？」と自問した上で、通っている塾の先生とも相談し、無駄にならないかをよく判断してからにしましょう！

❽6年生の直前期にやっておきたいこと

～「1月の小学校」は休んだほうがいいのか？

1月の過ごし方について、多くのご家庭が悩みます。新型コロナ禍以降、「1月を全部休んで受験勉強するご家庭が結構多いらしいと聞いたんです……」。中には12月から休む人もいるとか……」といった相談を受けることも増えました。

塾によっては、この機に乗じて学校を休むことを推奨し、午前中から塾に呼び、追い込みをかけるところもあるようです。「長い休みをとって、その分、午前も中学受験の学習にあてている」という話を聞くと「うちもやらなきゃいけないのかな……」と不安になりますよね。

では、休みを長くとって、受験勉強にあてれば合格の可能性が上がるのでしょうか？　答えは**「どちらともいえない」**です。休みを長くすることには、学習時間が増えるメリットがありますが、デメリットもあります。

まず、生活リズムが崩れるリスクです。小学校は、時間割という形で規則正しい生活を支えてくれています。そして入試本番は朝。いつもよりも起きるのが早くなります。そんな中、学校がなくなることで、朝起きる時間が遅くなってしまうと大問題です。学校を休むのであれば、その分、**時間管理や生活リズムの管理を家庭で行う必要がある**のです。

そして、そんな時間管理の必要性に目覚めた親に待っているものは、「あまり集中していないように見えるわが子を見かける回数が増える」という事態です。学校がなくなったからといって、その分がまるまるすべて勉強時間に変わるかというと、ほとんどの場合、そうはなりません。テレビやゲーム、漫画、ＹｏｕＴｕｂｅといった誘惑が満載の環境の中で、自分を律して長時間勉強できる小学生は稀です。

中学受験直前期ということで、多少しっかりしようという意識は本人の中にもあるものですが、「いつでも完璧に」とはなかなかいかないものです。そんな集中していないわが子の姿を見て、雷を落とし、親子仲が険悪に……。そうなると、なんのために家にいるのか、わからなくなってしまいますね。

誘惑と戦いながら我慢して勉強をしても、親とけんかしてピリピリしながら勉強しても、効率は落ちます。そうであれば、残り少なくなってきた小学校生活を謳歌《おうか》し、夕方以降、切り替えて受験モードになるほうが、メリハリもついて、むしろ効率がよいかもしれませんね。2月1日が近づく毎日をどのように過ごしていくのか、実現可能なスケジュールになっているのか、をシミュレーションして1月の過ごし方を決めてくださいね。

●「受験日程」や「受験結果」は友達に言わないほうがいい

これまで、塾や学校の子ども同士で確認テストや模擬テストの結果を自然と教え合うことがあったでしょう。また、受験校についても、過去問題集への取り組みや学校別模試の受験などで、自然と知ってしまっていることもあります。結果や志望校について周囲に宣言することで、ファイトに変えてきていたお子さんもいるかもしれません。

ですが、1月入試の出願が始まる12月からは、お子さんの受験校や受験結果についての発言・行動には注意が必要です。

今までは子どもたち自身にとっても遠かった受験日程が、一気に現実のものに見えてきます。すると「小学校の友達の○○君は、僕の第一志望を滑り止めにしているんだって」などという話をしては悲しんでいる、といった事態が発生してきます。「私、○○中、受けるんだよね」と、始まっていない受験の、それも日程でマウントを取ろうとする子もいます。どの子も、不安の中での発言なので、一概には責められませんが、**できるだけ巻き込まれないようにしたい**ですね。

受験日程や結果を伝える相手は、よくよく選ぶようにしましょう。伝える相手は、どんなことがあっても、お互いに喜びも悔しさも分かち合えるでしょうか？　例えば、自分が不合格になって相手が合格になっても、心から喜べるでしょうか？　相手も同じように思ってくれているでしょうか？　もし確信を持って「ＹＥＳ」と言えるのであれば、お互いに受験日程を伝えて応援し合い、結果もまた報告し合うことは、お子さんのプラスに働くことでしょう。最後まで切磋琢磨して一緒にゴールを目指す受験仲間ができるように、4～5年生の間から関係性をつくっていければすばらしいことです。

しかし、現実にはこの条件はかなりハードルが高いことがわかるでしょう。無用なトラブルを避けるには、「受験日程も、受験結果も、言わないし、聞かない」を徹底するのが無難です。もし誰かに聞かれてもうまく切り抜けられるように、「塾の先生から言わないよう指示されている」とか「うちでは『お友達に結果を言っちゃダメ』と言われているから。お互いに最後まで頑張ろうね」などと言うように教えてあげてください。

●本番の結果は実力だけでなくコンディションの問題もある

本番、合格をつかみ取るため最後まで実力を上げようと頑張るわけですが、本番の結果は実力だけでは決まりません。コンディションにも大きく左右されるからです。コンディションとは体調とメンタルの2つの要素です。実力を上げようと無理をして、コンディションを悪くしては本末転倒です。実力を上げつつ、なおかつコンディションの波の高いときを本番にあてることを目指しましょう。

●体調

例えば、実力を上げようとして、直前期に睡眠時間を削るのは言語道断です。むしろ、午前入試に向けて朝型のリズムに調整していく必要があります。

私が見てきた生徒の中に、頑張れば、頑張るほど点が悪くなっていった子がいました。そこで、まったく勉強せず、ひたすら休むタイミングをつくるよう提案したところ、休み明けで一気に復活しました。もし、本番に向けてただただ頑張らせるだけだったら、コンディションがさらに落ちていったでしょう。そう考えると恐ろしいですね。

受験の直前期に「休む」という選択肢を取ることとは、周囲の大人も、場合によっては本人も怖いものです。本番を前にしてサボっているような気持ちになってしまいますよね。ですが、休むのは体調を整えて本番で最高のパフォーマンスを出すためにも大事なことですから、勇気を持って休むこともときには選択してくださいね。

●メンタル

体調だけでなくメンタルも大事です。メンタルを崩す原因は「**不安**」「**親子げんか**」「**不合格**」です。

不安

不安は受験生の誰もが抱えているものです。特に不安に弱い子の場合は、「安全であること、安心してよいこと」を、周囲の大人が示してあげられるとよいです。**合格・不合格にかかわらず、親御さんの大事な子どもである**ことを伝えましょう。どのような結果で、どこに進学したとしても、それは一緒に確認した「お気に入りの学校」のひとつであることを確認しましょう。

親も不安な時期であることはとてもよくわかります。ですが、子どもの不安を先取りしたあげく、子どもに「このままで受かるのかな……?」などとぶつけてしまっては誰も幸せになりません。平常心を演じる「役者」になりましょう。

言語化すると不安は和らぐので**筆記開示**をやってみてもよいでしょう。筆記開示は、不安に思うことをひたすら紙に書き出します。書き出したものは、人に見せることなくシュレッダーにかけ処分してかまいません。一度、言語化すると、多少気分が軽くなります。

二度、三度と繰り返すと、不安をより一層、手放していけます。私も生徒に不安を書き出してもらい、その中身は見ず、まとめて粉々にしてきました。不安な親御さんにはぜひやってほしいことです。子どもにもやらせる場合は、**子どもが書いた不安を見ようとしない**でくださいね。新たな不安を巻き起こすからです。

親子げんか

親子げんかは露骨に結果に影響します。これから入試問題と格闘しなくてはならないときに、親とも戦っているなんて、子どもからしたら2対1の挟み撃ちに遭っている気分でしょう。ストレスにさらされていると、頭を使って考える場面でパフォーマンスが一気に落ちます。今、目の前にある問題にこそ集中すべきなのに「あのときのお父さんの一声が嫌だった」「試験が終わったらどんな顔をして会うんだろうか」など無駄な雑念が増えてしまいます。わが子の合格を願っているのであれば、親子げんかは避けましょう。

不合格

不合格は誰しも避けたいものですが、まったく経験せずに受験を終えられることはまれです。不合格になると、どうしても気分は落ち込みます。私たちは毎年、不合格の生徒を励まし、次の日程でまた戦えるように応援しています。

不合格が致命傷にならないようにする「予防法」があります。「当たり前」と思われるかもしれませんが「合格を取る」ことです。どういうことかわかりますか?

2月が本命のご家庭は、1月受験で、合格を必ず経験しておきましょう。進学する意思を持っていなくてもいいのです。受験会場におもむき、「思ったより寒いな/暑いな」という経験をし、実際に試験を受け、合格の表示を見る――このワンサイクルを経験しておけるとよいです。

しかし、「腕試し!」とばかりに第一志望に近い難易度の学校だけを入れて、1月を全敗で迎えたら2月の受験は相当苦しくなります。そのような腕試しを入れるのは、子どもによってはよい選択になり得ますが、必ず1回はどこかで合格を経験できるようにしておきましょう。

2月に入ってからも、できるだけ早いタイミングで合格を取りましょう。「2月1日から2月4日まで合格ゼロ。でも、2月5日も勝負する」といった状況で、メンタルが持つ子はあまりいません。首都圏以外にお住まいの場合でも、その地域の受験日程に合わせて早めの合格を取るようにしてください。

ひとつ合格を取って、そこでエネルギーを得られると、また次の挑戦ができます。自分の持ち偏差値以上の逆転合格を成し遂げた子はたいてい、序盤に合格を取っているからこそ、果敢にチャレンジしていけたのです。

私はかつて、この悪い例を全部やっている親子を、受験会場で目撃したことがあります。新型コロナ禍の前、各学習塾の講師たちが学校の門の前に集まって「受験応援」をする風習があった時代のことです。

２月も４日になり、中学受験の終盤戦に入ったところで、ある難関校へ応援に行きました。そうしたらその学校の最寄駅で、親子が言い合いをしているのです。泣き叫ぶ息子さんと、怒鳴るお父さん。息子さんが「行きたくないよ……！」、お父さん「じゃあ、俺だけでも行ってくるからな！」――お父さんだけが受験会場に行って受かるはずもありません。何をするんでしょうか……。見ていて、いたたまれない気持ちになってしまったものです。

ここまで本書を読んでくださった親御さんは「そうはならないようにしよう」と思ってくださったと思います。最後までポジティブに、全力を発揮し尽くすことに集中して、受験日程を過ごしましょう。

❾入試が終わったあとにしておきたいこと

～「入試が終わったから勉強もおしまい」ではない

入試が終わったら、ぱったりと勉強を止めてしまう子がいます。せっかく入った第一志望の学校なのに、入った後はさっぱり勉強せず、成績下位層をさまようなんてことも……。なぜこんなことになるのかといえば、受験を通じて「勉強はできればやりたくない苦行」というイメージを持ってしまっているからなのです。入試直前期の時点で、言ってはならないNGワードがあります。

「あともう少しで終わるから頑張ろう」
「中学校に入ったら楽になるから」
「受験が終わったらいっぱい遊べるよ」

です。みなさんは、言わない自信がありますか……？　このセリフたちは、「今は辛いけど、終わったら勉強をしなくてよくなる」ことを暗に示しています。つい言ってしまうのなら、すでにあなたが「勉強はできればやりたくない苦行」だと思っているということです。親御さんの中にはごくまれに、子どもが苦しんでいないと勉強していると思えず、常に苦しめることを意識しているような方もいます。

「そんな親がいるの？」と思うかもしれませんね。「子どもの笑顔やリラックスした姿を見ると不安になる」なんて常軌を逸しているようですが、ちょっと想像してみてください。受験生のわが子が大変そうな顔をしていなかったら、そのほうが心配になったりしませんか？　けろっと笑っていたり、楽しそうに塾から帰ってきたりするより、「これができないからできるようにしないと……」と呟いているほうが、見ていて安心しませんか？　楽しそうな日々を過ごす姿を見て、「受験生なんだからもっとピリピリしなさいよ！」と思ったりしませんか？

子どもが苦しんでいないと不安だから、「大丈夫なの？」「これもやらないといけないんじゃない？」と課題を増やし、苦しんでいる姿を見ては「もうすぐ終わるからね」と声をかける――そんな生活を経験した子なら、受験が終わった後にぱったり勉強を止めてしまうのも納得ですよね。

学びはそれ自体に価値があって楽しいものです。楽しく勉強しているのなら、そこに苦痛は必要ありません。楽しく、正しく学習習慣を身につけて、それを受験の後も活かして成長を続けることが大事なのです。

●改めて「この学校に行けるのは良いことだ」と家族全員で思って進学しよう

中学受験の成功と失敗は、いつ決まるでしょうか？　合格発表を見た瞬間でしょうか？　結果だけに焦点を当てて中学受験を捉えていた人にとっては確かにそうでしょう。しかし、中学受験を「成長の機会」「成長の過程」と思っていた人にとっては異なります。

受験会場で、会場へと向かうわが子の背中を見ながら「結果はどうであってもいいんです。ここまでよく成長したなぁって思えるので、すでに受験は成功しています」とおっしゃったお母様がいました。「こんな学校にしか行けなかった……」と言って進学した子が、気がつけばその学校でのびのびと成長し、大満足して卒業したという知らせを受けました。そう、結果が出る前からすでに成功していることもあれば、結果が出た後から成功にすることもできるのです。

そしてできれば「こんな学校にしか行けなかった」と言って進学してほしくはありません。どの学校でも、その学校を第一志望にしている子と、安全校にしている子がいます。ある人が、「こんな学校なんて」と言う学校でも、他の人が本気で努力して目指しているのです。そういう言葉を耳にするたびに、やりきれない気持ちになります。どの学校に入るかよりも、入った学校で何をするかが大事なのではないでしょうか？　入る前から、「この学校に進学すること自体が失敗だ」という宣言から入ってしまったら、もうその先６年間の失敗が決まってしまったようなものです。

公立中学校に進学するという選択をするときも同じです。受験を通じてつかみ取った合格校と、近所の公立中学校を比べて、公立中学校を選ぶ。その選択も、本人とご家庭でこれがベストだといってポジティブに選べたのなら、それが正解です（だからこそ、最後にこの選択肢を持てるように、絶対に必ずどこかひとつは合格校を取れるように、という案内をしています）。受験結果はどうあれ、その後の学校生活をポジティブに送れること。未来を自分で切り開いていく力を、中学受験という機会で多少なりとも養えたこと。それを確認して、明るく中学生活へとステップアップしていってください。

小学生の勉強は 習慣が9割

自分から机に向かえる子になる 科学的に正しいメソッド

3刷

中学受験「伸学会」代表
菊池洋匡/著

定価：1,540円（本体1,400円＋税10％）
四六判
216ページ

- 第1章　「成功する人」に共通する特徴は何か？
- 第2章　「目的」と「目標」の違いと役割
- 第3章　「初めの一歩」を踏み出す秘訣
- 第4章　習慣になるまで繰り返す秘訣
- 第5章　習慣化を「加速させるもの」と「阻むもの」
- 第6章　子の習慣作りをサポートする親の心構え

小学生のお子さんを持つ親御さん（保護者さん）は、わが子に「勉強好きになってほしい」「成績がどんどんよくなってほしい」と願っているでしょう。しかし実際は「勉強が嫌い」「ゲームのほうが好き」というケースがよくあります。そうなってしまう大きな原因は「子どもの評価基準が成果主義であり、そして子どもが成果を出せないから」です。子どもの評価は「行動主義」で行うのがポイントです。行動を積み重ねることで結果を出せるようになるのです。では、その行動を積み重ねるにはどうすればいいのでしょうか？　それが「習慣化」です。本書では、一度身につければ一生ものの「習慣化の技術」を、科学的根拠にもとづいてお伝えします。

● 菊池洋匡（きくち ひろただ）

中学受験専門塾「伸学会」代表。算数オリンピック銀メダリスト。開成中学校・高等学校、慶應義塾大学法学部法律学科卒業。10年間の塾講師歴を経て、2014年に中学受験専門塾「伸学会」を自由が丘に開校し、現在は目黒校・中野校・表参道校・飯田橋校の合わせて5教室を展開。「自ら伸びる力を育てる」というコンセプトで「ホームルーム」という独自の授業を実施し、スケジューリングやPDCAといったセルフマネジメントの技術指導に加え、成長するマインドセットのあり方を育てるコーチングをしている。これらはすべて最新の教育心理学の裏付けがあり、エビデンスにもとづいた授業に対して、特に理系の父母からの支持が厚い。伸学会の指導理念と指導法はメルマガとYouTubeでも配信し、現在、メルマガは約8,000人、YouTubeチャンネルの登録者は10万人を超える。伸学会の生徒の9割以上は口コミによる友人紹介と、メルマガおよびYouTubeを見ているファンの中から集まっている。著書に『小学生の勉強は習慣が9割』（SBクリエイティブ）、『「やる気」を科学的に分析してわかった小学生の子が勉強にハマる方法』『「記憶」を科学的に分析してわかった小学生の子の成績に最短で直結する勉強法』（実務教育出版）などがある。

● 伸学会

https://www.singakukai.com/

メルマガ登録は
こちらのQRコードから

YouTubeチャンネルは
こちらのQRコードから

● イラスト

とげとげ。

● 校正

ヴェリタ、ペーパーハウス

中学《ちゅうがく》受験《じゅけん》 親《おや》がやるべきサポート大全《たいぜん》

2025年2月14日　初版第1刷発行

著者	菊池洋匡《きくちひろただ》
発行者	出井貴完
発行所	SBクリエイティブ株式会社
	〒105-0001　東京都港区虎ノ門2-2-1
装丁	マツヤマ チヒロ（AKICHI）
本文デザイン	笹沢記良（クニメディア）
編集	石井顕一（SBクリエイティブ）
印刷・製本	株式会社シナノパブリッシングプレス

乱丁・落丁が万が一ございましたら、弊社営業部まで着払いにてご送付ください。送料弊社負担にてお取り替えいたします。本書の内容の一部あるいは全部を無断で複写（コピー）することは、かたくお断りいたします。本書の内容に関するご質問等は、弊社学芸書籍編集部まで必ず書面にてご連絡いただきますようお願いいたします。

本書をお読みになったご意見・ご感想を
下記URL、QRコードよりお寄せください。
https://isbn2.sbcr.jp/27911/

Ⓒ Hirotada Kikuchi 2025 Printed in Japan　ISBN 978-4-8156-2791-1